Herbert Ohrlinger / Daniela Strigl (Hrsg.)

Grenzgänge

Der Schriftsteller Karl-Markus Gauß

Paul Zsolnay Verlag

1 2 3 4 5   14 13 12 11 10

ISBN 978-3-552-05513-1
Alle Rechte vorbehalten
© Paul Zsolnay Verlag Wien 2010
Satz: Eva Kaltenbrunner-Dorfinger, Wien
Umschlaggestaltung: David Hauptmann, Hauptmann & Kompanie
Werbeagentur, Zürich, unter Verwendung eines Fotos von
Karl-Markus Gauß © Kurt Kaindl
Druck und Bindung: CPI – Ebner & Spiegel, Ulm
Printed in Germany

Inhalt

»Ich lasse es regnen«
Karl-Markus Gauß im Gespräch
mit Daniela Strigl und Herbert Ohrlinger 9

KONRAD PAUL LIESSMANN
Unterwegs sein, bei sich sein 44

FRANZ SCHUH
Einmal Wien–Salzburg, retour.
Über das Lernen von Karl-Markus Gauß 51

ROBERT MENASSE
»Das Gaußische« – Eine Erfahrung.
»Der Typus Gauß« – Eine Erinnerung. 63

KARLHEINZ ROSSBACHER
Hinschauen, hinhören, lesen, schreiben.
Über die Journalbücher 72

HANS HÖLLER
Der Zusammenhang.
Der Tagebuchroman »Zu früh, zu spät« 97

FRANZ HAAS
Mit Methode, ohne Zwang.
Über die Journale 111

MAX BLAEULICH
Ein eigenes Kapitel 124

MARTIN POLLACK
Siebenunddreißig Seiten über Hofmannsthal 130

KLEMENS RENOLDNER
Über Smokvica und Pupnat nach Salzburg 135

KURT KAINDL
Kleiner Koffer, heller Trenchcoat … 143

ANDREAS BREITENSTEIN
Das Leichte und das Schwere.
Karl-Markus Gauß als Literaturkritiker 153

EVELYNE POLT-HEINZL
Es spricht der Herausgeber 165

KLAUS ZEYRINGER
»Fortgesetzte Widersetzlichkeit«.
Literatur, Betrieb – Ansätze zu einer kleinen Soziologie
des literarischen Feldes in Österreich 179

DRAGO JANČAR
Das Leben ist auch anderswo 198

HERMANN SCHREIBER
Der Phönix aus dem Glasscherbenviertel 203

LUDWIG HARTINGER
K.-M. G. 211

ANDREA GRILL
Vieraugengespräch 212

DŽEVAD KARAHASAN
*Die Grenze ist der eigentlich fruchtbare Ort
der Erkenntnis.* (Paul Tillich) 221

MARGIT SCHREINER
Alles erfunden 228

ANDRŽEJ STASIUK
Fahren mit Gauß 232

GERHARD ZEILLINGER
Zu entdecken 236

ANTONIO FIAN
Salzburg im Umbruch 251

THOMAS GLAVINIC
Der kein Schnitzel isst 253

Bibliographie 255
Autorinnen und Autoren 269

»Ich lasse es regnen«
Ein Gespräch

Karl-Markus Gauß: Reiseschriftsteller, Essayist, Kultur- und Literaturkritiker, Ethnograph, Herausgeber – wie sehen Sie sich selbst?
Als alles dies zusammen. Angefangen habe ich mit Literaturkritiken und Editionen von mehr oder weniger vergessenen und häretischen Autoren. Später sind die Bücher dazugekommen und die Herausgeberschaft der Zeitschrift *Literatur und Kritik*. Selbst wenn ich es aus finanziellen Gründen einmal nicht mehr bräuchte, würde ich trotzdem schauen, weiterhin in diesen verschiedenen literarischen Sphären zu arbeiten. Ich schreibe nach wie vor gerne Rezensionen, die früher einmal mein Hauptmetier waren; ich gebe die Zeitschrift immer noch gerne heraus, weil mir das die Möglichkeit bietet, mit neuer Literatur konfrontiert zu werden; und die Bücher, die sowieso ... Alle diese Bereiche meiner Arbeit bedeuten mir etwas, und ein jeder bringt mich in einem bestimmten Sinne weiter. Schriebe ich nur noch Bücher, wäre das zwar einerseits fein, weil ich mir die Zeit dafür oft mühsam von meinen Tages- und Jahresplänen abpressen muss, aber andererseits fehlte mir etwas, das ich nicht missen möchte.
Sie sind institutionell nicht verankert, führen von außen betrachtet ein Leben nach der Art eines Privat- und Universalgelehrten, der sich der Klaviatur der verschiedenen literarischen Formen bedient. Das eine ergänzt das andere. War das immer schon die Form der Existenz, die Sie anstrebten? Wie wird man der, der Sie heute sind, ja, ist der Beruf des freien Autors überhaupt noch möglich in Zeiten wie diesen?

Obwohl es heute viele Zeitungen und Zeitschriften gibt, in denen ich publizieren kann, könnte ich als freier Publizist davon nicht mehr leben. Was ich von Anfang an wollte, war, dass das Schreiben auch mein ökonomisches Hauptlebensprojekt wird. Mit der Zeit bin ich draufgekommen, dass die verschiedenen Bereiche, die auch verschiedene Schreibweisen verlangen und verschiedene Einstellungen zu dem, wie man schreibt, der Vielfalt meiner Interessen sehr angemessen sind. Das hat sogar seinen therapeutischen Sinn: Viele Autoren klagen doch über die fatale Schreibblockade. Ich habe in meinem ganzen Leben noch nie eine Schreibblockade gehabt. Wenn ich bei einem Buch, an dem ich schon ziemlich lange hänge, das Gefühl bekomme, nicht mehr zu wissen, wie es weitergeht, dann wechsle ich das Genre und schreibe zum Beispiel ein paar Literaturkritiken. Und wenn mir das auf die Nerven geht, dann gestalte ich ein, zwei Hefte von *Literatur und Kritik* im voraus.

Ich habe es also leichter als andere, die nur in dieser oder jener Sparte tätig sind und die dann, wenn's einmal Schwierigkeiten gibt, psychisch ziemlich abhausen und sich in vielerlei Hinsicht Druck aufbauen, aus dem nichts Gutes wächst. Ich kann dem entgehen, indem ich in diesem breiten Spektrum von literarischer und publizistischer Tätigkeit einfach wechsle – befristet.

Das Schreiben neben dem Bücherschreiben oder jenseits davon – hat das auch damit zu tun, dass Sie der produktiven Einsamkeit, die man ja fürs Bücherschreiben braucht, entgehen? Dass Sie irgendwie mehr im Leben stehen?

Nein, auch um eine Rezension zu verfassen, muss man sich ja zurückziehen und alleine mit seiner Arbeit sein. Es kommt etwas hinzu, das mir wichtig ist. Ich beziehe mich jetzt auf zwei Schriftsteller, von deren Sicht auf diese Dinge ich erst später Kenntnis erlangt habe, die aber immer auch die meine war. Gabriel García Márquez hat all die Jahre, in denen er an seinen grandiosen Romanen schrieb, Woche für Woche – über vierzig Jahre lang – eine Kolumne für eine linke kolumbianische Zeitung verfasst, die dann, weil er eben sehr berühmt war, auch in *El País* und in anderen Zeitungen der Welt nachgedruckt wurde. Und er hat einmal gemeint, er wende für ein Feuilleton oder eine Glosse genau die gleiche Sorgfalt auf wie für die Romane. Das hängt mit der Einstellung zusammen, die man zum Schreiben hat oder eben nicht hat – und diese lautet: Man kann es, wenn man es ernst nimmt, in keinem Genre billiger geben und sich selbst schlechte Sätze durchgehen lassen.

Ich verfasse ja regelmäßig auch Kolumnen für einige Zeitungen. Und ich lege großen Wert darauf, dass ich sie mit demselben schriftstellerischen Ethos angehe wie die Arbeit an meinen Büchern. Auch jede Literaturkritik überarbeite ich vier- oder fünfmal. Ich kann sie erst aus der Hand geben, wenn ich weiß, sie ist so geraten, wie ich mir das vorgestellt habe. Ob das, was ich geschrieben habe, großartig ist oder nicht, ist dabei nicht die Frage, jedenfalls war alles, was ich publiziert habe, immer auf dem höchsten Niveau geschrieben, das ich zum gegebenen Zeitpunkt erreichen konnte. Schreiben kann man nur, indem man alles gibt, was man hat, gleich ob man es für ein Buch oder eine Kritik oder ein Vorwort oder eine politische Glosse tut.

Es ist also ein hohes Maß an Disziplin vorhanden, eine Erziehung zur Sorgfalt. War das schon angelegt in Ihnen?

Ich glaube, das hängt mit der Lebenshaltung zusammen. Wenn ich etwas nicht kann, dann lass ich's sein. Das hat natürlich auch ein bisschen mit Eitelkeit zu tun, aber noch einmal: Ob gut oder schlecht, ein Buch oder eine Glosse, was immer ich zur Veröffentlichung frei gebe, ist so gut, wie ich es eben kann.

Also ganz oder gar nicht.

Ganz oder gar nicht.

Sie haben sich intensiv mit Karl Kraus auseinandergesetzt, da geht's gar nicht anders. Vorhin wollten Sie zwei Namen nennen: García Márquez und –?

Danke. Der andere ist Joseph Roth, den ich für den besten Journalisten halte, den es in der österreichischen Literatur gegeben hat. Der hat an seinen Zeitungsartikeln und Reportagen genau so intensiv gearbeitet wie an den Romanen. Das unterscheidet ihn von vielen bedeutenden Autoren, die des Broterwerbs wegen für Zeitungen gearbeitet und schlechte Artikel verfasst haben. Dass also Joseph Roth und García Márquez glänzende Journalisten waren, glänzende Publizisten und übrigens auch sehr konditionsstarke, weil sie das über viele Jahre hin durchgezogen haben, das war mir früher, als ich nur ihre Romane gelesen hatte, nicht bekannt. Mit ihrer Haltung identifiziere ich die meine, ohne mich damit ihnen gleichbedeutend setzen zu wollen. Ich meine die Haltung, dass jede Zeile, die das Haus verlässt, und jeder Text, so klein er sein mag, an welch unwichtiger Stelle immer er publiziert wird, zuerst und vor allem meinem eigenen Anspruch genügen muss.

Von Gottfried Benn gibt's den Ausspruch: »Ein Gedicht entsteht sehr selten, ein Gedicht wird gemacht.« Wie machen Sie Bücher, Artikel? Wie muss man sich das vorstellen? Bleiben wir einmal bei dem bekanntesten, am weitesten verbreiteten Genre: Wie entstehen die Reisebücher?

Darf ich etwas vorausschicken? Ich glaube, ich war immer eher ein Sammler als ein Jäger. Ich habe schon als Kind stets Dinge gesammelt, von denen ich nicht wusste, wofür ich sie irgendwann einmal verwenden könnte. Der Gedanke, dass ich sie überhaupt verwenden, also zu etwas nützen müsste, war mir fremd. Aber gesammelt und archiviert habe ich immer. Unter anderem auch zum Thema der europäischen Sprachen, der kleinen Nationalitäten und Minderheiten. Als ich damit anfing, war ich vielleicht 25 und hatte keine Ahnung, warum ich das tat. Es gibt offenbar ein subkutanes Wirken im Leben und in der geistigen Entwicklung des Menschen. Irgendwann kommt der Moment, da stellt sich unversehens ein Zusammenhang her, und auf einmal steht es klar vor mir, warum ich das oder jenes über Jahre beachtet und gesammelt habe.

Davor, also bevor ich Reisebücher zu schreiben und bevor ich für sie Materialien zu sammeln begann, war ich ein leidenschaftlicher Sammler von Nachrichten über vergessene Autoren. Erst nach etlichen Jahren bin ich draufgekommen, dass ich meine Sympathie für die gescheiterten, totgeschwiegenen, vergessenen Autoren auch als Auftrag nehmen müsste, sie literarisch zu porträtieren, sie wieder ins Gedächtnis zu holen und ihre Bücher neu zugänglich zu machen.

Zu den Reisebüchern: Lange war ich wohl wirklich das, was man einen Stubengelehrten nennt. Die europäischen Minderheiten haben mich fasziniert, aber auf die Idee, sie selbst zu besuchen, bin ich nicht gekommen. Es schwebte mir auf alle Fälle ein wachsendes, herrlich nutzloses Archiv des randständigen Europa vor. Wie es gekommen ist, weiß ich selbst nicht, aber eines Tages, das war wie eine Erleuchtung, fragte ich mich: Warum fährst du eigentlich nicht endlich einmal hin? Ich reise allerdings nicht, wie es heute das Programm mancher Autoren aus dem Umfeld der deutschen Popliteraten ist: einsteigen, nicht fragen, wohin, und dann die Fremdheit genießen, an einem Ort, über den ich kaum etwas weiß. Bevor ich losfahre, habe ich mich gründlich kundig zu machen versucht. Zuerst durch meine Sammlungen, die ich durchschaue, dann über Korrespondenzen, jetzt auch übers Internet. Ich versuche Kontakte aufzunehmen, Anlaufstationen zu suchen. Dann wird die Reise geplant, und jetzt kommt das »Bild« ins Spiel, von dem Chatwin einmal gesagt hat: »Wer eine Reise macht, muss sich vorher ein Bild von ihr machen.« Das widerspricht natürlich all dem, was uns die auf Abenteuer fixierte oder mit Abenteuern werbende Tourismusbranche und ihre literarischen Ableger suggerieren. Die sagen ja: Reisen ist die Begegnung mit dem Unbekannten, dem Fremden schlechthin, und nur deswegen gerät man reisend in jenen glückseligen anderen Zustand ... Ich reise nicht so ins Irgendwo, ich habe mich mit dem Landstrich, den ich bereise, schon vorher lange beschäftigt.

Wohl auch mit seiner Literatur?

Selbstverständlich auch mit der Literatur, so weit ich sie auftreiben kann. Dann kommt der paradoxe, völlig unverzichtbare Moment, dass ich nämlich vieles von dem Vorwissen, mit dem ich aufbreche, am Ort des Geschehens wieder vergessen muss, all das, was ich studiert, mir angelesen, von dritter Seite gehört habe. Sonst würde ich mir auf der Reise ja nur die Illustrationen für das suchen, was ich ohnehin schon weiß. Zu den Minderheiten bin ich meistens gemeinsam mit dem Fotografen Kurt Kaindl gereist. Zum Beispiel zu den Arbëreshe, also den albanischen Emigranten des sechzehnten Jahrhunderts, nach Kalabrien. Dort passierte etwas Merkwürdiges: Einerseits spürte ich, dass ich vermutlich mehr über die Geschichte der Arbëreshe wusste, als die meisten von ihnen heute selbst noch wissen. Andererseits war es faszinierend, dass sie mir ihre Geschichte ganz anders erklärten, als ich sie von Studien, Berichten, Reportagen, Büchern zu kennen glaubte. Die unmittelbare Begegnung erweist sich allem Vorwissen gegenüber immer als überlegen.

Arbeitstechnisch geht das so: Ich notiere mir tagsüber dies und das, mache dann am Abend im Hotel eine Inventur dessen, was ich in einen Notizblock nahezu unleserlich eingetragen habe. Das ist fast die größte Leistung bei den Recherche-Reisen, körperlich wie geistig, dass ich, egal wie müde ich bin, abends in ein Schulheft in schöner Schrift übertrage, was ich mir tagsüber im Notizbuch nur flüchtig aufgezeichnet habe. Und zugleich ist das auch schon der erste Gestaltungsvorgang, denn ich komme von einer Reise mit drei, vier dieser Chatwin- oder Moleskine-Bücherln heim, deren Inhalt ich selbst kaum mehr entziffern kann, weil er *on the road* geschrieben ist; und meist nur mit einem einzigen dieser Schulhefte, in denen ich selbst bereits die erste Auswahl aus den vier Notizblöcken getroffen habe.

Zuhause lasse ich das Ganze zwei, drei Wochen liegen und übertrage es handschriftlich noch einmal in ein drittes Heft, dieses ist dann die Basis für den Text, den ich später schreiben werde. Nach einem Monat oder einem halben Jahr ist es so weit, dass ich – am Computer – beginne, die Reisegeschichte niederzuschreiben. Manches, was in den Notizheften sehr ausführlich festgehalten wurde, spielt jetzt gar keine Rolle mehr, anderes, wovon ich mir nur wenige Aufzeichnungen gemacht habe, erhält eine große Bedeutung. Ich kann auf meine Sammlungen und auf meine Aufzeichnungen zurückgreifen, aber mehr, um Details zu überprüfen; entscheidend ist jetzt das »innere Bild«. Das ist ein Vorgang der Emanzipation, mit dem ich mich von meinen eigenen Hilfsmitteln befreie.

Am Ende sollte etwas herauskommen, das vollkommen von der Anschauung des Ortes durchdrungen ist, aber zugleich auf der Höhe jenes Wissens steht, das ich mir über die Jahre angeeignet habe. Beim ersten Buch, »Die sterbenden Europäer«, habe ich noch relativ schematisch gearbeitet. Da folgt immer auf ein Kapitel, in dem das Erlebnis während der Reise im Vordergrund stand, ein anderes, in dem ich möglichst geschickt referierend Bildungsgut eingeholt habe. Mir gefällt dieses Buch nach wie vor, und es ist bis heute auch das am meisten übersetzte von mir, aber das Konzept der Reiseprosa habe ich in den folgenden Bänden doch verfeinert.

Wie geht man damit um, wenn man in eine Zigeunersiedlung kommt und mit etwas konfrontiert wird, womit man nicht gerechnet hat, weil es beispielsweise so schrecklich ist? Oder wenn die Leute, auf die man trifft, völlig anders reagieren als erwartet?

Grundsätzlich bin ich dankbar, wenn ich Leuten begegne, die dem Bild, das ich hatte, nicht entsprechen und ihm andere Facetten hinzufügen. Ich möchte ja möglichst viel Neues erfahren. Und ich traue es mir auch zu, dass ich, wenn ich wieder zuhause bin und an meinem Schreibtisch sitze, damit zurande kommen werde, dass die Menschen mir Dinge erzählten, die im Widerspruch zu dem stehen, was zum Beispiel die ethnographischen Wissenschaften behaupten. Der Augenschein hat eine befreiende Wirkung. Aber ich vergötze ihn nicht, auch er kann täuschen.

Müssen Sie sich manchmal überwinden, Leute anzusprechen?

Ja, schon. Da ich viel in ländlichen Regionen unterwegs war, ist die Geduld die Haupttugend, die ich mitbringen musste. Das war nicht leicht, denn ich bin ein eher ungeduldiger Mensch, der vor allem das Nichtstun nur schwer aushalten kann. Aber wenn man, um ein Beispiel zu geben, bei den Aromunen im Hochgebirge von Mazedonien in ein kleines Dorf kommt und sich beim Dorfbrunnen niedersetzt, stürmen nicht gleich alle Einwohner her, um einem ihr Herz auszuschütten. Da heißt es sitzen bleiben oder ins Café und dann noch dreimal durch den Ort gehen. Wenn ich das Gefühl habe, meine Zeit zu vergeuden, gerade dann muss ich noch ein bisschen länger aushalten und bleiben. Und dann geschieht etwas. Eine uralte Frau geht vorüber und fragt: Wer bist denn du? Da verbringt man sechs, sieben Stunden mit nichts als Warten, und dann tut sich doch noch alles auf: Die

Frau holt ihre Verwandten oder nimmt uns zu sich nach Hause mit. Bald sind zehn, zwölf Leute da, Nachbarn, Freunde, und jeder möchte seine Geschichte erzählen. Es ist gerade in den Menschen, die den kleinen Nationalitäten angehören, ein großes Bedürfnis vorhanden, der Welt etwas von sich mitzuteilen, und für sie bin ich der Abgesandte der Welt.

Gibt es eine Reise, von der Sie sagen, es war die wichtigste?

Die wichtigste war für mich wahrscheinlich die zu den Lausitzer Sorben, weil es die erste war. Vorher hatte ich noch nie eine Reise mit dem Vorsatz unternommen, über das, was ich zu sehen und hören bekommen werde, etwas zu schreiben. Wenn diese erste Arbeitsreise schiefgegangen und ich nur mit dem heimgekommen wäre, was ich vorher schon aus Büchern wusste, dann hätte mich die Sache nicht gefreut. Die Reise zu den Roma von Svinia war hingegen die anstrengendste und auch die aufwühlendste.

Hat Ihr Bild in diesem Fall der Realität entsprochen? Oder war das komplett anders?

Es war selten so dramatisch anders wie bei den Roma. Als ich zum ersten Mal in diesen Slum hineinging, empfand ich schon große Scheu. Nicht Angst, sondern Scheu. Musste ich denen, die dort lebten, nicht als Zuschauer, als Voyeur erscheinen?

Wie in einem Tiergarten.

Ja. Aber die Roma von Svinia haben mir diese Scheu durch ihre spontane Herzlichkeit schnell genommen. Im Slum kann man ja ohne weiteres Leute treffen, die in der nächsten Stadt vielleicht einen Taschendiebstahl begehen oder Schlimmeres. Wenn du aber in ihrem Slum bist, befindest du dich in einem geschützten Raum. Wenn ein »Gadsche«, also ein Nicht-Rom, sich in ein Zigeuner-Ghetto hineintraut, steht er dort als Gast gewissermaßen unter Schutz. Ich wurde in alle Wohnungen oder eher Hütten geführt, habe unzählige traurige

Geschichten gehört und Dinge gesehen, von denen ich nie gedacht hätte, es würde sie gewissermaßen gleich nebenan in Europa geben. Trotzdem war diese Reise alles andere als eine deprimierende Erfahrung.

Es gibt also eine Spannung zwischen dem Stubenhocker und dem Reisenden. Würden Sie sagen, Sie sind mittlerweile ein Reisender aus Lust? Oder eher aus Neugier?

Mit meinen Kindern und meiner Frau bin ich früher aus Lust gereist, ans Meer zum Sandburgenbauen, in die Städte, um den Tower und Big Ben zu sehen. Mit meiner Frau bin ich auch heute noch häufig so unterwegs, manchmal von befreundeten Paaren begleitet. Das ist schön. Die beruflichen Reisen sind hingegen viel zu anstrengend, als dass ich sie der Lust wegen antreten würde, und kurz bevor es losgeht, hoffe ich meist, von einer mittelschweren Krankheit niedergeworfen zu werden. Wenn ich dann dort bin, stellt sich aber schon auch Freude ein, aber eine professionell gezähmte.

Auch ein bisschen Jagdfieber?

Nein, ich bin ja ein Sammler. Wenn ich von diesen Reisen, die kürzeste dauerte eine Woche, die längste sechs Wochen, zurückkomme, bin ich vollkommen erschöpft. Weil ich so vieles sehe, was verstörend ist, weil ich mich andauernd zu höchster Aufmerksamkeit zwingen muss, und weil man es auch mit allerhand Strohköpfen zu tun bekommt, denen man aber nicht zeigen darf, dass sie das sind, weil für mich ja auch ihr Stroh interessant ist.

Dieser Weg vom Stubengelehrten zum Reisenden: Was hat Sie letztlich dazu gebracht, als Umkreiser des eigenen Schreibtischs und Bewohner der Bibliothek hinauszugehen, in die Welt?

Ich habe mich mit dem Bild des Privatgelehrten und Stubenhockers, das zum Klischee geworden war, schon lange nicht mehr identifizieren können. Irgendeiner hat einmal gar geschrieben: »Der Gauß schreibt Bücher über die Welt und sitzt dabei wie Karl May zu Hause.« Ich führe übrigens seit Jahren einen vergeblichen Kampf gegen Wikipedia, denn in meinem Eintrag steht: »… lebt in Salzburg und bezeichnet sich als Privatgelehrter.« Ich hatte das vor Jahren in einem Interview ironisch gesagt, mit Bezug auf Karl Marx, der einmal, als ihn die Polizei suchte, auf die Frage nach seinem Beruf angegeben hat: »Ich bin kein Revolutionär, ich bin Privatgelehrter.« Den Privatgelehrten werde ich seither nicht mehr los. Seit der Entfaltung der Naturwissenschaften im neunzehnten Jahrhundert kann ein »Universalgelehrter« ja nichts anderes mehr sein als ein universaler Dilettant. Andererseits kommt der Typus des Privatgelehrten vielleicht doch wieder zurück. Weil es nämlich viele gebildete, gescheite, gelehrte Menschen gibt, die durch den Verfall des Bildungssektors auf eine prekäre Privatgelehrtenexistenz zurückgeworfen werden.

Karl May ist also nicht das Spiegelbild, in dem Sie sich sehen. Chatwin haben Sie schon genannt – gibt's andere Vorbilder als Reiseschriftsteller? Kapuściński?

Kapuściński, den ich immer gerne gelesen habe, ist doch neulich vorgeworfen worden, dass viele Begegnungen, die er schildert, gar nicht oder wenigstens nicht so stattgefunden hätten. Naja, das betrifft das Verhältnis von Faktizität und erzählerischer Gestaltung. Ich baue meine Reisegeschichten immer auf einem breiten Fundament von Fakten auf, vielleicht auch, weil ich stark von dem Impetus bewegt bin, den Lesern etwas zu sagen, was sie noch nicht wussten, zum Beispiel etwas über ihnen unbekannte Reichtümer der Welt. Zugleich aber thematisiere ich meine eigene Rolle als Reisender in jeder meiner Geschichten, in den späteren immer stärker. Das heißt, meine Reportagen verleugnen auch nicht ihre subjektive Dimension, die Begegnung mit dem Fremden und das Darüber-Schreiben selbst werden thematisiert. Was nun die Fakten und die Fiktionen betrifft, bin ich nach und nach

freier im Umgang mit fiktiven Elementen geworden. Entscheidend ist, dass ich die Fiktion einsetze, um die Fakten klarer und besser für sich sprechen zu lassen.
Bei den »Hundeessern von Svinia« gibt es die Szene, dass ich das erste Mal in den Slum hineingehe, und es regnet, und es ist grau, und die Kinder sitzen nackt in den Drecklacken herum. Tatsächlich schien, als ich das erste Mal in Svinia war, unpassenderweise zufällig die Sonne. Es hat später aber häufig geregnet, wenn ich dort war. Dass ich die Chronologie umstelle, gehört fraglos zu den Freiheiten, die ich mir in einer literarischen Reportage nehmen darf. Der Wahrheit und der Wirklichkeit kann man manchmal besser zum Durchbruch verhelfen, wenn man sich nicht an das kleinste Detail klammert.

Sonst wär's ein Wetterbericht.

Genau. Wenn's der Wahrheitsfindung dient, lasse ich es regnen. Da bin ich der literarische Wettergott.
In einer Besprechung der »Untergeher von Roana« hat ein Rezensent sinngemäß gesagt: Ob die Reportagen vom Gauß spannend sind oder nicht, hängt vor allem davon ab, ob er interessante Gesprächspartner findet. Der hat von Reportageliteratur wirklich überhaupt nichts verstanden. Natürlich verwende ich viele Gespräche so, wie ich sie gehört habe, leicht stilisiert. Aber es gehört zu meinen literarischen Techniken, dass ich viele historische und politische Fakten nicht referiere, sondern dialogisch ausbreite, aus Gesprächen heraus entwickle. Das ist eine heikle Sache. Wenn Menschen mit ihren realen Namen auftreten, dann muss ich ja nicht nur der Literatur gerecht werden, sondern auch ihnen. Es darf nicht – wie oft bei Chatwin – sein, dass einer von ihnen das Buch liest und sagt: »Um Gottes willen, das bin doch nicht ich!« Manchmal führe ich deshalb auch fiktive Figuren ein, die aus zwei, drei realen Gestalten zusammengesetzt sind.

Im ersten Kapitel Ihres neuen Buches, »Im Wald der Metropolen«, hat man den Eindruck, dass das Fiktive in der Art und Weise, wie Sie es kombinieren und wie es sich zusammenfügt, beginnt, Wirklichkeit zu erzeugen. Ein bisschen so, als ob sich Eisenspäne um einen Magnet sammeln. Da ist eine Kraft, und es entsteht ein Muster. Andererseits ist es dann immer noch der Zufall, der zum Beispiel dazu führt, dass das Ich im richtigen Moment vor der Gedenktafel eines wichtigen Dichters steht. Diese Kombination von Organisation und Zufall –

Bei diesem Buch ist der Zufall eine treibende Kraft. Ein wenig auch schon bei den vorigen Reisebüchern. Deswegen habe ich mich ja nie dafür begeistern können, sie etwa in Form einer Serie für 3sat nachträglich zu verfilmen – weil ich, wenn ich an denselben Ort zurückkehre, nie mehr dieselben Leute treffen und das Gleiche erleben würde. Ich müsste noch einmal ganz von vorne anfangen.

»Im Wald der Metropolen« wird inhaltlich bestimmt von realen Reiseerfahrungen und Bildungserlebnissen, und auch von der Erinnerung daran; zugleich aber hätte das Buch einen ganz anderen Weg nehmen können, wenn ich nicht auf vielerlei Zufälle geachtet hätte. Zum Beispiel das erste Kapitel über den »Grimassierer von Beaune«: Dieser Mann ist exakt so beschrieben, wie ich ihn gesehen habe. Wäre ich aber einen Tag früher in Beaune in diesem Restaurant gewesen, wäre ich ihm nie begegnet, und der erste Abschnitt hätte einen anderen Weg nehmen müssen. Ich habe großes Zutrauen in den Zufall, er ist eine zuverlässige Größe.

Je mehr man weiß, desto mehr stellt sich der Zufall ein.

Ja. Man muss ihn nur wahrnehmen und auch erkennen, welches Potenzial er für die Literatur selber hat.

Bei Ihnen kann man nicht nur sagen, die Geschichte entsteht beim Schreiben, sondern umgekehrt ist es auch so, dass das Thema zu Ihnen kommt. Dieser Grimassierer –

… hat zweifellos auf mich gewartet, der wollte endlich einmal in die Literatur erlöst werden.

Da haben wir sowohl die Geschichte, die beim Schreiben entsteht, als auch das Thema, das zu Ihnen findet. In diesem Bild mit den Eisenspänen, da sind Sie der Magnet, der all das anzieht. So wie man sagt, dass jemand in einer Pechsträhne Unglück anzieht. Bei diesem magischen Zusammenhang, der sich einstellt und der natürlich von der Anziehungskraft des Autors bestimmt wird, habe ich das Gefühl, Sie unterschätzen nicht, was die Welt dazu beizutragen hat.

Hoffentlich nicht! Beim Reisen stoße ich auf Dinge, Figuren, Konstellationen, die ich mir nicht ausdenken hätte können. Ohne diesen Grimassierer hätte ich mich niemals an Franz Xaver Messerschmidt erinnert, dessen Porträts mich zwanzig Jahre vorher so beeindruckt haben. Und ohne Messerschmidt wäre ich nicht auf Feuchtersleben und Angelo Soliman gekommen. Doch da begegne ich in Beaune Messerschmidts Skulpturen in der Wirklichkeit, und plötzlich stellen sich für mich zwischen allem Verbindungen her, von denen ich vorher selbst nichts wusste.

War die Reise nach Beaune von vornherein als berufliche gedacht oder hat sich das erst ergeben?

Ursprünglich wollten meine Frau und ich uns einmal die Loire und diese Gegend anschauen; allerdings reise ich seit ein paar Jahren immer mit Notizbüchern, auch wenn es auf Urlaub geht.

Die Trennung von beruflichen und privaten Reisen beginnt sich also aufzulösen?

Als Autor darf man ja behaupten, alles, was einem im Leben widerfährt, gehöre auch zum Beruf. Tatsächlich notiere ich mir sogar bei jedem der nicht gerade seltenen Wien-Aufenthalte unentwegt Dinge. Ich sammle Eindrücke, Namen, Sätze, Assoziationen, und es ist wie früher bei den Sammlungen:

Ich weiß noch nicht, wozu, aber auf einmal leuchtet etwas auf.

Laut Unesco gibt es noch sechstausend Sprachen auf der Welt, alle zwei Wochen würde jedoch eine verschwinden. Bedeutet der Untergang der kleinen Sprachen auch einen Untergang oder eine Verminderung der Beschreibung der Welt und ihrer Vielfalt?

Seit einigen Jahren werden wir von ökologischen Organisationen durchaus glaubwürdig belehrt, dass der Untergang von Arten, zum Beispiel von Vögeln und Pflanzen im Amazonas-Gebiet, einen Verlust für die ganze Menschheit bedeutet. Da denke ich mir, dass auch aussterbende Sprachen einen Verlust bedeuten und es in Analogie zu den Rettungsaktionen für Pflanzen und Tiere auch so etwas wie ein Sprachenschutzprogramm geben müsste. Andererseits bin ich – obwohl ich so viel über die kleinen Nationalitäten und Sprachgemeinschaften geschrieben habe – davon überzeugt, dass nicht alles, was je in die Welt gekommen ist, niemals wieder aus ihr verschwinden dürfe. Ich bin kein Romantiker der Vielfalt und der Pluralität. Es hat wenig Sinn, durch administrative Maßnahmen Sprachen am Leben zu erhalten, welche kein kommunikatives Leben in einem sozialen Zusammenhalt mehr ermöglichen. Mein Respekt gilt jedem, der auf seiner nur mehr von wenigen Hundert oder Tausend Menschen gesprochenen Sprache beharrt, aber meine Zuneigung gilt weniger dem Umstand, dass er die eigene Sprache zu behaupten versucht, als dass er in der Lage ist, nicht nur in dieser einen Identität und in der einen Sprache zu leben, sondern in mehreren. Es gibt ja kaum Leute, die einer Minderheit angehören, die nicht mehrere Sprachen sprechen, weil das für sie zum Austausch mit der Welt schlicht notwendig ist. Sicher, jede Sprache ist auch eine Art von Weltdeutung und Welterfassung, und ich würde spontan alles unterstützen, das den Prozess des Verschwindens stoppen könnte. Aber er lässt sich nicht immer aufhalten. Ob es gelingt, hängt auch damit zusammen, wie sehr die Menschen diesen Sprachgruppen eigentlich angehören wollen und wofür sie sie in einer globalisierten Welt nützen. Sprache ist ja nicht nur ein vereinendes, sie kann auch ein differenzierendes, ein abgrenzendes Medium sein. Man denke an die Länder des einstigen Jugoslawien. Wenn es dort sprachenpolitisch so weitergeht wie jetzt, dann werden es die Serben, Kroaten und Bosnier eines Tages geschafft haben, dass sie tatsächlich drei verschiedene Sprachen sprechen. Was für ein Fortschritt! Die Sprache ist doch nicht dazu da, um sich von anderen abzugrenzen, sondern um sich mit ihnen verständigen zu können.

Bei den deutschen Minderheiten im Osten Europas, über die Sie in dem Buch »Die versprengten Deutschen« berichtet haben, fällt auf, dass sie manchmal gar nicht mehr Deutsch können.

Und dann stellt sich natürlich die Frage: Wer ist ein »Deutscher«? Viele Deutschstämmige in der Ukraine oder in anderen Ländern Osteuropas berufen sich auf ihre Familientradition, auf die Geschichte gemeinsam erlittenen Unrechts. Sie haben nicht freiwillig auf ihre Sprache verzichtet, die deutschen Familien sind doch deportiert, aus ihren Verbänden gerissen worden.

Nun zu den Journalen. Dazu gehört auch die Rolle Ihres Vaters, der Vorbild war und den Sie in »Zu früh, zu spät« als »Portalfigur des Scheiterns« bezeichnen. Eine nicht unheikle Ambivalenz.

Ich bin, mit deutlichem Abstand, der jüngste von vier Söhnen. Im Unterschied zu meinen älteren Geschwistern, die von ihm ein abgestuft schlechteres Bild zeichnen, habe ich ihn als den unglaublichsten Geschichtenerzähler meines Lebens in Erinnerung. Ich habe die Biographien von Dichtern und die Inhaltsangaben der großen Werke der Weltliteratur schon mit zehn, zwölf Jahren gekannt, weil mein Vater sie mir und dem mir altersmäßig nächsten Bruder Adalbert abends nach der Arbeit auf ungemein spannende Weise erzählt hat. Er vermittelte uns ein düster romantisches Bild vom Künstler als dem großen Getriebenen, der sein Schöpfertum mit Unglück bezahlt.

Gescheitert ist mein Vater deswegen, weil er von seiner donauschwäbischen Herkunft nie losgekommen ist und alle möglichen beruflichen Wege, die ihm offen standen, ausgeschlagen hat, um seine donauschwäbische Vertriebenenzeitung, das *Neuland*, herauszugeben. Er war ein anspruchsvoller Stilist und hat sein literarisches Talent völlig für diese Zeitung, die von den Donauschwaben in aller Welt gelesen wurde, aufgebraucht. Er wollte die Donauschwaben immer von dem Makel befreien, sie hätten als fünfte Kolonne Hitlers selbst Schuld an ihrem Untergang getragen. Am Ende wurde er aber von der großdeutschen Fraktion der Heimatvertriebenen aus seiner eigenen Zeitung hinausgeschmissen, als alternder Mann, der gar nicht mehr wusste, für wen er noch schreiben sollte und wo er noch publizieren könnte.

Diese zwei Dinge waren für mich sehr wichtig. Sein Versuch, den Donauschwaben mittels historischer Vorbilder ein demokratisches Selbstbild zu vermitteln, findet sich bei mir vielleicht darin wieder, dass ich eine Zeitlang geradezu versessen darauf war, unentwegt ein anderes, demokratisches, antifaschistisches, multinationales Österreich zu beschwören. Das war eine wichtige und richtige Arbeit. Aber manchmal zweifle ich inzwischen selbst daran, ob das Bild, das Thomas Bernhard oder Elfriede Jelinek von Österreich zeichnen, wirklich von der Wahrheit so viel weiter entfernt ist als meines, zu dem sehr stark die widerständigen, ketzerischen, totgeschwiegenen Traditionen gehören.

Ich erinnere mich, dass Sie eine ziemlich direkte Verbindung zwischen der Situation Ihres Vaters und dem eigenen Anspruch, als Schriftsteller existieren zu können, hergestellt haben.

Ja, denn das Schicksal meines Vaters hat mich davor bewahrt, mich selbst institutionell jemals in eine solche Abhängigkeit zu begeben wie er. Ich habe immer getrachtet, nicht für eine Zeitung exklusiv zu schreiben, sondern mir, bei aller Vorliebe für einige wenige, den Weg zu vielen offen zu halten. Und ich habe mich nie auf den Korpsgeist eingelassen, der neuerdings herrscht und besagt, wer dort schreibt, darf da nicht publiziert werden und umgekehrt. Ein freier Autor muss sich auch das Recht erkämpfen, so frei zu sein, zu veröffentlichen, wo er es für richtig hält.

Den Korpsgeist hat es in den großen deutschen Zeitungen aber immer gegeben. Süddeutsche *versus* FAZ – *das war früher wahrscheinlich sogar noch stärker. Da gab's kein »und«.*

Ich wollte mich nie binden. Die Situation meines Vaters, dem im Alter die einzige Zeitung abhanden kam, auf die er lebenslang gesetzt hatte, hat in mir eine Art von publizistischer Urangst ausgelöst.

Die Situation stellt sich aber doch längst ganz anders dar: Viel mehr Zeitungen wollen etwas von Ihnen, als Sie ihnen liefern können.

Das ist übertrieben. Es stimmt zwar, dass ich in den Medien viel mehr publizieren könnte, als ich es tue. Aber schauen Sie sich doch die Entwicklung an. Vor zwanzig Jahren habe ich, beispielsweise in der *NZZ*, einmal im Monat eine ganze Seite publiziert, für die ich lange gearbeitet habe, und davon konnte ich mit einer wachsenden Familie einen ganzen Monat lang leben, zumindest was die Sicherung der grundlegenden Dinge betraf. Heute rufen mich Redakteure diverser Zeitungen an, um zu fragen, ob ich zu diesem Thema oder jenem Autor etwas schreiben möchte, aber sie fügen gleich an: Und bitte nicht zu umfangreich. Und nicht nur, dass es alle Zeitungen heute immer kürzer haben wollen – objektiv zahlen sie auch viel, viel schlechter als früher.

Ich glaube also, dass dem Berufsstand, dem ich einen schönen Teil meines beruflichen Lebens und auch eine gewisse Unabhängigkeit verdanke, jetzt der Garaus gemacht wird. Mit Folgen für die geistige Entwicklung der Gesellschaft. Das ist der Berufsstand des freien Publizisten, der gelegentlich – in der *Zeit* oder sonstwo – ausführliche Sachen veröffentlichen konnte, für die er auch viel Zeit des Recherchierens und Durchdenkens aufgewendet hatte. Das gibt's jetzt nicht mehr, und damit geht der Typus des nirgendwo angestellten, auch nicht an der Universität verankerten, also freischwebenden Intellektuellen verloren, der Debatten anregt, außenseiterische Ansichten vermittelt, wenig Beachtetes thematisiert. Die Redakteure der großen Zeitungen haben ja mittlerweile die Vorgabe, aus Kostengründen möglichst viel selbst zu schreiben, wodurch das Niveau nicht höher wird; und zwar nicht, weil sie nicht schreiben könnten, sondern weil sie daneben ungeheuer viele andere Sachen zu tun haben. Vor zwanzig Jahren habe ich mich oft wochenlang mit einem Autor, einem Thema beschäftigt und dann ein paar Tage lang an einem Porträt, einem Essay gearbeitet. Und das sollen die Redakteure heute während der Redaktionszeiten und neben der redaktionellen Arbeit selber machen? Es geht ein Berufsstand unter, der eine wichtige Aufgabe für die Öffentlichkeit hatte.

Eine befruchtende und korrigierende Aufgabe, auch für den verantwortlichen Redakteur, der das Blatt macht. Darüber hinaus bringen Autoren Informationen, die aus dem Inneren der Zeitung gar nicht erbracht werden können. Das klingt affirmativ. Aber diese Problematik des Verschwindens von unabhängigen Publizisten ist ein internationales Phänomen, wobei auch sinkende Honorare eine wesentliche Rolle spielen. Bleiben wir bei den Journalen. Ich habe die Journale als Befreiungsschlag des so genannten Sachbuchautors Gauß gelesen, der eine Form gefunden hat, aus diesem

Korsett auszubrechen und auch von sich zu schreiben, ohne dass er sich genieren muss. Daher gehören die persönliche Geschichte, die Familie, die Vorgeschichte der Eltern. Da würde mich interessieren: War das so geplant? Und war der Weg zum allerneuesten Buch, zu »Im Wald der Metropolen«, den ich als großen Schritt sehe, schon länger avisiert?

Nein, das hat sich während des Schreibens ergeben. Ich weiß gar nicht mehr genau, warum ich mit dem ersten Journal, mit »Mit mir, ohne mich«, angefangen habe, vermutlich um mich selbst zu erproben und weil ich wissen wollte, ob ich es kann und auch die Ausdauer aufbringe. Von den drei Journalen war »Mit mir, ohne mich« zudem sicher jenes, in dem ich mich am stärksten mit tagespolitischen Dingen herumgeschlagen habe.

Es entstand unmittelbar nach der Regierungsbildung Schüssel/Haider im Jahr 2000.

Stimmt, aber Anlässe, über Politisches zu schreiben, gäbe es auch heute genug. Seit ich Journale schreibe, veröffentliche ich jedoch weniger politische Glossen in der Tagespresse. Vorher habe ich ja zum Beispiel im *Standard* regelmäßig Kommentare zur politischen Lage veröffentlicht, womit ich auch ein bestimmtes Publikum erreichte. Ich nehme es mir zwar immer wieder vor, mich manchmal wieder in die publizistischen Tageskämpfe zu werfen, aber ich schaffe es neben dem Journal, das ich für mich schreibe, nicht mehr. Es fehlt mir auch die Lust dazu, weil hierzulande das Gedächtnis für das, was einer geschrieben hat, so kurz ist, dass zwei Monate später dasselbe von einem anderen genau so und wieder mit dem Gestus, etwas Weltbewegendes zum ersten Mal zu formulieren, gesagt wird. Ich nehme mich dabei nicht aus. Vor kurzem habe ich vom klugen Soziologen Christian Fleck das Folgende gelesen: Die österreichischen Intellektuellen hätten sich mit dem Elend abgefunden, deswegen schweigen sie.

Vielleicht schweigen manche aber, weil sie bereits alles gesagt haben, nicht nur einmal. Der Fortgang von Flecks Polemik kam mir sehr bekannt vor. Warum? Weil ich alle seine Thesen vor zehn oder acht Jahren selbst proklamiert habe. Fleck hat sie nicht von mir gestohlen, so wie ich sie nicht von anderen gestohlen hatte. Er hat nur wieder einmal das Rad neu erfunden, und das interessiert mich nicht mehr.

Jedenfalls war es fast eine Lebensentscheidung, Energie und Kraft auf die Journale statt für die rastlose Glossistenarbeit zu verwenden. Was ich rasch merkte: dass das Journal als literarische Form meiner Art zu denken und zu schreiben entgegenkommt – ich kann verschiedene Genres, Erzählformen, Sichtweisen ausprobieren und Verschiedenartiges aneinandermontieren. Ich schreibe keine klassischen Tagebücher in dem Sinn, dass ich täglich etwas notiere und nach ein paar Jahren das Ganze unredigiert in ein Buch kippe. Die Hauptarbeit besteht zunächst darin, jeden Tag etwas, das mir auffällt in der Welt, in den Medien, in meinem privaten Leben, in der Literatur, schriftlich festzuhalten. Wie ich mir bei den Reportagen die Freiheit nehme, auch Fiktives zu berichten, um den Fakten, um die es geht, erst recht zum Durchbruch zu verhelfen, so nehme ich mir beim Verfassen der Tagebücher das gestalterische Recht heraus, das Material in bestimmte Zusammenhänge zu bringen, also mittels Montage zu gestalten. Was verboten ist beim Tagebuch – und daran halte ich mich strikt – ist, dass man sich beim nachträglichen Sichten und Ordnen der Notate und chronikalischen Eintragungen selbst korrigiert und gescheiter, prophetischer zu machen versucht, als man ist. Die Zeugenschaft, die auch den Irrtum einschließt, ist schon das Entscheidende.

Gerade die strenge Gestaltung hebt Ihre Journale von anderen Büchern dieses Zuschnitts ab. In »Zu früh, zu spät« (2007), das die Jahre 2003/04 behandelt, ist das sehr deutlich sichtbar. Wie gehen

Sie vor bei der Zusammenstellung der verschiedenen Gattungen und Formen, bei denen mir aufgefallen ist, dass Episches zugenommen hat. Steckte da Absicht dahinter?

Weiß ich nicht. Schaue ich hin und wieder in meine allerersten Essay-Bände, in »Tinte ist bitter« und »Die Vernichtung Mitteleuropas« hinein, dann bin ich erstaunt über die gedrängte Darstellung und weiß, dass ich solche Porträts heute nicht mehr schreiben könnte. Die sind allesamt gewissermaßen unter psychischem, rhetorischem, literarischem Überdruck entstanden, ich wollte nicht nur einem vergessenen Autor Gerechtigkeit widerfahren lassen, sein Werk darstellen, die Epoche anklagen, sondern habe auf verdeckte Weise in allen diesen Porträts auch von mir selbst erzählt, doch ohne jemals Ich zu sagen. Schreibe ich jetzt ein Porträt, etwa von Jean Améry oder Manès Sperber, wie ich es im letzten Journal getan habe, lasse ich meine Lektüreerfahrungen und wie sie sich innerhalb von zwanzig Jahren verändert haben, einfließen. Damit werden diese Porträts ein Teil meiner eigenen Bildungsgeschichte. Sagen wir einmal so: Ich schreib's jetzt eigentlich lieber. Das ruhiger und erzählend Aufbereitete liegt mir mittlerweile näher.

Für mich (Anm.: hier Strigl) war »Tinte ist bitter« das Einstiegsbuch. Ich hatte keine Ahnung von seinem Autor, habe aber gedacht, von dem möchte ich das nächste oder das übernächste Buch auch lesen. Die Kunst der Charakteristik, das ist etwas, was mich sehr interessiert, weil sich da im Laufe Ihres Werkes ganz andere Ansätze ergeben. Es gibt darin auch Ähnlichkeiten zu Franz Bleis »Bestiarium«, also Darstellungen, die ins Komische, fast Spöttische gezogen werden. Dann wieder ganz Ernsthaftes. Das »Ich« hat nun aber die Lizenz, vorzukommen.

Ja, genau. Bei allen Dingen, die ich schreibe, ist mir dies sehr wichtig: der Anreiz, dass ausgerechnet ich es tue, und der Gegenstand, der mich selbst fasziniert. Es gibt Autoren, die schreiben am besten, wenn sie über gar nichts schreiben. Das ist eine hohe Kunst, die ich nicht schlechtreden möchte, gerade in Österreich gibt's dafür eine ehrenwerte Tradition. Ich brauche aber Stoff, zu dem ich mich mit Empörung, Zuneigung, Empathie hinwenden kann, sonst krieg' ich nichts zusammen. Früher habe ich mich oft geradezu in eine Empörung hineinhalluzinieren müssen, heute brauche ich die Empörung nicht mehr unbedingt, um von einem Gegenstand affiziert zu werden. Den Gegenstand selbst, den brauche ich aber.

Auf einer Glatze Locken drehen, das ist nicht das Ihre.
Nein. Aber ich lese zum Beispiel Alfred Polgar mit Bewunderung und denke mir, wenn ich das Buch sinken lasse: Jetzt weiß ich gar nicht, worüber er überhaupt geschrieben hat. Aber es war schön. Das soll nicht heißen, die einen sind die Sprachkünstler, die aber keinen Gegenstand haben, über den zu schreiben sich lohnt, und die anderen sind die Inhaltisten, denen die formale und sprachliche Gestaltung nicht so wichtig ist. Meine Tagebücher leben von den Dingen, zu denen ich eine starke Beziehung habe oder entwickle, und vom Stil, wobei ich, wenn ich so sagen darf, ein Anhänger des geglückten Satzes bin.

Ich will noch einmal zurück zu Jean Améry, einem Ihrer Vorbilder, über den Sie öfters geschrieben haben. Abgesehen von seinem Schicksal als Jude, Vertriebener, Folteropfer, das natürlich im Vordergrund steht, gibt es Ähnlichkeiten mit Ihrer eigenen Laufbahn, ich denke hier vor allem an sein Hadern mit der Punze »Sachbuchautor« und sein mühevolles Streben, als Romancier wahrgenommen zu werden.
Die Biographie von Frau Heidelberger-Leonhard hat auf beklemmende Weise gezeigt, dass Améry nicht nur an der Wunde Auschwitz gestorben ist, so verheerend sie war. Es gab auch einen genuin-literarischen Grund. Der Selbstmord

war sicherlich grundiert von dieser tragischen Lebensgeschichte und seinem ewigen Wunsch, als genuiner Künstler oder Dichter anerkannt zu werden.

Ich habe mich vielleicht anfänglich auch in dieser Hinsicht stark mit ihm identifiziert. Auch glaube ich, dass meine literaturkritische Tätigkeit der Wahrnehmung meiner Bücher geschadet hat. Eine gewisse Zeit zumindest. Da hat es dann geheißen: Das ist ein Literaturkritiker, jetzt schreibt er halt auch ein Büchel … Viele, die sie gar nicht gelesen haben, haben behauptet, ich sammle in ihnen meine Zeitungsartikel. Aber im Laufe der Zeit habe ich mich von dem befreit, worunter Jean Améry bis zuletzt gelitten hat. Inzwischen kann ich ihn kaum mehr verstehen: Warum diese Sehnsucht, unbedingt als Romancier anerkannt zu werden, bei einem, der so großartige Essays zu schreiben wusste? Damit hat er doch eine Hierarchie der literarischen Gattungen – mit dem Roman als Königsklasse – unbeabsichtigt selbst akzeptiert. Entweder ein Buch taugt etwas oder nicht, was für eine Genrebezeichnung darunter steht, ist doch gleichgültig. Abgesehen davon, dass viele Bücher, die mir wichtig sind und die mich als Leser interessieren, gar keine Gattungsbezeichnung mehr haben. V. S. Naipaul etwa hat viele Bücher geschrieben und ein einziges davon ist ein Roman – »Ein Haus für Mr. Biswas«, der ziemlich früh erschienen ist. Alle anderen Bücher von ihm erscheinen im englischen Original ohne Gattungsbezeichnung, in der deutschen Übersetzung wird aber immer ein »Roman« draus. Sein mir liebstes Buch ist übrigens »The Enigma of Arrival« – ein bisschen Roman, gleichzeitig eine Kulturgeschichte der englischen Cottages, dann eine Entwicklungsgeschichte, wie er als Karibe nach England kommt und sich ihm die fremde Gesellschaft darstellt. Und noch eine Menge anderes. Man liest das völlig fasziniert, aber nach all dem, was wir früher gelernt haben, ist es kein Roman.

Ich glaube, das hat weniger mit klassischer Romantheorie zu tun als mit schlichten ökonomischen Usancen, die sind in England nicht anders als bei uns, dort sogar noch rigider. Der Buchhandel benützt Genres als so genannte Warengruppen, teilweise mit absurden Zuordnungen. Ob's einem gefällt oder nicht, ist nicht die Frage, das sind Fakten, mit denen Verlage täglich operieren.

Ich lese Sachbücher von Zeit zu Zeit sehr gerne. Nur, ein Sachbuch ist für mich etwas, bei dem eine bestimmte Sache auf möglichst gut geschriebene, möglichst klare Weise von allen Seiten so dargelegt wird, dass man zu diesem Thema dann objektiv richtige Informationen erhält. In diesem Sinn habe ich überhaupt nie ein Sachbuch geschrieben, dafür war alles viel zu subjektiv.

Zu wenig sachlich?

Zu wenig sachlich. Selbst die frühen Porträts waren keine Sachen, die irgendwie zu einem Sachbuch gehören könnten, weil sie viel zu aufgeladen waren mit subjektiven Urteilen, geprägt waren von meinen eigenen Zugängen. Bei einem guten Sachbuch muss man erwarten dürfen, dass man am Ende weiß, was Sache ist. Und das, glaube ich, kann man bei mir nicht wissen. Eher ist das Verbindende der Reisebücher und der Journale meine subjektive Entwicklungs- oder Bildungsgeschichte, nein, Bildung ist zu eng, Erfahrung.

In »Im Wald der Metropolen« wird ein Ort beschrieben, den sich das Ich als seinen Todesort vorstellt, die existenziellste Reiseerfahrung, die man machen kann.

In »Die Tote von Sélestat« hätte es zwei, drei Drehs gebraucht, um daraus eine Erzählung klassischen Zuschnitts zu machen. Ich wollte aber auf die kulturhistorischen Zusammenhänge, von denen ich auch berichten wollte, nicht verzichten.

In einem der Beiträge dieses Bandes, demjenigen von Hans Höller, wird das letzte Journal, »Zu früh, zu spät«, als »diarischer Roman« bezeichnet. Mir war der Terminus bisher nicht geläufig. In

»Im Wald der Metropolen« verstärkt sich das Epische jedenfalls noch einmal. Außerdem wird das Buch angekündigt als europäische Kulturgeschichte und Bildungsroman.

Ich muss dazu etwas sagen, was Ihnen vielleicht seltsam vorkommt. Mir fällt das Erzählen leichter als das Verfassen eines klassischen Essays, der früher meine Gattung war. Einen solchen Essay habe ich schon lange nicht mehr geschrieben. Ich finde, das Essay-Schreiben ist das Schwierigste, was es gibt. Da musst du den Leser mit jedem Satz überzeugen, jeder Satz muss etwas enthalten, damit er überhaupt weitermacht. Adorno, glaube ich, hat gesagt, der Essay und die Lyrik seien miteinander verwandt. Wenn du jemand versuchsartig wohin führst, wie das bei einem Essay geschieht, muss jeder Satz einen Sog haben, der dich zum nächsten Satz führt, sonst hört man bei einem sperrigen Thema auf zu lesen. Natürlich hat auch das Erzählende seine eigenen Kunstgesetze, die man beherrschen und beachten muss. Aber mich erschöpft es weniger, einen erzählenden Essays oder eine Erzählung mit essayistischen Einschüben zu schreiben, als diese kompakten Essays, wie ich sie früher verfasst habe.

Sie haben den Essay einmal eine »Tat der Unruhe« genannt. Dieses unruhige Element hat bei Ihnen – mehr bei den frühen Essays – einen stark agonalen Charakter. Gegen etwas anzuschreiben oder gegen jemanden, gegen eine Position, gegen eine landläufig verfestigte Meinung. Das ist auch eine Möglichkeit, den Leser bei der Stange zu halten. Im besten Fall ergreift er dann Ihre Partei und will, dass gemeinsam gewonnen wird.

Das ist ein schöner Gedanke. Trotzdem zwinge ich dem Leser der Journale eine solche Parteinahme nicht mehr immer auf. Ich betrachte es als großes Lob, wenn Leser mir schreiben oder sagen: Ich sehe und empfinde vieles, was Sie sagen, ganz anders, aber ich lese es trotzdem mit Gewinn. Das heißt, man kann die Journale als anregende Lektüre betrachten, ohne immer meiner Meinung sein zu müssen. Das ist vielleicht sogar etwas Demokratisches – wer mich liest, wird nicht zur intellektuellen Gefolgschaft genötigt.

Damit sind wir beim Kulturkritiker, beim Polemiker, der sich einsetzt, für etwas oder gegen etwas. Was stand am Anfang?

Schon die Gegnerschaft.

Täuscht der Eindruck, dass Ihre Lust an der Intervention nachgelassen hat? Vor ein paar Jahren haben Sie eine Castorf-Inszenierung bei den Salzburger Festspielen vernichtend besprochen, ich glaube für die Zeit, dergleichen liest man heute nur mehr selten von Ihnen.

Für so was wäre ich immer noch zu haben, wenn sich Gelegenheit bietet. Aber ich will mich nicht mehr dauernd in Konflikten verausgaben, die es nicht lohnen. Ich hoffe, Sie missverstehen das nicht als vorzeitige Altersmilde, eine solche wäre unentschuldbar. Vielleicht hat es mit der Entdeckung zu tun, dass es in der Welt auch Dinge gibt, denen ich mit der manichäischen Entscheidung zwischen Empörung oder emphatischem Zuspruch nicht gerecht werde.

Für die Popularität bedeuten Auseinandersetzungen immer einen Schub; ich erinnere an jene mit dem Popsender Ö3, als Sie dessen Moderatoren einst als »die größten Deppen des Maturajahrgangs« bezeichnet haben. Was hat Sie damals geritten, so etwas zu sagen?

Eine Zeitung hat angerufen und gefragt, was ich von Ö3 halte. Ich hab' den Satz nebenhin in den Telefonhörer gesprochen, geschrieben hätte ich sowas nicht. Obwohl es sachlich völlig richtig war.

Das klingt, als hätte Sie vorher jemand zum stundenlangen Hören von Ö3 verurteilt.

In einem gewissen Sinn kann man Ö3 auch nicht entkommen. Ich gehe ins Kaufhaus, was läuft: Ö3. Ich fahre mit dem Taxi, was läuft: Ö3. Sicher, keiner fesselt mich und sagt, ich muss Ö3 hören. Andererseits kann mir eine bestimmte Zuformung der Öffentlichkeit auch dann nicht gleichgültig sein, wenn ich mich ihr persönlich nicht ausliefern muss. Ich bin ja – wie Franz Schuh auch – zuweilen ein begeisterter und zuweilen ein angewiderter Zuseher der Sendungen, die nachmittags in den deutschen Privatsendern laufen. Die muss ich mir nicht anschauen, die muss sich niemand anschauen. Trotzdem glaube ich, dass sich dort bestimmte gesellschaftliche Prozesse sehr klar zeigen, und zwar auf extremistisch ungustiöse Weise. Und deswegen muss ich mich auch mit ihnen auseinandersetzen, und deswegen schreibe ich in meinen Journalen auch über solche Sendungen.

Kann man das so zusammenfassen, dass aus dem linken Polemiker Gauß ein Zeitdiagnostiker im Thomas Mannschen Sinne geworden ist?

Huch – ich sehe, ich muss dringend wieder ein paar scharfe Polemiken publizieren. Sagen wir doch so: Ich möchte heute vielleicht mehr Dinge begreifen und verstehen als sie verdammen. Das Verdammen ist ein fast körperlicher Reflex, weil dir nämlich etwas so widerlich ist, dass du es als Attacke auf deine moralische und körperliche Integrität begreifst, und insofern werde ich auch immer genügend haben, das ich verdamme.

Die Anerkennung, die Preise und so weiter – ich kann mich des Eindrucks nicht erwehren, dass eine Befriedung stattgefunden hat, die vor allem in Salzburg spürbar ist. Motto: Der abtrünnige Sohn ist heimgekehrt. Im Café, auf der Straße – unerkannt können Sie da nicht mehr herumspazieren. Sind Sie ein Stefan Zweig der Gegenwart?

In diesen Fragen steckt sehr Verschiedenartiges. Erstens ist klar, dass Sie, was meine literarisch-gesellschaftliche Rolle, auch die in Salzburg, betrifft, hemmungslos übertreiben. Vernichtend wäre das Urteil über mich, wenn ich wegen der paar

Preise und Ehrungen, die ich erhalten habe, milde und versöhnlicher geworden wäre.
Ich habe nicht geurteilt, sondern lediglich eine Frage nach der Rolle gestellt, in der Sie sich selbst sehen. Was früher war, darüber haben wir gesprochen, wie sieht es jetzt aus?
Das, was ich jetzt schreibe, stellt die bürgerliche Gesellschaft und den Kapitalismus in der heutigen Form und die gute Gesellschaft von Salzburg oder anderswo mindestens so in Frage, wie ich das mit knüppelharter Polemik zuwege gebracht habe. Ich hoffe aber, dass meine Kritik heute manchmal stärker an die Substanz geht und nicht bei Einzelphänomenen stecken bleibt. Die Preise sind an mir spurlos vorübergegangen, außerdem bewegen sie sich ja in durchaus überschaubarem Rahmen. Und die Leute, die mich kennen, ob sie mich mögen oder nicht, sind sich zumindest darin einig: dass ich ziemlich der Gleiche geblieben bin, ein im Brechtschen Sinn übrigens sehr fragwürdiges Lob. Die Ängste, die ich früher hatte, sind immer noch die Gleichen; der Hochmut, den ich gehabt habe, ist immer noch genau so hoch; die Skrupel, die ich habe, sind auch die Gleichen; und was mir früher schwergefallen ist, als ich ein unbekannter Autor in der Provinz war, fällt mir heute genau so schwer als ein in Maßen bekannter.
Mein größter Wunsch als Autor ist, gelesen zu werden, weil ich glaube, dass ich von Anfang an keiner war, der nur von einer kleinen Minderheit verstanden werden kann. Natürlich weiß ich auch, dass ich, so wie ich schreibe, nie zu einem Bestsellerautor werde. Dafür ist meine Sprache zu komplex, dafür wälze ich zu viel Bildungsgut, an dem festzuhalten ich gerade heute für einen widersetzlichen Akt halte. Dieser Wunsch, von vielen Menschen gelesen zu werden, hat nichts zu tun mit der Akzeptanz in einer Gesellschaft, von der ich in Gestalt von Preisen und Auszeichnungen gewisse Benefizien und ein wenig Beifall bekommen habe.

Mich würde noch etwas interessieren, was mit dieser Rolle der öffentlichen Person zu tun hat. Ich habe das Gefühl, dass Sie als Chronist nicht nur des Medienzeitalters, sondern auch der österreichischen Selbstwahrnehmung mehr Spuren hinterlassen haben, als Ihnen bewusst ist. Es gab ja eine Auseinandersetzung, die auch auf der Kommentarseite geführt wurde. Die hat jetzt nichts mit diesen alten Schemata von links und rechts zu tun, sondern da ging es um Intellektuelle, die sich irgendwie alle als links-oppositionell-fortschrittlich verstanden haben, die dann in Disput geraten sind. Und da glaube ich, dass Sie doch einigen Einfluss darauf genommen haben, wie Österreich und seine Geschichte heute aus intellektueller Warte wahrgenommen wird. In einem Nebensatz haben Sie es schon angedeutet, dass sich Ihre eigene Wahrnehmung differenziert hat – Stichworte wie österreichische Selbstgeißelung, wie Jelinek etwa oder schwarzer Kitsch. Das bedeutete für mich eine Prägung, gegen die Sie nicht nur im öffentlichen Diskurs angegangen sind, sondern auch mit literaturkritischen Mitteln. Glauben Sie tatsächlich, dass das alles verpufft ist?

Ich fürchte schon, aber würde mich gerne eines anderen belehren lassen. Wenn ich zum Beispiel an die vielen Artikel, Essays, Porträts denke, in denen ich vor zwanzig Jahren auf völlig vergessene österreichische Exilautoren hingewiesen habe. In neueren Studien oder Editionen finde ich meinen Namen meist in Fußnoten, in denen aufgezählt wird, was ich damals alles nicht wusste oder wo ich mich geirrt habe. Da sind manche auf meinen Spuren unterwegs und erweisen mir die Reverenz, indem sie mir meine Irrtümer vorhalten. Oder Stichwort »Widerstand«. Ich habe 2000 mehrfach sehr polemisch gefordert, man möge sich nicht den Ehrentitel von »Widerstandskämpfern« anmaßen, bloß weil man, wie selbstverständlich auch ich, gegen die schwarz-blaue Koalition ist; wer sich mit »Widerstand« beschäftigen will, solle sich gefälligst einmal mit den Widerstandkämpfern beschäftigen, die in Österreich gegen den Nationalsozialismus mit ihrem Leben eingestanden sind. Dafür wurde ich zum unsicheren Kantonisten erklärt, bei dem man nicht sicher sein könne, ob er auch mit der gebotenen Schärfe gegen diese unsägliche Koalition auftrete. Inzwischen hat Doron Rabinovici ein ganzes Buch dem »Widerstand« und der richtigen und missbräuchlichen Verwendung dieses Wortes gewidmet.

Ja, aber gerade das beweist doch Ihre Wirkung. Dass sich jetzt viele mit den einst verschwiegenen Traditionen auseinandersetzen, spricht doch dafür, dass Ihre Arbeit nicht folgenlos blieb. Das Österreich-Bild hat sich verschoben.

Ja, da haben Sie sicher recht. Aber ob ich wirklich so viel Anteil daran hatte? Ich sagte ja schon: Bei uns muss das Rad alle paar Jahre neu erfunden werden, kaum jemand, der auf einem einmal erreichten Niveau der Auseinandersetzung aufbaut.

Die jüngere Autorengeneration, die jetzt sagt, wir können nicht ewig so weitermachen wie Elfriede Jelinek und Co., die ist für mich im Zusammenhang dieser Debatte zu verstehen.

Ich zähle nicht zu denen, die voller Schreck und fast schon widerwillig auf die Generation der zwanzig und mehr Jahre Jüngeren hinschauen und sich drüber ärgern, dass es da auf einmal welche gibt, die es sich erlauben, hohe Auflagen zu erzielen. Das ist doch gut, wenn die Literatur größere Verbreitung findet. Ich vermute aber, dass viele dieser Generation kein sehr ausgeprägtes Geschichtsbewusstsein haben und dass sie zu dem, wie sie die österreichischen Dinge, auch die literarischen, sehen, jedenfalls nicht durch mich gekommen sind.

Seit zwanzig Jahren sind Sie Herausgeber der Zeitschrift Literatur und Kritik, *der im Ausland am weitesten verbreiteten österreichischen Literaturzeitschrift, gegründet 1966 von Gerhard Fritsch, Rudolf Henz und Paul Kruntorad in der Nachfolge von* Wort in der Zeit. *Die Zeitschrift ist hoch subventioniert und ohne Subvention nicht überlebensfähig. Kann eine Literaturzeitschrift heute überhaupt noch etwas bewirken? Ist es gelungen, das aus diesem Periodikum zu machen, was Ihnen damals vorschwebte? Ich (Anm.: hier Ohrlinger) war ja 1990/91 dabei, und die Ziele, die wir uns damals steckten, waren sehr hoch.*

Als mir 1991 diese Zeitschrift von Arno Kleibel, dem Verleger des Otto Müller Verlags, übertragen wurde, war es das erste Anliegen der neu formierten Mannschaft, dass wir *Literatur und Kritik* – die ja immer ein gewisses Niveau gehalten hat –, aus dem faden Dunst einer halboffiziellen Literaturzeitschrift, in der hauptsächlich Symposiumsbeiträge abgedruckt wurden, befreien und etwas Lebendiges, Streitbares daraus machen. Dazu ist gekommen, dass in den neunziger Jahren das Problem Südosteuropa und Mitteleuropa aufs Neue virulent wurde. Das kam meinen Interessen entgegen; andererseits gab es schon bei Gerhard Fritsch ost- und südosteuropäische Schwerpunkte. In den Neunzigern – das traue ich mir zu sagen – haben wir als erste viele verschiedene Literaturlandschaften für den deutschen Sprachraum entdeckt. Wir haben das erste Heft über albanische Lyrik im Kosovo in deutscher Sprache gemacht, wir haben Literatur aus Sarajevo zu einem Zeitpunkt vorgestellt, als alle vom Untergang dieser Stadt gesprochen haben, aber keiner wusste, was da eigentlich untergeht. Es gab Hefte über die Literatur Moldawiens, Bulgariens, der Slowakei, über die Literatur der Roma in Österreich oder die okzitanische Dichtung et cetera. Viele dieser Hefte waren Pfeile zu den Verlagen, die sich dann meldeten und begannen, Bücher in deutscher Übersetzung aus diesen Ländern herauszubringen.

Um 2000 habe ich keinen Sinn mehr darin gesehen, das Programm in genau dieser Richtung fortzuführen. Osteuropäische Literatur gab es inzwischen in vielen deutschsprachigen

Verlagen, es brauchte dazu keine Pionierarbeit mehr unsererseits. Eine Zeitlang waren wir – das zählt gewissermaßen zu den heroischen Taten – während des Balkankrieges ein Forum, fast das einzige Forum für die Autoren der zerstrittenen jugoslawischen Nationalitäten. Als Kroatien und Serbien im Krieg waren, haben der Serbe Dragan Velikić, der Kroate Nedjeljko Fabrio und der Bosnier Dževad Karahasan – dieser war zeitweise sogar im Beirat der Zeitschrift – bei uns geschrieben; in ihrer Heimat gab es kein Medium mehr, in dem sie miteinander hätten diskutieren können. In diesem Bereich waren wir sozusagen erfolgreich. Und wenn man etwas erfolgreich macht, hebt man sich selbst ja damit auf, weil das, was man verfochten hat und für das man eingetreten ist, jetzt auch andere tun, vielleicht sogar gründlicher.

Was kann eine Literaturzeitschrift bewirken? Wirkung ist so ein instrumenteller, enger Begriff. Ich möchte es pathetisch sagen: Eine Literaturzeitschrift kann bewirken, dass etliche Autorinnen und Autoren weniger unglücklich und weniger einsam sind. Ich habe erst mit der Übernahme von *Literatur und Kritik* begriffen, wie wichtig das für viele ist, die nicht das Glück haben, in den Medien präsent zu sein, die keinen Verlag haben, der ihre Bücher engagiert betreut und ins Gespräch bringt. Und zweitens, dass wir immer wieder Texte von Schriftstellern bringen, die eigentlich fast das erste Mal in einer überregionalen Literaturzeitschrift publizieren und für die das ein wichtiger Schritt auf dem Weg ist.

Zum Beispiel?

Das ist jetzt blöd, weil mir natürlich viele Namen im Augenblick nicht einfallen. Andrea Grill etwa hat ihren ersten Text bei uns publiziert, Sebastian Vogt, Peter Truschner, nicht wenige der heute bekannten Dreißig- bis Vierzigjährigen haben bei uns angefangen, im letzten Jahr haben wir Texte Teresa Präauers gebracht, einer jungen Autorin, von der man noch viel hören wird, und und und. So wichtig es ist, Autoren, die erst am Anfang ihres Weges stehen, die Möglichkeit zu bieten, etwas der Öffentlichkeit zu präsentieren, so wichtig ist es, Autoren die Treue zu halten, die immer wieder aus der öffentlichen Wahrnehmung herauszufallen drohen. Da könnte ich eine ansehnliche Liste erstellen von welchen, für die wir fast existentiell wichtig sind. Ich erinnere mich, vor vielen Jahren einen Text des damals kaum mehr bekannten Fred Wander veröffentlicht zu haben. Ein paar Tage später hat Michael Krüger angerufen. Und ein Jahr später ist bei Hanser das »Gute Leben« erschienen, und damit hat eine späte Wiederentdeckung Fred Wanders eingesetzt.

Was uns aber nicht gelungen ist, ist das, womit wir ganz explizit angetreten waren. Wir haben gehofft, eine konfliktreiche Zeitschrift zu gestalten, in der intellektuelle literarische Debatten geführt werden. Alles wäre möglich gewesen – politisch, ästhetisch in jederlei Hinsicht, thematisch. Ich glaube nicht, dass wir zu wenig Energie dafür aufgewendet haben; in späteren Jahren vielleicht. Es gibt eine merkwürdige Streitunlust bei jenen heimischen Autoren und Autorinnen, die dauernd darüber klagen, dass es keine Streitkultur in Österreich gebe. Es rufen mich Autoren an, die fragen: Hast du gelesen, was dieser Idiot von sich gegeben hat? Antworte ich: Ich hab's gelesen, möchtest du eine Entgegnung schreiben, eine Kontroverse beginnen? – Geh bitte, ist dann die Antwort, was soll ich mich mit dem Trottel anlegen? Es ist schwierig, Leute dazu zu bringen, mit offenem Visier Stellung zu beziehen. In *Literatur und Kritik* könnten sie ohne Häme diskutieren, ohne sich zu beflegeln. Aber sie tun es nicht. Und als Herausgeber einer Zeitschrift kann ich diese Kontroversen nicht mit mir selbst führen.

Könnten Sie sich vorstellen, etwas anderes zu machen, den Beruf des Schriftstellers an den Nagel zu hängen?

Nein. Obwohl ich schon für ein paar andere Berufe eine gewisse Neigung hätte, aber eigentlich wollte ich nie einen anderen haben. Das Schreiben ist das Schönste, das ich mir vorstellen kann. Ich ärgere mich, wenn Kollegen klagen, wie furchtbar das Schreiben doch ist. Selbst an einem Tag, an dem ich stundenlang am Computer sitze und gar nichts zusammenbringe – was natürlich etwas Quälendes ist –, denke ich mir immer: Stell dir vor, du wärst jetzt Beamter und würdest in einer Sitzung hocken, seit Stunden gegen den Schlaf kämpfen, immer knapp daran, aus dem Fenster zu springen. Nein, Schriftsteller ist ein wunderbarer Beruf, immer vorausgesetzt, dass man, wie ich, einigermaßen davon leben kann. Als Kind – so wird es in der Familie erzählt – hat mein Bruder Adalbert auf die Frage, was er werden wolle, immer gesagt: Millionär oder Missionar. Und ich habe gesagt: Jäger oder Neger.

Das Gespräch haben Daniela Strigl und Herbert Ohrlinger am 22. und 23. April 2010 in Wien geführt.

Konrad Paul Liessmann

Unterwegs sein, bei sich sein

Karl-Markus Gauß erhält den Donauland-Sachbuchpreis. Hier stocke ich schon. Denn das Sachbuch ist ein gar eigenartiges Ding, voll von metaphysischen Spitzfindigkeiten und zeitgeistigen Mucken, sodass es sich lohnt, ein paar Gedanken an diese seltsame Gattung zu verschwenden.

Prima vista lässt sich das Sachbuch als jene literarische Gattung definieren, die weder das eine noch das andere ist: weder Belletristik noch Wissenschaft. Als solche stellt es ein Spezifikum des deutschsprachigen Raumes dar, der strenger als andere Sprach- und Schreibkulturen stets zwischen der schönen Literatur, der strengen Wissenschaft und dem, was übrig bleibt, trennen wollte. Was aber bleibt übrig? Das Sachbuch, vor allem in seiner gehobenen Variante, galt und gilt als Versuch, die Ergebnisse wissenschaftlicher Forschung einem breiteren Publikum nahe zu bringen. Es stellt so nicht nur eine eigene Gattung dar, sondern produzierte auch eine eigene Art innerhalb der schreibenden Zunft, den Sachbuchautor. Bis vor kurzem war es für Wissenschaftler nämlich verpönt, sich nicht nur an Fachkollegen, sondern auch an das Publikum zu wenden, und so eröffnete sich ein weites Feld für Begabungen zwischen Wissenschaft und Journalismus, die dem interessierten Laien die Geheimnisse des Kosmos ebenso entschlüsseln wie die Rätsel des Genoms, Biographien über Darwin, die Brüder Humboldt, Goethe & Schiller und den letzten Kaiser verfassen, die Geschichte Europas ebenso spannend nacherzählen wie die des alten Ägypten oder des Fernen Ostens, die alles, was man wissen muss, handlich zusammenfassen, die großen Denker auf ihr allgemein verständliches Maß zurechtstutzen und auch die Mathematik nicht vergessen.

Und doch macht diese der Idee der Aufklärung verpflichtete Popularisierung von Wissenschaft nicht den Kern des Sachbuchgeschäfts aus. Traut man der Marktforschung, dann fungiert das wissenschaftliche Sachbuch nur unter »restliche Themen«, denn beherrscht wird dieses Segment von folgenden Genres – in absteigender Reihenfolge: Kochbücher, Hobby/Freizeit/Natur, Nachschlagewerke, Ratgeber, Bücher zu Gesundheit und Esoterik. Und wo, so wird man nun fragen, finden wir unter diesen Rubriken die Bücher von Karl-Markus Gauß?

Keine Frage, gattungsmäßig sitzt Karl-Markus Gauß zwischen allen Stühlen. Er schreibt keine literaturwissenschaftlichen Aufsätze, obwohl er in zahleichen Essays und Beiträgen Entscheidendes zu vergessenen und verdrängten Schriftstellern gesagt hat, die von der akademischen Germanistik noch nicht einmal ignoriert worden sind. Er ist kein Verfasser von Reiseberichten aus dem Sektor »Natur und Freizeit«, obwohl seine Nachrichten von den in Europa lebenden Minderheiten zu den wichtigsten Erträgen gehören, die Reisen mit sich bringen können; er ist nicht der Verfasser einer selbstgefälligen Autobiographie oder eines eitlen Tagebuchs, obwohl seine autobiographisch gefärbten Aufzeichnungen zu den Geschehnissen der Zeit zu den erhellendsten Reflexionen unserer Epoche gehören. Er ist auch kein professioneller Vertreter einer etablierten Literaturkritik, obwohl seine Rezensionen zeigen, was es heißt, ein Buch genau zu lesen und, ohne den hämischen und selbstgefälligen Usancen des Betriebs zu verfallen, zu beurteilen. Mit einem Wort: Karl-Markus Gauß ist ein literarischer Grenzgänger, der sich den herrschenden Schablonen und Konventionen nicht nur stets zu entziehen weiß, sondern durch seine eigene und eigenständige Arbeit deren Gültigkeit ohne denunzierende Gesten in Frage stellen kann.

In den vergangenen Jahren hat Karl-Markus Gauß vor allem in zwei Genres gearbeitet – ich bin fast versucht zu sagen, er hat diese Genres nahezu neu erfunden und es darin zu einer unvergleichlichen Meisterschaft gebracht: die Reiseerzählung und das Journal. Lieber würde ich, weil es sich tatsächlich um mehr als nur um Varianten dieser Genres handelt, zur Charakterisierung dieser Texte folgende Formulierungen wählen, unter denen man sie versammeln könnte: »Unterwegs sein« und »Bei sich sein«.

Unterwegs sein: Im Jahre 2001 erschien das erste dieser eigenwilligen Reisebücher: »Die sterbenden Europäer. Unterwegs zu den Sepharden von Sarajevo, Gottscheer Deutschen, Arbëreshe, Sorben und Aromunen.« Das Unterwegssein ist diesen Berichten paradigmatisch eingeschrieben. Gauß machte sich auf den Weg, um jene vergessenen, an den Rand gedrängten, verlorenen und vertriebenen Minderheiten des europäischen Kontinents aufzusuchen, die, wenn überhaupt, nur mehr sporadisch im öffentlichen Bewusstsein erscheinen, obgleich sie nichts weniger dokumentieren als jene kulturelle und sprachliche Vielfalt, der sich das offizielle Europa so gerne rühmt. Karl-Markus Gauß verzichtet auf alle Europa-Rhetorik, er verzichtet auch auf ideologisch propagierte Minderheitenschutzprogramme, sondern er bricht auf zu diesen Völkern, Ethnien, Sprach- und Religionsgemeinschaften, für die das moderne Europa keinen Platz mehr zu haben scheint. Er bricht auf zu den »Hundeessern von Svinia«, er bricht auf zu den »Versprengten Deutschen« und ist »unterwegs in Litauen, durch die Zips und am Schwarzen Meer«, er bricht auf zu den »Fröhlichen Untergehern von Roana« und ist »unterwegs zu den Assyrern, Zimbern und Karaimen«.

Unterwegs sein. Das heißt auch, nicht wirklich ankommen. Es gibt, und das macht nicht zuletzt auch den poetischen Reiz dieser Erkundungen aus, keine abschließenden Befunde, keine endgültigen Urteile. Vieles ist für den Autor und seine Leser überraschend, fast alle gängigen Erwartungen, sofern man sie angesichts dieser kaum noch bekannten Menschengruppen überhaupt haben kann, werden enttäuscht, und manche Rätsel einer Herkunft, einer Identität, einer Sprache werden nicht gelöst, sondern stellen sich nach einer Reise in radikalisierter Form. Bei all diesen Menschen aber, die Gauß trifft, zeigt sich, bei jeder Gruppe auf eine andere Weise, wie die Geschichte Europas das Schicksal dieser Menschen geprägt hat, eingegriffen hat, im Guten wie im Bösen. Und diese Geschichte reicht mitunter weit hinter die Zäsur des Zweiten Weltkriegs zurück. Warum es einstmals deutsche Minderheiten in Russland gab und heute christliche Assyrer in Schweden gibt, hat mit den Irrungen und Wirrungen einer Politik zu tun, die manchmal Menschen aus ökonomischen Gründen quer über den Kontinent verteilte, um sie dann, von nationalistischem Furor getrieben, der Verfolgung und Vertreibung auszusetzen.

Karl-Markus Gauß zeichnet eindrückliche und beeindruckende Bilder dieser Minderheiten, die oft in sich widersprüchlich, für Außenstehende mitunter nur schwer zu verstehen sind. Aber Gauß sieht in diesen Vergessenen und Verlorenen jenes Erbe Europas versinnbildlicht, das mit Vielfalt, mit Verschiedenheit, mit wandelnden, wechselnden, pluralen und verschwindenden Identitäten, mit Geschichte und Geschichten zu tun hat, ein Europa, das im Weltbild und in der Praxis der von Gauß so genannten »Geschäftseuropäer« nicht mehr vorkommt. Diese Berichte sind dabei frei von jeder Sentimentalität oder falschen Romantik. Gauß weiß, dass an den Rand gedrängte, verfolgte oder dem Untergang oder der Assimilation preisgegebene Sprachen und Ethnien nicht deshalb schon politisch-moralisch besser sind. »Die Untergehenden gilt es zu rechtfertigen und dort, wo sie ihrem Untergang trotzen, zu unterstützen. Den Untergang aber zum ideologischen Programm einer verlorenen Ursprünglichkeit zu machen, ist gefährlicher Unsinn«, schreibt Gauß in seinem Jahresbuch »Von nah, von fern«.

Die Jahresbücher, die Journale, die Aufzeichnungen. Damit sind wir beim zweiten großen Projekt, das Karl-Markus Gauß über die letzten Jahre verfolgte und das ich gerne unter dem Titel »Bei sich sein« versammeln würde. 2002 erschien »Mit mir, ohne mich. Ein Journal«, dann »Von nah, von fern. Ein Jahresbuch« und 2007 »Zu früh, zu spät. Zwei Jahre«. Es sind keine Tagebücher, die minutiös – wie etwa bei Thomas Mann – alles verzeichnen, was der Tag ein Wichtigem und Unwichtigem, Aufregendem und Banalem, Ernstem und Lächerlichem so mit sich bringt; es sind auch keine Maximen und Reflexionen zu den großen Fragen der Zeit; es sind Aufzeichnungen, einer lockeren und losen Chronologie gehorchend, manchmal nicht mehr als ein Gedanke, eine Beobachtung, eine Notiz, manchmal aber auch ausführliche Kommentare, essayistische Reflexionen, nicht selten anlässlich der Lektüre oder Relektüre wichtiger Autoren wie Jean Améry oder Manès Sperber, dann wieder auf den Punkt gebrachte Polemiken. Ein Autor – deshalb: bei sich sein – gibt sich Rechenschaft über sich, die Zeit, in der er lebt, die Bücher, die er liest, die Reisen, die er unternimmt. Er beobachtet mit wachem, kritischem und auch selbstkritischem Verstand sich, seine nächste Umgebung, seine Familie und Freunde, die Stadt in der lebt, er erinnert sich an seine Vorfahren, seine Kindheit, seine Lehrer, seine Jugend, und er spannt den Bogen zu jenem Weltgeschehen, das im Zeitalter der Massenmedien in unserem Wohnzimmer oder auf unserem Schreibtisch stattfindet.

Gauß' Kommentare zur globalen wie zur lokalen Politik sind luzide, genau und im besten Sinn des Wortes unbestechlich. Er, der von niemand Geringerem als von Salman Rushdie in der Zeit der schwarz-blauen Koalition des Jahres 2000, als Österreich zum bisher letzten Mal für Schlagzeilen in der Weltpresse sorgte, zu einem der »Repräsentanten des anderen Österreich« ernannt wurde, wenn auch als »Professor für Politologie« mit Namen »Magnus Gauss«, unterscheidet sich von diesem Repräsentantendasein nicht zuletzt dadurch, dass er dessen reflexartiges Verurteilen und Empören nicht mitmacht. Gauß möchte sich nicht in jene »Zwangsalternative« treiben lassen, die, vor allem in Kunstdingen, auf die einfache Formel zu bringen ist: Weil die FPÖ und das Salzburger Bürgertum dagegen sind, muss man dafür sein. »Dass die falschen Leute gegen eine Sache sind, macht diese weder richtig noch schützenswert.«

Gauß selbst leistet sich in seinen Journalen den Luxus eines ungeschützten Denkens. Seine Anmerkungen zum konjunktivisch in Erwägung gezogenen »Amüsierfaschismus« unserer Tage zeugen ebenso davon wie seine differenzierten und doch unmissverständlichen Reflexionen über die Renaissance der Folter oder den religiös motivierten Mord an dem niederländischen Filmemacher Theo van Gogh. Dass van Goghs Film »Unterwerfung« nach dem Mord von der Verleihfirma zurückgezogen wird, aus Angst vor weiteren Attacken islamischer Fundamentalisten, kommentiert Gauß mit sanfter Erbitterung: »Denn aufgeklärte Europäer geben im Zweifelsfall lieber die Aufklärung preis, als dass sie den inneren Frieden um jeden Preis gefährdeten.« Das ist aber nicht nur eine Kritik, sondern auch die Beschreibung eines Dilemmas, dessen Lösung sich wohl keiner leichtfertig auf die Fahnen heften kann.

Unterwegs sein, bei sich sein. Gauß' Reiseberichte und seine Aufzeichnungen verweisen aufeinander, bedingen einander, stellen eine Einheit dar, wenn auch mit unterschiedlichen Perspektiven, auch unterschiedlichen stilistischen und poetischen Mitteln. In Summe ergeben diese Texte ein eindringliches, manchmal melancholisches, manchmal erheiterndes, immer aber präzises Panorama der europäischen Wirklichkeit, und das mitten in Österreich. Sachbücher im konventionellen Sinne sind es nicht. Aber man kann aus diesen Büchern unglaublich viel lernen, man kann neugierig werden auf exzentrische Sprachen und Kulturen und ihre wechselhafte Geschichte, die, so nah sie auch sein mögen, für uns schon in eine weite Ferne gerückt sind; man kann sich anregen lassen, vielem wird man zustimmen, manchmal wird sich vielleicht auch Widerspruch regen, immer aber wird man die sprachliche Sensibilität und poetische Kraft bewundern, mit der es Gauß gelingt, auch noch dem Alltäglichen und Unausweichlichen, der Armut und dem Tod seine Würde zu geben. Für diese Kunst, in der sich ganz unprätentiös jene Humanität manifestiert, die ansonsten zur Phrase in Sonntagsreden herabgekommen ist, haben wir Karl-Markus Gauß zu danken.

Franz Schuh

Einmal Wien–Salzburg, retour.
Über das Lernen von Karl-Markus Gauß

Früher einmal, als ich noch Feinde hatte, gab es darunter auch welche, die darauf setzten, dass ich auf Karl-Markus Gauß eifersüchtig, ja, dass ich ihm neidig sein müsste; sie plazierten Arbeiten von Gauß öffentlich und privat auf eine Weise, dass ich eigentlich hätte platzen müssen.

Feinde haben immer Recht, und bis heute bin ich auf Karl-Markus Gauß eifersüchtig: im Grunde deswegen, weil er ein Programm hat, eine Ordnung, die er in seinen Schriften realisiert, ohne dass er darüber dogmatisch werden würde. Das Kritische hat in seinen Arbeiten eine besondere Qualität. Ich erinnere mich, dass ich, wie ich es gelernt hatte, einmal vom »versunkenen Kulturgut« sprach. Gauß spielte mir das zurück mit der Wendung eines »zum Versinken gebrachten Kulturguts«.

Das ist typisch für Gauß: einerseits die Gegnerschaft zu gedankenlos einsetzbaren Formeln, die zu Denkgewohnheiten werden, und andererseits die nüchtern kritische Frage nach dem Verursacher-, ja nach dem Täterprinzip. Seinesgleichen geschieht, aber niemals ohne Zutun. Gauß stellt entschieden, jedoch unplakativ die Machtfrage. Und er nimmt Partei für die Schwächeren, vor allem wenn diese einen schützenswerten Existenzgrund haben.

Sein wunderbares Buch »Die sterbenden Europäer« hat mir die Augen geöffnet, nicht nur konkret über die Sepharden von Sarajevo, die Gottscheer Deutschen, die Arbëreshe, die Sorben und Aromunen (von denen ich nur die Sorben kannte), sondern eben auch über eine Denkweise, die in das Blickfeld rückt, was

Publizisten, also Agenten der Öffentlichkeit, geradezu von Berufs wegen übersehen: das scheinbar Kleine – all das, was gemessen an den Kategorien eingebürgerter Macht, unwichtig erscheint.

In dieser Angelegenheit ist Gauß auch ein Reisender. Ich kenne das Reisen mehr von seiner sinnlosen Seite und habe während meiner aktiven Zeit als Reiseleiter Menschen in der Fremde kaum beachtet, sondern ich schaute hauptsächlich auf das Geld, das man glücklicherweise verdient, wenn man Touristen ordentlich in Hotels verstaut.

Ich gebe aber zu, dass mir England und Frankreich am Herzen liegen, vielleicht auch deshalb, weil diesen Ländern, auch in den geistigen Leistungen, etwas Imperiales, etwas Grandioses anhaftet. Das macht Untertanen aus den Bewunderern. Gauß hat mit souveränem Spott seinerzeit, als die französische Philosophie einige österreichische Köpfe besetzte, deren Unterwerfungshaltung verurteilt. Ich hätte damals eingewandt, dass die Zelebration der Selbstentfremdung durch französische Philosophie deshalb nicht ganz so extrem ausfällt, weil die Franzosen umgekehrt an deutschsprachige Traditionen anknüpfen: Sartre wäre ohne Hegel stumm, genau so wie Foucault ohne Nietzsche.

Aber Gauß hat in seinem Spott die Scheinüberlegenheit derer herausgearbeitet, die das Nächstliegende übersehen, und sich für scharfsinnig halten, weil sie Moden aus der Ferne konsumieren. Ich habe aber dennoch nicht selten gedacht, dass ich gerne in der Diskussion mit Gauß die gute alte Tradition des »Westlers« gegen den »Ostler« wiedererwecken würde. Aber ich weiß gewiss viel weniger über den Osten als er über den Westen.

Unter den vielen kritischen Arbeiten, die in den großen deutschsprachigen Zeitungen erscheinen, veröffentliche Karl-Markus Gauß auch die Besprechung einer Cioran-Biographie; er hatte mir den Text seiner Besprechung geschickt und ihn als »Petitesse« qualifiziert. Die Qualifikation spiegelte ein Taktgefühl, eine selten anzutreffende Freundlichkeit unter österreichischen Kollegen. Ich hatte gerade wieder von Cioran geschwärmt, und er wollte mich, ohne unbedingt polemisch zu werden, darauf aufmerksam machen, dass bei Cioran ein Problem vorliegt: Dieser Autor war in seiner Jugend bekanntlich Faschist gewesen, und es ist auch amtsbekannt (durch die Akte der Securitate, die diesen Philosophenkünstler in Paris bespitzelte), dass er seine faschistische Vergangenheit bereute.

Gauß stellt allerdings die Frage, ob nicht in Ciorans ästhetischem Nihilismus, in seiner ästhetisierten Melancholie, in seinen Aggressionen gegen Politik und Geschichte nicht nur ein gegen-aufklärerisches, sondern sogar ein genuin faschistisches Moment stecke (stecken geblieben sei). In der Tradition der Aufklärung ist das Konzept einer (wie artistisch auch immer ausgemalten) Welt, in der es keine Motive zu ihrer Verbesserung mehr geben soll, unerträglich.

Ich gebe zu, dass ich mit einigen gegenaufklärerischen Denkweisen etwas anfangen kann, zum Beispiel weil ich glaube, dass in der geglückten Schreibweise, in der ästhetischen Anstrengung jene Lebensbejahung dann doch steckt, die Cioran auf der Inhaltsebene fundamental negiert. Aber es ist von hohem Wert, dass Gauß darüber einen Streit hervorruft, weil er eben nicht eine eingebürgerte Geltung wie die Ciorans unbefragt hinnimmt.

Es ist die Tradition nicht bloß der Aufklärung, sondern ihre deutlich politisch links akzentuierte Variante, zu der die Schriften von Karl-Markus Gauß gehören. Was das heißen soll, habe ich zum einen bereits beschrieben: Links sein bedeutet gemäß einer erprobten Definition, die Machtfrage zu stellen und anhand der Antwort für die jeweils Schwächeren einzutreten. Das gilt bei Gauß auch für Theorien, Konzepte – Diskurse würde ich sagen, wüsste ich nicht, dass Gauß dieses Wort aus dem Billigrepertoire des Theorienmarkts verachtet. Jedenfalls gibt es auch

Konzepte, Gedanken, die angeblich schwach sein sollen, aber oft kommt dieser Eindruck nur deshalb zustande, weil das allgemein Anerkannte nicht auf die Idee kommt, sich mit etwas anderem als mit sich selbst zu beschäftigen.

Es gibt aber auch, von Brecht herkommend, für links eine andere, ebenso anspruchsvolle Definition (eine, die Ansprüche an die mit ihr beschriebenen Leistungen stellt): Parteilichkeit wird gewöhnlich im Gegensatz zur Objektivität verstanden. Es gilt aber die Utopie geistiger Arbeit, Parteilichkeit und Objektivität in einem anzustreben. Das kritische Moment in den Arbeiten von Gauß verhindert es, dass aus dieser Einheit eine Dogmatik in der Art politischer Korrektheit entsteht.

Es ist jedoch nicht allein das kritische Moment, das jede öde Dogmatik ausschließt. Gauß hat, was am Ende doch zum Linkssein gehört, Witz. Die Skepsis gegenüber der Privatisierungsidiotie hat er zum Beispiel mit der Wendung quittiert: »Wer nix g'lernt hat und nix kann, saniert heute Post und Bundesbahn.« Das ist ein Witz, der aus den einheimischen Urgründen der Beamtenverspottung bei gleichzeitigem Neid auf deren Sicherheit die Beschreibung der Lage macht.

Aus persönlichen Gründen, weil ich an Knieschmerzen leide, finde ich einen unpolitischen Witz besonders erwähnenswert. In einer Glosse referiert Gauß, dass nach wissenschaftlicher Lehre keineswegs die Fingerabdrücke eines Menschen am sichersten seine Identität belegen. Unverwechselbar ist der Mensch durch seine Knie, und Gauß vergisst nicht hinzuzufügen, dass so vielen Leuten wohl deshalb die Knie weh tun, weil sie an ihrer Identität (und deren Unverwechselbarkeit) zu Recht leiden.

Eine Intervention des Intellektuellen Gauß hat eine für mich lehrreiche Reaktion ausgelöst. Als er den Quatsch angriff, den die Radiomenschen von Ö3 regelmäßig ins Mikrophon sprechen, versuchte deren Boss die Kritik und ihre offenkundige Berechtigung dadurch zu entschärfen, dass er Gauß in die Ecke der

Gebildeten stellte, die halt ihr arrogantes Mütchen an der Massenkultur kühlen.

Reaktionen dieser Art darf sich der, der sie hervorruft, ja erzwingt, zugute halten: Der Kritisierte weicht dem Argument aus und versucht den Vorwurf in einer vermeintlich überholten Bildungswelt zu isolieren; ich nenne diese Strategie, die man in Österreich oft anwendet, soziologisieren: Thema wird dann der angeblich beanspruchte oder tatsächlich eingenommene soziale Status und nicht das Ärgernis, das einem eine Kritik bereitet.

Zum Glück haben damals viele Leute, ob nun gebildet oder ungebildet, erlöst gelacht, weil die Polemik von Gauß mit der wünschenswerten Autorität aussprach, was man sich hilflos anhören musste. Dabei habe ich einmal mehr gelernt, dass Polemiken auch gegen unveränderliche Tatbestände etwas Befreiendes haben.

In diesem Text hier, wenn die Bemerkung in eigener Sache erlaubt ist, verhalte ich mich nicht als Literaturwissenschaftler, sondern als Schriftsteller, und zwar nach einer traditionellen Regel, die Walter Benjamin am klarsten ausgesprochen hat: »Ein Autor, der die Schriftsteller nichts lehrt, lehrt niemanden.« Ich besinne mich also hier vor allem darauf, was ich von Gauß gelernt habe, was mir von ihm zu denken gegeben hat, und dazu gehört eine Nebenbemerkung, die dieser Autor in einem Interview machte, glaube ich.

Es geht dabei um das Polemische. In Österreich gibt es viele polemische Begabungen und viel zu polemisieren (vor allem gegen die polemischen Begabungen). Ich finde bei österreichischen Autorinnen und Autoren nicht selten die Neigung, sich über Polemiken ein Selbstbewusstsein oder wenigstens eine Intensität für die schriftliche Arbeit zuzulegen. Seit Heine gehört die Kunst der Polemik im besonderen Maß zum linken Schriftsteller. Ein linker Schriftsteller hat ein Feindbewusstsein (zu haben), eine invertierte Liebe zu seinen Feinden. Und nun hat

Gauß auf einer sehr persönlichen Ebene die übliche Feindesliebe negiert; er hat gesagt, das zahle sich doch wohl nicht aus, andauernd anstrengende Feindschaften aufrecht zu erhalten.

Dass es unnötige Angestrengtheiten nicht nur in Liebesdingen, sondern auch in Feindesangelegenheiten geben darf, gefällt mir; es verstärkt ein hedonistisches Moment im Streit: Man braucht sich nicht selber darauf reinzufallen, den Feind für alle Mal anzugreifen oder sich semper et ubique gegen ihn zu wehren. Er soll zur Hölle gehen, man bleibt locker zurück. Also auch keine Versöhnung – das würde einen ja noch mehr anstrengen.

Es gibt eine Schrift von Gauß, in der das Polemische und das Analytische eine grandiose Einheit bilden. Es ist eine Schrift, die für mich umso lehrreicher ist, als sie eine Position einnimmt, die nachweislich meiner eigenen in den achtziger Jahren nicht unverwandt erscheint, auch wenn ich – ebenfalls nachweislich – nicht in der Lage war, sie ähnlich präzise zu formulieren. Diese Schrift von Gauß ist die Kritik an einem historischen Tatbestand; an einem Tatbestand, der politisch vorüber ist, aber in seinen Nachwirkungen noch existiert. Ich spreche von dem Buch »Der wohlwollende Despot. Über die Staats-Schattengewächse«.

Max Weber hat in seinem Vortrag »Politik als Beruf« die Art der Alimentierung von Politikern als konstitutiv für die Politik beschrieben. Ähnlich führte Gauß im »Wohlwollenden Despoten« vor Augen, wie die Verstaatlichung der Alimentierung des österreichischen Intelligenzbetriebes in der Kreisky-Ära die geistige Lage bestimmte und verdarb: »Zuvor in Reservaten der Einflusslosigkeit philosophierend, waren die Intellektuellen nun aufgerufen, am Aufbruch teilzuhaben, als Ratgeber, Vor- und Nachdenker, Zwischenrufer, Einflüsterer und Hineinsager.«

Ja, dazu aufgerufen wird man kein Neinsager, auch wenn man es sich einbildet, sondern man wird sogar mit seinem ganzen Nein ein Mandarin. Der Staat, der von einer vorangegangenen Generation von Schriftstellerinnen und Schriftstellern eher als Feind geistiger Arbeit gesehen wurde, wird auf einmal zum Mittelpunkt: »Nicht Leser galt es zu überzeugen, sondern Ministerialräte.«

Den neuen Mandarinen allerdings, auch wenn sie so manchen freundlichen Ministerialrat überzeugen, kommt der Staat ambivalent entgegen, nämlich, wie Gauß schreibt, abwechselnd mit Hohn und Almosen. Die Petenten werden nur halbwegs alimentiert: zum Sterben zu viel, zum Leben zu wenig. Es entsteht dafür ein um die eigenen Belange und um ihre Subventionierung sich drehendes System mit einer intellektuellen (Pseudo-) Linken, die auf keinen Fall begreifen will, »dass das Gegenteil von Privatisierung nicht die Verstaatlichung, sondern die Vergesellschaftung ist«.

Mein Glaube an Vergesellschaftung ist leider auch nicht sonderlich ausgeprägt, aber für Staatsgläubigkeit habe ich nun gar kein Talent. Von klein auf kenne ich den Staat: von der Schule her und davon, dass mein Vater Staatspolizist war. Später hat sich der Staat mir in Form des Militärs vorgestellt, das mich ja auch nach Salzburg, wo Karl-Markus Gauß wohnt, gebracht hat.

Ich neige zu metaphysischen Schlüssen, zum Beispiel dazu, dass die von Gauß beschriebene Lage etwas von der Conditio humana verrät: Unterstützung, Förderung (vor allem halbherzige, sprich auch: halb herzige) können zu einer Bevormundung führen, durch die auch das Wohlwollen, das unter Menschen doch herrschen soll, zur Despotie wird.

Dieses Spiel mit den Gegensätzen überdribbelt so manchen Akteur. Man wähnt sich, was halt auch zur Conditio humana gehört, als Kritiker und ist doch nur affirmativ. Die zitierte (Pseudo-)Linke ist in diesem Sinne nach Gauß staatsgläubig »bei aller verbalradikalen Kritik an den ›Verhältnissen‹«, und sie scheitert dementsprechend mit ihrer Kritik an Kreisky:

»... nicht die Sehnsucht nach dem gütigen Herrscher wurde verworfen, sondern allenfalls der Kanzler dafür kritisiert, dass er in Wahrheit noch gar nicht der wohlwollende Despot sei, als der er angemaßt aufgetreten war, nur sein wahrer Vorläufer oder falscher Prophet.«

Gauß hat Recht. Man wollte den Über-Kreisky. Man beschwor den real existierenden Kreisky, der Über-Kreisky zu sein, und er war es höchstens in den auratischen Momenten, in denen der politische Körper des Herrschers mit seinem persönlichen Körper als eins empfunden werden konnte. In diesen Momenten, die seinerzeit von der Propaganda geschickt suggeriert wurden, ertrug man glücklich die Despotie, die als Güte Karriere gemacht hatte.

Sonst herrschte business as usual, allerdings mit einer Vision: »Dass ein Schriftsteller, beispielsweise, nicht dank staatlicher Instanzen, sondern dank lesender Menschen seinem Beruf nachgehen könnte – diese in Österreich nie so recht verwirklichte Errungenschaft der bürgerlichen Öffentlichkeit war im sozialdemokratischen Staat nicht einmal als Utopie mehr präsent. An ihre Stelle war eine Vision getreten, die Vision eines noch wesentlich mächtiger und gütiger gewordenen Staates, der seine Künstler noch wesentlich umfassender als jetzt zu betreuen und zu versorgen Mittel und Verfahren haben würde, sodass es, in einem kühnen Traume von morgen, bald tausende Schriftsteller geben könnte, die segensreich ihrer Tätigkeit nachgehen würden, ohne auch nur einen einzigen Leser zu erreichen und zu brauchen.«

Es gibt heute noch Verlage, die bloß zu ihrem Selbsterhalt subventioniert sind und die gar nichts für ihre Bücher machen können, geschweige denn, sie auf den Markt bringen. Ich bin kein Feind der Absurdität einer solchen Autonomie und war schon Freund mit Schriftstellern, die kaum einen Leser erreichten und die zum Glück auch keinen zu brauchen schienen. Mir waren oft andere zuwider, die ihre Leser hatten, worum ich die Schriftsteller nicht beneidete, sondern wofür ich ihre Leser bedauerte. Aber als kulturpolitisches Prinzip eines Staates ist die Vision ein Horror, ein Schreckensbild, für das nicht wenige in der Kreisky-Ära posiert haben; es war ein Teil jener imaginierten Idylle, auf die man hoffte, um seine schwachen Kräfte mit staatlicher Beihilfe zu schonen.

Kreisky, dessen Leistungen für den Wohlfahrtsstaat (auch dafür, dass Leute wie ich studieren können) dennoch lobenswert erscheinen, ging mir mit seinem Paternalismus auf die Nerven. Verknallt in die Ohnmacht, wie ich leider bin, mochte ich ihn sehr, als er schließlich alle seine Ämter los war und seine letzten Jahre auch damit verbringen durfte, mit den radikalen Ideen seiner Jugendzeit zu kokettieren. Dass der Konflikt am Ende seiner Ära einer mit Androsch war, also mit einer Art von Sohn, verweist auf den infantilen Untergrund, den »die Verhältnisse« damals auch hatten, und den die österreichische Politik mit ihren Familialisierungen (und dementsprechenden Streitigkeiten) bis heute pflegt.

Aufgrund seiner analytischen Kraft hatte Gauß keine Neigung zur so genannten »Österreich-Beschimpfung«, einer ebenfalls infantilen Disziplin. Er (und zum Beispiel auch Erich Hackl) haben auf eine Selbstverständlichkeit hingewiesen, die der in aller Welt erfolgreiche anti-austriazistische Furor ausblendete: dass es eine ehrenwerte österreichische Tradition auch des Widerstandes oder der unabhängigen Intelligenz gibt. Das Zerrbild der gängigen Satire stimmt höchstens zum Teil, aber teilweise ist sie für mich wahr. Es wäre zu diskutieren, ob das mit den sieben Jahren zusammenhängt, die Karl-Markus Gauß jünger ist als ich: Ich habe noch Typen als Vorgesetzte gehabt, die in Reinkultur verkörperten, was ich später bei Thomas Bernhard und Elfriede Jelinek las. Diese Typen waren sieben Jahre später vielleicht nicht mehr an der Macht ... Jelineks Text, zugleich aggressiv und resignativ, über Hans Dichand, der – ebenso wie es Kreisky seinerzeit war – heute ein Teil der österreichischen Leitkultur ist, lässt über das Land nichts Gutes ahnen, das von einem solchen Zeitungszaren beeinflusst wird.

Ich habe für die »Österreich-Beschimpfung«, wenn sie nicht allzu reflexartig daherkommt, vielleicht zu viel Verständnis. Es ist mir auch klar, dass Thomas Bernhard unter allerhand Gesten und ästhetischem Klimbim nichts als ein Pauschalurteil über Österreich verbirgt; er ästhetisiert das Pauschalisieren bloß so geschickt und betreibt es anscheinend so absichtlich, dass höchstens Idioten es ihm vorwerfen würden.

Aber ich glaube auch, dass die zu Recht geehrten Traditionen sich im österreichischen Großen und Ganzen kaum durchgesetzt haben, und ja, man muss wie Gauß und Hackl gegen ihre Marginalisierung eintreten. Aber vielleicht auch wie Jelinek und Bernhard und, von mir aus, wie einige ihrer Epigonen. Die Falle allerdings, in die man in diese Richtung laufen kann, hat Gauß 1989 im »Wohlwollenden Despoten« einsichtig gemacht. Die vom Josefinismus überkommene grenzenlose Verehrung des Staates bleibt Verehrung und grenzenlos, auch wo »sie sich in die saisonale Mode der Beschimpfung kleidet«. Österreich, dachte ich über Thomas Bernhard zu seinen Lebzeiten, ist so großartig, wie er glaubt, dass es nicht ist, eh nicht.

Es gibt Gründe dafür, dass ich im Zsolnay Verlag gerne veröffentliche: erstens, weil Herbert Ohrlinger, der Verlagsleiter, es will, zweitens, weil Michael Krüger nichts dagegen hat, und drittens ist ein wesentlicher Grund dafür, dass die Bücher von Karl-Markus Gauß im selben Verlag erscheinen. Es hat nicht nur mit der Berühmtheit des Autors zu tun, von der ein Verlag und seine Autoren profitieren, sondern auch mit der Gattung Essay, die durch Karl-Markus Gauß als Kunstgattung realisiert ist.

Ich zitiere eine Stelle aus »Die Hundeesser von Svinia«, an der die imaginative Kraft seines Schreibens mich besonders gepackt hat. Der Autor besucht eine Roma-Siedlung, die für Fremde, so heißt es, extrem gefährlich ist:

»Ich zog eine große Runde auf dem Plateau, und wenn ich jemandem zunickte, nickte er mir zurück, und wer von mir gegrüßt wurde, der grüßte auch mich. Die Leute betrachteten mich nicht feindselig, sondern gar nicht, und obwohl sie hauptsächlich nur mit Stehen, mit dem Herumstehen beschäftigt schienen, wurden sie von dieser Tätigkeit so vollständig in Anspruch genommen, dass sie offenbar zu anderem nicht die Kraft hatten. Es geschah nichts, weder Gefährliches noch Aufregendes, aber je länger ich dort war, umso stärker spürte ich, wie schwer und lähmend dieses Nichts auf der Siedlung lastete. Ich zwang mich, meinen Schritt nicht zu beschleunigen, sondern meine Runde gemessen, wie ich sie begonnen hatte, zu Ende zu gehen. Als ich zu meinem Ausgangspunkt zurückgekommen war und in die Straße einbog, die hinunter zur Busstation führte, drehte ich mich um und bemerkte, dass mir fünfhundert Menschen nachsahen.«

Das ist kein Tatsachenbericht, obwohl der Bericht auf einer Tatsache, auf einem wirklichen Erlebnis beruht; es ist die Vergegenwärtigung eines gelebten Augenblicks, von dem man deshalb erzählen kann, weil er erstens vorüber und zweitens weil die Geschichte für den Erzähler gut ausgegangen ist. Für den Leser bleibt die Beklemmung präsent, die Beklemmung gegenüber dem Fremden, mit dem man nicht einfach, und sei es durch einen noch so guten Willen, fraternisieren kann. Man bleibt ausgeschlossen, bis zu einem gewissen Grad, und man schließt sich auch selber – mit seinem Rundgang, während die anderen stehen – aus. Die Augen sind auf den gerichtet, der nicht dazugehört. Das Unheimliche ist einerseits archaisch und andererseits wird in der so eingehaltenen Distanz auch zivilisiert die Würde derer gewahrt, die man teilnehmend beobachten möchte. Das Unheimliche ist ihr Schutz. Von der zitierten Stelle kann man lernen, wie sich durch schriftstellerische Kunst eine Urszene des Reisens zeigt.

Gesunder Neid, sagt die ehemalige Skirennläuferin Michaela Dorfmeister, spornt einen an. Ich versuche also, wie man hier nachlesen kann, meinen Neid zu pflegen, damit er gesund bleibt. Man soll, hat Karl-Markus Gauß gesagt, seine Subjektivität nicht ausstellen, und ich erkenne das als eine der Wahrheiten an, an die ich mich nicht halte. Die Subjektivität auszustellen, gehört zu einem Spiel, dem ich mich verpflichtet fühle. Aber ich verkenne nicht, dass aus dem Werk von Karl-Markus Gauß eine ethische Kraft spricht, und Ethik definiere ich in diesem Zusammenhang als den Sinn für den Ernst, der sich in keinem Spiel, und sei es noch so schön, auflösen lässt. Andere, so hat es ein Rezensent über Gauß geschrieben, mögen sich »in intellektueller Geschmeidigkeit« üben. Üben müssen wir alle, und die ethische Kraft, die zu dem Außergewöhnlichen an diesem Schriftsteller gehört, ist – nicht nur für Schriftsteller – eine der besten Anleitungen dafür.

Robert Menasse

»Das Gaußische« – Eine Erfahrung.
»Der Typus Gauß« – Eine Erinnerung.

I

Ich habe auf die entsprechende Frage nie gewusst, welche Bücher ich auf eine einsame Insel mitnehmen würde. Am ehesten vielleicht den »Robinson Crusoe«, weil man von diesem Roman lernen kann, wie man ganz alleine auf einer Insel überlebt, ja mehr noch, wie man trotz fehlender Markt- und Geldwirtschaft so etwas wie einen Ein-Mann-Kapitalismus entwickeln und dadurch in die Nähe der Zivilisation kommen kann, der man so fern ist.

Allerdings ist die Gefahr, dass es mich auf eine einsame Insel verschlägt, nicht besonders groß, und die Buchauswahl für diesen Fall wäre meine geringste Sorge. Im Übrigen gehören einsame Inseln heutzutage irgendwelchen Millionären, sie haben dort Villen mit Hubschrauberlandeplatz, eine Jacht und im Haus sicherlich auch eine Bibliothek. Da wären »Die Gesetze der Gastfreundschaft« vielleicht ein nettes Mitbringsel, aber auch nicht unbedingt erforderlich. Karl Kraus hat gemeint, wer die Idee hat, auf eine einsame Insel drei Bücher anstatt eines Morseapparats mitzunehmen, fiele zu Recht »unter das Verdikt, ein deutscher Geist zu sein, und muss an der Realität zerbrechen«. Daniel Kehlmann hat kürzlich auf diese Zombie-Frage (diese ewig untote) eines Hochglanzmagazins geantwortet, dass er »drei seiner eigenen Romane« mitnehmen würde, »denn mit allen anderen Büchern ist man doch irgendwann einmal fertig, nur mit den eigenen aber nie!«

Gut geantwortet – ginge es bei der Inselbücher-Frage wirklich um die Insel. Tatsächlich aber geht es natürlich um die Bücher: Von welchen Büchern ist man überzeugt, dass man sie, einmal gelesen, immer wieder lesen will?

Das kann das so genannte Lieblingsbuch sein, zum Beispiel »Der Mann ohne Eigenschaften«. Ich kenne allerdings viele, die diesen Roman als ihr Lieblingsbuch bezeichnen, aber kaum jemanden, der es tatsächlich immer wieder liest. Oder es kann ein Buch sein, das man irgendwann zu lesen begonnen, aber nie fertig gelesen hat, im Gefühl, nie damit fertig zu werden (das transformiert Kehlmanns Diktum ins Allgemeingültige), und das man daher weggeschoben hat, bis man »endlich Zeit« hat (die Insel), dann sagt man natürlich erst recht »Der Mann ohne Eigenschaften« oder aber, wenn man den »Mann ohne Eigenschaften« nicht fünfmal beginnen und doch nie fertig lesen möchte, alternativ »Ulysses«. Es können aber auch viel mehr als drei Bücher sein, es müssen viel mehr als drei sein, denn jeder wirkliche Leser weiß, dass es die drei Bücher nicht gibt, die alle Bücher, die man im Lauf eines Lebens liest, aufwiegen oder zusammenfassen, und die dabei noch unerschöpflich sind – aber wenn wir jetzt beginnen, eine Liste anzulegen, dann kommen wir zur berüchtigten Kanonfrage, und das ist eine ganz andere.

Ich bin in der glücklichen Lage, auf jeden Fall drei Bücher nennen zu können, die ich ganz sicher von Zeit zu Zeit lesen werde, so wie ich schon jetzt immer wieder in sie hineinschmökere: »Mit mir, ohne mich«, »Von nah, von fern« und »Zu früh, zu spät« von Karl-Markus Gauß.

Mit diesen Büchern wird man aus einem einfachen Grund nie fertig – aber wie schwer ist dieser einfache Grund so tragfähig herzustellen: Sie sind Erzählungen und Reflexionen aus unserer Lebenszeit – und wer will schon behaupten, dass er mit seinem Leben, all seinen Erlebnissen und Erfahrungen bereits fertig ist? Darüber nachzudenken und davon, also vom eigenen

Reflexionsprozess als Teil des Lebensprozesses, zu berichten, ist mehr als der Anspruch, ein Tagebuch mit kokettem Blick auf die Nachwelt zu führen und mit dem Gestus seiner exemplarischen Geltung bereits den Zeitgenossen zu übergeben. Im Grunde ist es doch so: Die Tage buchen wir alle, aber wir stornieren die meisten Erinnerungen, erst recht die Erinnerungen daran, wie wir gedacht haben. Später nicken wir geistlos, wenn wir aus Anlässen an etwas erinnert werden, das sich in unserer Lebenszeit ereignet hat und von allgemeiner oder gar historischer Bedeutung war. Solche Ereignisse haben uns irgendwann einmal beschäftigt oder gar erregt, aber dann sind sie rasch vergilbt, wie eine Schlagzeile von vorgestern. Was sich alles in unserer Lebenszeit ereignet hat und ereignet, schlechte Unendlichkeit: Wir lassen es zurück – und darum sind wir am Ende nie klüger, sondern immer nur auf dem aktuellen Stand. Aber das Leben ist ein Weg, und wenn es genügte, einen Standpunkt zu haben, dann hätten wir gar nicht aufzubrechen brauchen. Karl-Markus Gauß schreitet in seiner Trilogie die Anfangsjahre des so genannten neuen Millenniums ab, die Jahre 2000 bis (Mitte) 2004, und gelangt dabei immer wieder von der Welt zum Persönlichen – aber wie sonst soll man die Welt nehmen, wenn nicht persönlich? Natürlich kann man Weltbewegendes immer wieder in seinem Tagebuch vermerken, Hoffnungen oder Ängste damit verbinden, Gedanken dazu formulieren, aber wenn die Welt sich bewegt, dann erschüttert sie unseren je eigenen Alltag, weshalb Gauß nicht die disparate Gleichzeitigkeit von Weltereignis und eigener kleiner Lebenswelt zeigt, sondern beides in ein Verhältnis zueinander setzt: Es ist seine Lebenszeit, seine Welt, er hat keine andere, und wen sonst sollte, was da vorgeht, im Großen wie im Kleinen, etwas angehen? Jeden, uns alle, so wie Gauß es vorführt.

Es ist erstaunlich, mit welcher Formenvielfalt er das tut: Erzählung, Reflexion, Erinnerung, Polemik, Würdigung, Analyse,

Notat, Attacke, Trost. Aber im Gesamten entwickelt sich daraus eine eigene Form: »das Gaußische«, der facettenreiche Idealessay. Und die Breite seiner Themen: vom Irak-Krieg über Berlusconi zu einer Auseinandersetzung mit der Reformrhetorik der Sozialstaatsgegner zum Beispiel – aber selbst wo man Gauß vorbehaltlos zustimmt, begnügt man sich als Leser nicht mit bloßem Nicken, man assoziiert, sieht manches neu, anderes, schon Vergessenes, tritt wieder vor die Augen, man hält inne, denkt buchstäblich nach, verknüpft es mit eigenen Erinnerungen und Gedanken, tritt in einen Dialog ein, nein, man will nicht innehalten, liest weiter, mit einem Stimmengewirr im Kopf, das »das Gaußische« wieder auf wundersame Weise ordnet, jedem nach seinem Temperament, ausgedrückt durch die Vielfalt der Temperamente, über die Karl-Markus Gauß verfügt. Oder wenn Gauß seinem Vater ein Denkmal setzt: Wir lesen es als Studie über das Elend und das Heldentum eines Menschen in den Fesseln seiner historischen Determinanten, wollen gleich vom eigenen Vater erzählen, so wie wir nie von ihm erzählt haben, oder denken über das eigene Leben nach, anders als je zuvor, weil wir plötzlich gemeinsame Schnittmengen sehen, wo es keine Gemeinsamkeiten zu geben schien. Aber es gibt sie, dort, wo man der Historizität des Lebens ureigenste Gerechtigkeit widerfahren lässt, und die ist das Gegenteil von Selbstgerechtigkeit. Und immer wieder Gaußens Attacken gegen das Affirmative und Opportunistische, es wäre schon sehr viel, funktionierten sie bloß als neue kleine Batterien im Fall des eigenen Ermüdens, aber sie sind so viel mehr, sie sind das Größte – der Beweis, dass es wirklich gibt, was vom historischen Anspruch unserer Gesellschaft zur utopischen Fiktion verkommen schien: aufgeklärte Haltung.

Immer wieder lese ich meinen Gauß, erinnere mich, vergewissere mich in meiner Zeitgenossenschaft, weiß, wann ich lebe und gelebt haben werde, fühle mich herausgefordert zu leben und zu denken – und bewundere, wie er das gemacht hat: von unserer Lebenszeit so zu erzählen, dass wir uns erkennen und Spätere uns verstehen.

Ich brauche keine Bücher für die Insel. Ich habe die Bücher von Karl-Markus Gauß. Sie sind ein sicherer Grund.

II

Es war, meinem Tagebuch zufolge, am 12. Oktober 1974 (oder 1984 oder gar 1991), da saß ich mit Karl-Markus Gauß, Ludwig Hartinger und Herbert Ohrlinger im »Weißen Kreuz« in Salzburg bei Bier und Hunnenspieß (das weiß ich allerdings nicht mehr mit Sicherheit, vielleicht war es auch die Schlachtplatte), und wir redeten, da wir ja recht eigentlich noch Kinder waren, von der Zukunft, die naturgemäß nur eine Zukunft in der Literatur sein konnte. Irgendwann sagte Gauß, dass es doch seltsam sei, dass man sich bei den Erwachsenen und Älteren normalerweise kaum vorstellen könne, wie sie einmal als Kinder gewesen seien. Sie erscheinen auf glückliche oder unglückliche Weise erwachsen, aber auf jeden Fall so, als hätte es kein Davor gegeben. Als wären sie so, wie sie sich heute zeigen, schon auf die Welt gekommen. Am ehesten könne man das Kind, das sie gewesen waren, noch bei den Dichtern erkennen, was vielleicht daran liege, dass Künstler eben bewusst oder insgeheim den Anspruch hätten, nie wirklich erwachsen zu werden.

Diesen Anspruch als Regel zu formulieren, war post 1968 natürlich sehr zeitgeistig, ist aber vielleicht wirklich nicht falsch. Jedenfalls begannen wir daraufhin ein Spiel: Wir stellten uns alle möglichen Dichter, mit denen wir uns beschäftigten, als Kinder vor, schrieben ihnen, aufgrund ihrer Schreibweisen, Anlagen zu, die sie als Kind gezeigt haben könnten – und entwickelten eine Typologie des Dichters als Kind. Als Parameter nahmen wir schließlich den Umgang eines Kindes mit seinem Teddybären.

Das war natürlich selbst eine Kinderei, aber insofern eben stimmig. Da gibt es den Typus des Kindes, das in seiner neugierigen Liebe meint, den Teddy, mit dem es sich so gut versteht, erst dann ganz verstanden zu haben, wenn es ihn öffnet und in sein Inneres hineinschaut. Es schneidet seinen Bauch auf, zumindest schneidet es ihm ein Ohr ab, nur um zu wissen, was drinnen ist. Natürlich ist das Kind dann enttäuscht. Es ist untröstlich, wegen seiner Tat, aber auch wegen des Verrats, den der Teddy selbst begangen hat: Hatte er nicht ein interessantes, ein reiches Innenleben versprochen, ein stoffliches Pendant zur Kinderseele? Natürlich kann so ein Kind später auch Psychotherapeut oder Chirurg werden, aber wir redeten von Künstlern. Als Künstler wird er dieses Kind bleiben: Er will das, was ihn beschäftigt, offen legen, er muss des Teddys Kern finden und wird so zum Aufschneider und zum Entzauberer. Er wird das, was er liebt, verletzen, und es wird ihn selbst verletzen.

Dann gibt es den Typus, der in seiner großen Liebe zum Teddy diesem eine Welt schenken will. Ein reiches Außenleben. Das Kind will ein Wägelchen für den Teddy, Kleidung, ein eigenes Geschirr. Das ist erst die Grundversorgung. Es will mehr. Weil es nicht gut ist, dass der Teddy alleine sei, braucht er andere Stofftiere, das Kind wünscht sie sich, nichts macht ihm größere Freude, sie werden von den Eltern nach Hause gebracht, Großeltern, Onkel und Tanten und Freunde der Familie bringen sie bei Besuchen mit, die Plüschtiere besiedeln das Regal des Kinderzimmers, das Bett, den Fußboden, sie bilden Familien, Freundschaften, eine Gesellschaft. Dem Teddy wird ein Platz in einem größeren Zusammenhang zugewiesen, in dem jede Puppe ihre Funktion hat. Das Kind will für alle das Beste, aber weil es sie alle in ihrem Zusammenhang sieht, kann es keinem ganz gerecht werden. Letztlich aber vertritt es doch vor allem die Interessen seines Teddys, der deshalb – welche Aporie! – buchstäblich als Sonderling, als Exzentriker im Zentrum steht. Natürlich kann dieses Kind später Politiker werden, als Künstler wird es der Panoramamaler, der Dichter des Raum und Zeit überblickenden Gesellschaftsromans, der Meister des großen Formats. Und er wird vielleicht auch erzählen von Träumen, die in seiner Kindheit schon Realität waren: vom Bären, der ein Freund vom Wolf ist, der neben dem Lamm schläft.

Dann gibt es das Kind, das seinen Teddy auf eine Weise liebt, dass es ihn nie verletzen und auch nie ersetzen könnte. Dieses Kind spürt das reiche Innenleben des Teddys, es muss nicht hineinschneiden – wo doch nur Sägespäne sind. Es kennt keine Enttäuschung, weil es das eigene Innenleben, also die reichste Seele, im Teddy einfach spürt, wenn es ihn drückt. Und es lässt sich nicht täuschen, es würde nie, und sei es noch so schlaftrunken, einen anderen Teddy, ein anderes Kuscheltier zum Einschlafen akzeptieren. Es duldet kein Äffchen und keinen Elefanten, nicht einmal einen Eisbären, und kein Püppchen neben seinem Teddy, der Teddy allein ist alles, repräsentiert die ganze Welt, ihre Gefühle, ihre Sinnlichkeit, und dessen speicheldurchtränkte Pfote und dessen schweißverklebtes Bauchfell und dessen abgewetztes Näschen sind schon Ausdruck von deren Vielfalt. Es drückt den Teddy und hat selbst einen tiefen Eindruck. Das ist die Gabe dieses Kindes: Eindrücke zu haben – ganz eng an einem stummen Du. Dieses Kind, wenn es einmal einen Kunstanspruch stellt, wird Lyriker, kein Thema.

Und dann gibt es das Kind, das mit seinem Teddy redet, ihm Geschichten erzählt, ihn antworten lässt. Es leiht ihm seine Stimme. Es leiht all seinen Plüschtieren, Puppen und Spielgefährten seine Stimme. Es hört im Kinderzimmer ein Stimmengewirr. Was das Kind von den Erwachsenen hört, es macht es verständlich, indem es deren Worte in die Mäuler seiner Spieltiere legt, mit großem Gespür für das Typische. Es drückt die

Schnauze seines Bären an sein Ohr und lacht auf – »Warum lachst du?« »Der Teddy hat gerade so etwas Lustiges gesagt!« »Wie süß das Kind ist!« –, es wird so süß nicht bleiben … es wird Dramatiker!

Dann gibt es das Kind, das, selten genug, aber nicht einzigartig, nie einen oder nie den Teddy hatte. Was immer es als Spielzeug bekam, den Teddy, den es sich wünschte, hatte es nie bekommen. Oder es hat Teddys bekommen, irgendwelche Plüschtiere, Puppen, aber nie das Kuscheltier, das es sich vorgestellt hatte. Dies wird seine Vorstellungen und seinen Anspruch immer übersteigerter machen, ihre Erfüllung wird immer schwieriger, schließlich aussichtslos. Hier wächst der klassische »One-Book«-Autor heran. Er wird in der Welt immer nur ein Defizit sehen, die Enttäuschung, das Grauen. Was immer er schreibt, immer surrealer, immer besessener, immer radikaler, es wird immer eins, immer dasselbe sein: das schwarze Loch – dort, wo der eine Teddy hätte sein sollen.

Und dann – hier wurde Karli genießerisch – das Kind, das einen besonders seltenen Fall darstellt: das, das bei aller Liebe zu seinem eigenen Teddy wissen will, wie es anderen Teddybären geht. Es weiß, es gibt so viele Teddys, und sie alle leben in ganz verschiedenen Umständen und Bedingungen. Herrschaftlich in großen, prächtigen Kinderzimmern oder arm in kleinen Wohnungen, in denen der Teddybär keinen Platz hat, der ihm selbstverständlich zugestanden wird, er wird immer wieder weggelegt und verräumt, damit aufgeräumt ist. Die Welt will aufgeräumt sein, da gibt es Leidtragende, die nicht in die Ordnung passen. Es gibt neue, kuschelig-weiche, begehrte Teddys, und es gibt abgewetzte, alte, die von einer Generation zur nächsten weitergegeben wurden und unansehnlich scheinen – aber müssen diese nicht besonders erfahren und also die interessantesten sein? Muss man nicht vermuten, dass sie etwas wissen, das der eigene nicht weiß? Oder die einzigartigen Teddys, die Unikate, für ein

Kind aus Stoffresten zusammengenäht, von Eltern, die keinen neuen kaufen konnten – sind sie nicht so singulär wie jedes Kind selbst? Wie leben all diese Teddys, diese, wie das Kind von seinem eigenen Teddy weiß, so kostbaren Gefährten? Verwöhnt oder missachtet, im Mittelpunkt oder an den Rand gedrängt von anderen Tieren und Spielen? Das Kind liebt es, andere Kinder zu besuchen, um Nachschau zu halten, es dringt sogar vor in die Wohnungen jener Kinder, die sich am Rand der Gemeinschaft befinden und nie eingeladen werden zu den Geburtstagsfesten der beliebten Kinder. Sie, nur sie, haben vielleicht etwas Eigenes, auch wenn sie nichts haben – weil sie nichts von all dem Zeug haben, das alle anderen haben. Das Kind beobachtet, wie mit all diesen Teddys umgegangen wird, welche Rituale es da gibt, welche Spiele, welche Achtlosigkeiten und welche Ungerechtigkeiten. Immer wieder bricht das Kind auf und macht Besuche bei anderen, spielt mit ihnen, versucht sie zu verstehen und erzählt zu Hause, was es gesehen, erlebt, gelernt hatte.

Dieses Kind wird Reporter, sagte Ludwig Hartinger; Reiseschriftsteller, so Ohrlinger.

Gauß lächelte. Dieses Kind, sagte er, ist zu selten, eigentlich kann man es nicht klassifizieren.

Ich finde jedenfalls, jeder Typus hat etwas für sich, sagte Ohrlinger. Dann wirst du einmal mit Teddybären handeln, sagte Gauß. Und zu Hartinger: Du bist der Lyriker. Und zu mir: Du bist natürlich der Aufschneider!

Letzteres zeigt, dass auch Karl-Markus Gauß nicht immer ganz Recht hat. Aber sich selbst hat er ganz trefflich charakterisiert.

Karlheinz Rossbacher

Hinschauen, hinhören, lesen, schreiben.
Über die Journalbücher

I

Im Jahre 1957 war Elias Canetti 52 Jahre alt, lebte und schrieb in London, sein Roman »Die Blendung« war 1946 auf Englisch erschienen, hatte ihn bekannt gemacht, aber nicht gesichert, und so notierte er sich, in der dritten Person, eine Wunschvorstellung, die später in den Aufzeichnungsband »Die Provinz des Menschen« einging: »Seine Vorstellung von Glück: ein ganzes Leben lang ruhig zu lesen und zu schreiben, ohne je ein Wort davon zu veröffentlichen.«[1] In seinem dritten Journalbuch »Zu früh, zu spät« (2007) berichtet Karl-Markus Gauß, wie er in den siebziger Jahren, nach dem Lehramtsstudium der Germanistik und Geschichte an der Universität Salzburg, die Möglichkeit, eine Stelle an einem Gymnasium anzutreten, ausgeschlagen habe. Er habe es für angemessen gehalten, »mir meine Tage mit nichts zu vertreiben als damit, was ich am liebsten tat: zu lesen und an meinen Aufzeichnungen zu schreiben, die keiner zu lesen bekam (…).«[2] Und das sei, schreibt er, durch nichts gesichert als durch die Berufstätigkeit seiner Freundin, »eine glückliche Zeit« gewesen. In beiden Fällen Lesen und Schreiben als Glücklichmacher: eine starke Gemeinsamkeit, bei sonstigen Unterschieden.

Vom französischen Schriftsteller Émile Chartier (1868–1951), der unter dem Namen »Alain« eine eigene Feuilletonform entwickelte, die er »propos« nannte, ist die Aussage überliefert: »Das Bedürfnis zu schreiben ist eine Neugier, die wissen möchte, was man finden wird.«[3] In seinem ersten Journalbuch »Mit mir, ohne mich« schreibt Gauß: »Wohin mich das Schreiben führt, weiß ich (...) nicht, darum schreibt man ja, um es zu erfahren.«[4] Ebenfalls in beiden Fällen eine starke Gemeinsamkeit, bei sonstigen Unterschieden. Mit dem amerikanischen Lyriker Theodore Roethke für beide gesprochen: »I learn by going where I have to go.«

»Ein Hinschauer sein, kein Zuschauer!« hat sich Gauß eingeschärft.[5] Diese Selbstmahnung hat ihm den Titel einer umsichtig-treffenden Rezension von Daniela Strigl eingebracht, dazu auch gleich die Zusatzbezeichnung »manischer Leser und Aufleser«.[6] Gauß ist ein Hinschauer nicht nur, wenn eine Reise zu diesem Zweck unternommen wird und dann in einem Buch ihren Niederschlag findet, sondern er ist es auch als Fernseher. Dass er auch ein Hinhörer ist und nicht nur ein Hörer, ist dann nur konsequent. Das Credo, in dem Gauß sagt, warum er schreibt, enthält per se genaue Wahrnehmung, reflektierende Beobachtung und erinnerndes Verstehen.[7]

Als Schriftsteller, Essayist, Reiseschilderer, Erinnerer hat sich Karl-Markus Gauß eine öffentliche Position erschrieben. Geschieht etwas Ungewöhnliches – nah, fern – kann es schon vorkommen, dass treue Leser und Leserinnen sich fragen: Was wird Gauß dazu sagen? Das rührt vielleicht daher, dass er in seinen bisherigen Arbeiten »Empfindsamkeit für das Pulsieren der Welt«[8] bewiesen hat und man mehr darüber lesen möchte. Gauß schreibt aber nicht nur über Ungewöhnliches, sondern auch über Alltäglichkeiten, freilich von jener Art, über die der Alltag leicht hinwegzugehen pflegt. Man kann verfolgen, wie sie unter seiner Tastatur reflektiert und zugespitzt werden. »Im Vergessen das Gedächtnis sein« ist denn auch der Titel der ersten Dissertation über ihn.[9] Ryszard Kapuściński, der bedeutende, vor zwei Jahren verstorbene polnische Reiseschriftsteller, Kolumnist und Weltbetrachter, dem Gauß sich näher fühlt als dem – ebenfalls bedeutenden – Bruce Chatwin, hat einmal geschrieben: »Die Welt besitzt die Struktur einer Drehbühne. Jedes Ereignis, auch das größte (das nächste Ereignis ist die folgende Szene), verschwindet gleich wieder aus unserem Blick und macht einem neuen szenischen Ereignis Platz.«[10] Die österreichische Schriftstellerin Marie von Ebner-Eschenbach hat zahlreiche einprägsame Aphorismen hinterlassen. Einer passt besonders gut auf Gauß' Schreiben: »Erinnere dich der Vergessenen – eine Welt geht dir auf.«[11] Zwei Schlaglichter: Weiß jemand noch, was im Juli 2001 in Salzburg geschah, als die Stadt Austragungsstätte des Weltwirtschaftsgipfels war? Was sich niemand vorstellen konnte, begab sich im Namen von »Security«, nachzulesen in »Mit mir, ohne mich«: Eine lukrative Beherbergung verwandelte sich in eine Okkupation, Salzburg wurde zur Probebühne für eine Besetzung/Besatzung. Viele Einwohner mussten zur Kenntnis nehmen, dass ihre Wohnstraßen zu No-go-Areas geworden waren, damit Politiker und Finanzfachleute aus den wirtschaftspotenten Ländern die »Probleme« der globalen Ökonomie in Ruhe besprechen konnten – und dabei nicht im Entferntesten eine Zähmung des Global-Kapitals ins Auge fassten, das schon lange drauf und dran war, die Welt an einen Abgrund zu steuern. Gauß erinnert an das massive Großaufgebot an Polizeischutz für die Akteure, an die stundenlange Einkesselung Hunderter Demonstranten in der Wolf-Dietrich-Straße. Das mag lange her sein, aber Gauß bewirkt, dass es nicht Schnee von gestern wird, sondern der Schärfung des Sensoriums für jene Gewalt dient, die hinter jeder Gier lauert.[12] (»Greed« wurde übrigens in den USA schon zu Zeiten Ronald Reagans zum Losungswort, nur waren es damals die noch nicht wirklich gefährlichen Yuppies.)

Nicht nur an das vergessene Geschehen, sondern auch an die Vergessenen sich erinnern: Denkt jemand noch an den Mord, den Jugendliche im Jänner 2001 auf dem Mönchsberg an einem Unterstandslosen begingen, mit einem asiatischen Schlaginstrument? (Wer besorgt und verkauft eigentlich solche Tötungswerkzeuge?) Der »Professor«, wie er genannt wurde, war ein harmloser Mann, der auf seinem Berg für sich bleiben wollte, um dort den ganzen Tag Ansprachen an die Bäume zu richten. (Gauß schnappte im Vorbeigehen einmal eine Rede an Stalin auf, ich eine an das österreichische Parlament.) Mit der Bluttat war es dann aber offenbar nicht getan. Jemand errichtete am Tatort eine kleine Gedenkstätte mit Kerzen und Blumen, die immer wieder vandalisiert wurde. Hat sich damals nicht eine neue Qualität von Gewalt im öffentlichen Raum gezeigt?[13] Bei Gauß erhalten nicht nur vergessene Einzelne, sondern auch vergessene Gemeinschaften eine Würdigung, seien es Reste von Sprachgruppen in Europa, vom Aussterben bedroht, oder Einzelne wie der Lyriker, Essayist und Dramatiker Carl Dallago, der wohl nur mehr im Umkreis des *Brenner*-Forschungsarchivs in Innsbruck präsent ist. Ohne Gauß wäre er dort, wo er eigentlich immer war, nur dass jetzt seine »lebenslängliche Randständigkeit« etwas weniger randständig ist.[14] Und wie war das mit dem russischen U-Boot Kursk im August 2000? Es sank im hohen Norden, nach einer Explosion an Bord, auf eine Tiefe von 108 Metern. 118 Matrosen starben. Im Internet erfährt man Daten und Fakten:[15] Mindestens 23 Besatzungsmitglieder überlebten zunächst im Inneren des Bootes. Sie erstickten dann an einem Folgebrand nach der Explosion. Angehende Journalisten lernen, dass in aktueller Berichterstattung Daten und Deuten getrennt sein müssen. Das Recht eines nicht der unmittelbaren Aktualität verpflichteten Journalschreibers ist es, Daten und Deuten zu vermischen. Gauß frischt für die Leser die allernötigsten Fakten auf,[16] versetzt sie dann aber mit empathischer Imagination: das kalte, dunkle Gefängnis in der Tiefe, die Verlassenheit, in der die Matrosen um Luft gekämpft haben müssen, die Todesangst. Und weil auch Geheimhaltung und Politik im Spiel waren, ist auch Kritik hineingemischt: Sehr spät kam der russische Präsident zu einer Trauerfeier daher. Mag schon sein, dass im Allgemeinen – aber seltener als man glauben möchte – ein Bild mehr sagt als tausend Worte, doch manchmal sagen Worte mehr als tausend Bilder.

II

In seiner Geschichte Österreichs im 20. Jahrhundert verweist Ernst Hanisch auf die »fulminante Polemik«, die Karl-Markus Gauß der österreichischen Kulturpolitik der siebziger Jahre gewidmet hat.[17] Gemeint ist Gauß' 1989 veröffentlichtes Buch »Der wohlwollende Despot«, dessen Untertitel, »Über die Staats-Schattengewächse«, auf die Tatsache zielt, dass eine Reihe von Schriftstellern der österreichischen Gegenwart (zum Beispiel Peter Turrini, Gerhard Roth) sich in der subventionierenden Kulturpolitik der Kreisky-Jahre gut und lohnend eingerichtet hatten, näher an die Macht herangerückt waren und diese Nähe zwar mit gewisser Gesellschaftskritik, aber in durchaus kalkulierter Dosierung zu vergelten wussten. Der Historiker Hanisch, der auch Germanistik studiert hat, zitiert den Essayisten Gauß, der Germanistik und Geschichte studiert hat und seinerseits nicht verhehlt, was er der in Salzburg betriebenen Geschichtsforschung verdankt, und der auch weiß, dass das den professionellen Historikern Geläufige von Zeit zu Zeit so artikuliert werden muss, dass es auch die Nicht-Fachleute erreicht. Diese Beiderseitigkeit ist zum Beispiel Gauß' Buch »Ins unentdeckte Österreich« mit seinen mentalitätskritischen Ausführungen über die vielfältigen und bereits den Charakter einer »longue durée« annehmenden Wirkungen der Gegenreformation anzumerken.[18]

III

Von dem vor zwei Jahren verstorbenen Literaturwissenschaftler Wolfgang Preisendanz stammt die wegweisende Abhandlung »Der Funktionsübergang von Dichtung und Publizistik«, in der er analysiert, welche neuartigen und die damaligen Leser und Leserinnen irritierenden Schreibweisen Heinrich Heine in seinen »Reisebildern« vorgelegt hat.[19] Preisendanz verzeichnete eine Vielfalt von Denkbahnen und Ausdrucksbewegungen, mit denen Heine die damalige Poetik der literarischen Gattungen überschritt. Und so, schreibt Preisendanz, erziele Heine seine Unverwechselbarkeit: »(…) alles Wahrgenommene, Imaginierte, Erinnerte, Empfundene, Vernommene oder Gedachte gibt Anlaß, auf anderes zu geraten, (…) provoziert das Prinzip vermittelnder Unterbrechung.« Die vorherrschende Bewegung sei die »Interferenz von Progression und Digression«, sie ermögliche das Ineinander von »Beobachtung, Analyse, Imagination, Reminiszenz, Traum, Stimmung, Affekt, Meditation, Reflexion, Dialog, Lektüre«. Diese Faktoren seien »Einfallstore, Gleise, Kanäle für den Konnex zwischen Bewußtsein und Realität.«[20] Heines »Reisebilder«, obwohl bekämpft, zum Beispiel noch von Karl Kraus in dem Großessay »Heine und die Folgen«, wirkten gleichsam als Pioniere für eine Reihe von Gattungen, Genres und Traditionen, denen sich Gauß' Schreibweisen, ohne dass sie dadurch an Eigenart verlieren, einfügen. Auch die Freiheit, Genres zu mischen, hat Preisendanz bereits bei Heine vorgefunden. Gerade in seinen Journalbüchern ist Karl-Markus Gauß ein Textsortenüberschreiter und Verknüpfer von Gattungen und Genres. (Den Ausdruck »Hybrid«, den manche nach Begriffsinnovation dürstende Literaturmenschen einbürgern wollen und dem Gauß mit Skepsis begegnet,[21] sollte man der Autoindustrie überlassen.) Man muss auch nicht gleich mit der Bezeichnung Flaneur (nach Walter Benjamin) aufwarten, wenn man Gauß als Kolumnisten, Glossator, Kommentator begegnet, in der *Furche*, in den *Salzburger Nachrichten*, in der *Presse* und in Zeitschriften von jenseits der österreichischen Grenzen. In *eine* Gegend passt er nicht, weil er, wie er selbst sagt, dazu nicht taugt: in den Bereich der Reportage, wo sich der Berichterstatter umtut, »der überall schon weg ist, bevor er noch richtig dagewesen ist«[22]. Daher gilt für ihn, wie gesagt, eine – in der Gegenwart ohnehin bereits durchlöcherte – Grundregel der Publizistik nicht: die Trennung von Daten und Deuten, die Darlegung von Fakten einerseits und ihrer Interpretation andererseits.

Ein Kernstück des Buchs »Mit mir, ohne mich« ist einer slowenischen Übersetzung von Schriften Karl Kraus' gewidmet, für die Gauß die Auswahl getroffen und ein Nachwort verfasst hat.[23] Neben einem Kurzporträt des Übersetzers Janez Gradišnik enthält dieser Abschnitt auch eines über Karl Kraus. Darin schildert Gauß, wie er, an seinem Dissertationsprojekt über die Ästhetik Ernst Fischers arbeitend, die zwölf Bände der erschwinglichen Dünndruck-Ausgabe der Zeitschrift *Die Fackel*[24] ins Haus geliefert bekam. In der Lektüre dieser Bände sei, so Gauß, die Arbeit an seiner Dissertation versunken. (Im Jahre 2007 verlieh die Kultur- und Gesellschaftswissenschaftliche Fakultät der Universität Salzburg dem Mag. Karl-Markus Gauß ein Ehrendoktorat.) Ein Vergleich aus der Literaturgeschichte: Dem jungen Titelhelden in Gottfried Kellers Roman »Der grüne Heinrich« bringt ein Buchhändler eine Goethe-Ausgabe in vierzig Bänden ins Haus. Der Jüngling, unersättlich, liest sie schlankweg, aber als er sie nicht erwerben kann, packt der Buchhändler sie wieder ein. Den jungen Gauß zogen die *Fackel*-Bände auf ähnliche Weise in ihren Bann. Er hatte sie – wie viele, denen der 2001-Verlag ein Begriff geworden war –, rechtmäßig erworben, und kein Buchhändler konnte sie ihm wieder wegnehmen. Aus diesen Bänden war fürwahr zu lernen, und das führte später zu einem Vergleich mit Karl Kraus bzw. dessen Figur des Nörglers im Drama »Die letzten Tage der Menschheit«: Gauß als »Satiriker von Kraus'scher Facon«.[25] Gauß beherrscht die gepflegte Ätze und die Methode, ein Wort oder einen Satz zu dekuvrieren, durch bloßes Zitieren aufzuspießen, damit man den Inhalt von allen Seiten betrachten kann. So zum Beispiel nachzulesen in »Zu früh, zu spät«, wo Gauß den Begriff »Reform«, der in der Regierungserklärung vom 28. 2. 2003 des damaligen Bundeskanzlers Wolfgang Schüssel 29mal vorkommt, als »Re-Form«, die den Sozialstaat demoliert, entlarvt.[26]

Bei Karl Kraus finden sich auch modellhaft Beispiele für die Gattung Essay, die Gauß leichthändig zu beherrschen gelernt hat. Aber er hat sich, das merkt man seiner Gattungsreflexion »Eine Form der Unruhe« an, nicht etwa nur von Kraus, sondern auch von seinem generellem Gespür für Textsorten, dazu wohl auch von Georg Lukács, Theodor Adorno und Max Bense Einsichten in die Form des Essays geholt. Der Titel verrät es: Gauß definiert den Essay als eine »Tat der Unruhe«,[27] die bewegliches Denken in Gang bringt, andererseits aber auch ein Quantum beweglichen Denkens vorab verlangt. Es kommt der Gattung zu, »am Vertrauten unversehens überraschende Züge« zu entdecken. »Das Wohlbekannte wird fremd.«[28] Der Essay ist eine Schreibweise der »tastenden Intention«,[29] aber er verdeutlicht seine Intention entlang von Daten oder Fakten oder Annahmen. Insofern gibt es, und Gauß weiß das, keinen Essayismus im datenfreien Raum, so wie es generell »keine Diskussion im datenfreien Raum« (Wolf Singer) gibt. Der Essay ist auch, wie Robert Musil betont hat, »nicht bloß Wissenschaft in Pantoffeln«[30], trotzdem leiht er sich, was im Allgemeinen wissenschaftlichen Schreibweisen nicht zukommt, auch der moralischen Empörung. Diese Lizenz nimmt sich Gauß des Öfteren, wobei er seine Kritik, in den Worten Christian Tanzers, »keiner akademischen Zensur zu unterziehen bereit ist«[31]. Das spielt auf die Tatsache an, dass Rezensenten in Gauß' Schreibweise schon auch einmal

Quellenangaben für Argumentationsstützen vermisst haben (die man sich das eine oder andere Mal doch wünscht).

Auf den Bestenlisten schienen Gauß' Journalbücher nach ihrem Erscheinen auf, konnten aber, als Nachdenkbücher, deren Kern eine intellektuelle Autobiographie genannt worden ist,[32] dort nicht dauergeparkt sein, nicht unter den derzeitigen Bedingungen des Literaturbetriebs. Wie bei anderen Gattungen, die er verwendet (aber nicht in der »klassischen« Form), reflektiert Gauß über das Tagebuch. Die Tagebücher Hebbels, Musils, Gides, Jüngers, Doderers und Canettis Aufzeichnungsbücher sind durch seine Hände gegangen, aber einen unmittelbaren Einfluss gesteht er nur den Tagebüchern des 2000 verstorbenen Polen Gustaw Herling zu,[33] mit ihrem welthaltigeren Charakter, der sich mit der Gattung als Versuchsstation späterer Werke verbindet. (Deshalb mag man an dieser Stelle vielleicht Max Frisch vermissen). Persönliches hält Gauß hintan, deshalb fällt im dritten Band, »Zu früh, zu spät«, auf, das es stärker präsent ist.

IV

Noch einmal Preisendanz: Als eine der Schreibweisen Heinrich Heines hat er festgemacht, dass bei ihm alles Wahrgenomme, Erinnerte, Vernommene Anlass gibt, auf anderes zu geraten. Am Anfang von »Von nah, von fern« erzählt Gauß von seinem donauschwäbischen Großvater in der Wojwodina und dessen Koffer. Es geht um ein Stück Familiengeschichte, das in das Schicksal dieser von Kriegsläuften leidvoll geprägten Balkan-Region eingebettet ist: Zugehörigkeit zur k.u.k. Monarchie, dann zum SHS-Staat, dem Staat der Slowenen, Kroaten und Serben, dann zu Ungarn, dann die Vertreibung der Donauschwaben. Und die ganze Zeit über wechseln die Währungen, Kronen und Kreuzer weichen dem Dinar, und zum Zeitpunkt der Vertreibung befinden sich in Großvaters Koffer Pengö. Wer sagt denn, dass das so genannte Dingsymbol der Gattungslehre der Novelle vorbehalten sein muss? Ungarn wechselt zum Forint, in Deutschland gibt es statt Reichsmark D-Mark, in Österreich wieder den Schilling, und Jugoslawien hat inzwischen den neuen Dinar. In diesen historischen Bericht schneidet Gauß den Übergang zum Euro hinein, dann erfolgt eine Rückblende in die Kindheit, als die Kaufleute als kleines Wechselgeld auch ein Wickelbonbon, das Stollwerck, herausgaben. Dann folgt wieder eine Reflexion auf die EU, dann eine Rückblende auf die vom Adria-Urlaub übrig gebliebenen Lire. Mit einem ähnlichen Verfahren nimmt sich Gauß gesellschaftliche Vorurteile vor, und er beginnt bei sich selbst und einem in einer Mönchsberg-Passage musizierenden Rom: Wenn Zigeuner betteln, haben sie musikalisch zu sein. Im Zeitsprung zurück dann der Bezug auf ein groß dimensioniertes, verheerendes Vorurteil: Im späten 17. Jahrhundert folgten in Salzburg Scharen von pauperisierten Jugendlichen dem Zauberer Jackl, einem Sozialrebellen. Er entkam zwar den Bütteln des Erzbischofs, aber seine bettelnde Gefolgschaft, 133 an der Zahl, wurde, nach einem der letzten Hexenprozesse in Europa, hingerichtet. Das alles ist nicht unbekannt, doch neu und einprägsam wird es durch die Verbindung mit dem mühsam musizierenden Bettel-Rom und die Aufdeckung der Struktur des Vorurteils. In »Mit mir, ohne mich« kommt Gauß nach der Ankündigungszeile »Die Schule des Totalitarismus«[34] auf jene TV-Reihe *Taxi Orange* zu sprechen, mit der im Österreichischen Fernsehen eine deutsche Serie nachgeahmt wurde. (Eine zweite Staffel blieb unter der erwarteten Quote, und dann entschlief das Format.) Eine gemischte Gruppe junger Menschen war permanent einer laufenden Kamera ausgesetzt, sollte so tun, als ob es diese nicht gäbe, sollte sich möglichst angenehm machen. Jeweils ein(e) Teilnehmer(in) wurde am Ende hinausgewählt, und wer übrig blieb, war Sieger. Dass »Observation als

Genuss« erlebt werden kann, bewiesen die Tränen der Ausgeschiedenen. Allein das zu schildern wäre den Aufwand nicht wert gewesen. Doch geht Gauß von hier aus zur Bespitzelung im Metternich-Staat vor 1848, und sofort ist *Taxi-Orange* beleuchtet als Klein-Modell für den Überwachungsstaat, ob mit sich freiwillig exponierenden Menschen oder direktiv beobachteten, ist sekundär. Dass man dann als Leser, wenn man nicht zu vergesslich ist, eine notorische Spitzelaffäre in Österreich (FPÖ, Kleindienst) hinzu assoziieren kann, sorgt für politischen Realitätsbezug in die Gegenwart.

Dieses Verfahren, vom einen zum anderen zu kommen, erfährt bei Gauß eine strukturelle Variante in dem, was man »Clip-Technik« nennen könnte. Nicht alles, was zu einem Thema gesagt werden kann, muss auf einen Sitz zu Papier gebracht werden, sondern kann in Portionen verteilt werden. Ein Beispiel dafür in »Zu früh, zu spät« sind die Ausführungen über den Genfer Professor für Ästhetik Henri-Frédéric Amiel (1821–1881), der sein eigentliches Leben in das nächtliche Führen eines Tagebuchs verlegt und auf diese Weise 17 000 Seiten gefüllt hat.[35] In diese Ausführungen mit der zutreffende These, Amiel habe über seinem Tagebuch sein Real-Leben verschlafen (Bindungsscheu, Einsamkeit, geringer Erfolg bei den Studierenden der Genfer Akademie), schneidet Gauß, in der Er-Form zwar, Persönliches über Nicht-Schlafen: Einschlafen, Hochschrecken, Lagewechsel, Wasser trinken, Todesgedanken, Finanzbilanzen ziehen, den ersten Bus wahrnehmen (den Vierer wohl), schließlich Einschlafen. Ein Satz von Amiel über »die Mütter, den Grund der Wesen« (ohne den erwartbaren Bezug zu »Faust II«), führt Gauß hin zur eigenen Mutter, die, in terminaler Krankheit, ihre Erinnerungen niederschreibt. Ein anderes Kapitel, »Unorte, Örtlichkeiten«, verfährt ähnlich.[36] Ein erzählender Essay über Jean Améry, dessen Schicksal als österreichischer Jude und KZ-Häftling ihn zum Opfer von Folter gemacht hat (»Wer gefoltert wurde, bleibt gefoltert«), führt an den Hotel-Unort Österreichischer Hof in Salzburg, in dem Améry im Oktober 1978 Selbstmord verübt hat. Hier hinein setzt Gauß einen Abschnitt über die Folterungen, die im irakischen Gefängnis von Abu Ghraib von amerikanischem Wachpersonal verübt und 2006 medial dokumentiert wurden. Als man diese Bilder mit Entsetzen zur Kenntnis nahm, hat da, wer Amérys Schilderung von Folter einmal gelesen hat, sofort an sie gedacht? Drängte sich diese Verbindung selbstverständlich auf? Tat sie nicht. Gauß vollzieht sie jedoch, und sie lehrt uns, wie spur- und nutzlos bloße Empörung sein kann, wenn nur genügend Zeit vergeht.

V

Eine besondere Vorliebe Gauß' gilt in den Journalbüchern (wenn auch nicht nur dort) der rhetorischen Gattung Personenporträt, wobei im Besonderen die Befähigung, sie kurz und doch eindringlich zu gestalten, hervorzuheben ist. Es sind gleichsam feinmechanisch geprägte, deshalb einprägsame Zeichnungen von Gestalten, deren nach Gauß' Meinung zu wenig gedacht wird oder denen zu wenig Fairness zugekommen ist. Das ist in »Von nah, von fern« ein Erinnerungsbild an den Salzburger Schriftsteller Franz Innerhofer, der sich am 22. Jänner 2002 in Graz das Leben genommen hat. Gauß verschweigt nicht, dass Innerhofer nach seinem Erstlingsroman »Schöne Tage« von 1974 nicht mehr an diese Qualität anschließen konnte, aber er weist nachdrücklich auf die leichtfertig verabreichte Kälte hin, mit der die Rezenten das Nicht-so-Gelungene an den späteren Büchern Innerhofers heruntergemacht und ihn als erledigt betrachtet haben.[37] Dem Bemühen, die Literatur der Nachbarländer uns Österreichern nahe zu bringen, dem ein beträchtlicher Teil des literarisch-publizistischen Schaffens Gauß' gewidmet ist, ist das Porträt zuzuordnen, das Gauß France Prešeren zur Wiederkehr des 200. Geburtstags gewidmet hat. Es ist ein Personenbild, das mit damaliger Zeitgeschichte verwoben wird, für einen Mann, der der Nationaldichter der Slowenen geworden ist.[38] Das Kabinettstück, das dem Salzburger Walter Kappacher gewidmet ist,[39] sei hier durch zwei Hinweise ergänzt: Im Jahre 2008 wurde diesem sich wenig präsent machenden Schriftsteller ein Ehrendoktorat der Universität Salzburg verliehen, Ende Mai 2009 wurde ihm der Büchner-Preis zugesprochen. In die Reihe der Porträtierten gehört auch Elias Canetti, aus Anlass von dessen Buch »Party im Blitz«, in dem seinerseits einige Personenporträts, zum Beispiel über seine zeitweise Geliebte Iris Murdoch, enthalten sind. So bilanziert Gauß: »Ein Großer der Literatur, mit Missgunst und Neid geschlagen«, ein »widerwärtiges Buch« (das, so ist zu vermerken, der Nachlassverwalter herausgegeben hat). Eine gleichsam logische Folge von Gauß' Eintreten für Vergessene bzw. Benachteiligte der Literaturgeschichte ist, dass er sich die Schatten genau ansieht, die die Großen auf sie werfen: »Das ausgespieene Selbstporträt: in mitleidsloser Scharfsicht analysiert Canetti an den anderen, was er von sich in ihnen entdeckt; auf diese Weise reinigt er sich.«[40] Damit weist Gauß auf das Schmutzwasser nach solcher Reinigung hin. Gehörte auch das, so fragt man, zu Canettis eingangs erwähntem Glück des ruhigen Lesens und Schreibens?

VI

Dass Gauß' Ereignis-, Medien- und Lektüreanalyse ein subjektiver Faktor zugrunde liegt, ist betont worden[41] und liegt durchaus auf der Linie der von Wolfgang Preisendanz gelieferten Analyse literarisch-publizistischer Schreibweisen. Im Besonderen gilt dies vom Hinseher und Hinhörer Gauß, der in seinen Journalbüchern immer wieder Beispiele kritischer Beschreibung von Kulturindustrie gibt, auch wenn die Namen Adorno und Horkheimer nicht explizit erwähnt werden. Günther Stocker, wie Gauß Absolvent der Salzburger Germanistik, hat über Gauß' Kulturkritik, wie sie dem Band »Mit mir, ohne mich« zu entnehmen ist, in der *Neuen Zürcher Zeitung* geschrieben, sie bewähre sich »als Gegengift gegen den fortlaufenden Schwachsinn, der uns täglich in Form von Talkshows und Meinungsumfragen, Politikerstatements und Leitartikeln entgegenschwappt,«, und das Buch sei deshalb »ein Trostbuch für denkende Zeitgenossen«.[42] Gauß macht deutlich, wie sehr Televisionsbilder der sprachlichen Kommentierung bedürfen, ganz im Sinne Ryszard Kapuścińskis: »Das Fernsehen vermittelt ständig neue Bilder der Welt, ist jedoch nicht in der Lage, diese um Reflexionen zu bereichern.« Bilder verlangen sprachliche Reflexion.[43] Dabei erzeugt das Eingängige an Gauß' pointiertem Stil neue Vorstellungen vom Inhalt, auch wenn man diesen im Kern bereits kennt: So mindert sich die Ohnmacht, mit der man die Bilder aus dem Irak-Krieg des George W. Bush, aus den Kameras der vom Militär fürsorglich gesteuerten »embedded journalists«, verfolgt hat, vorübergehend ein wenig, wenn Gauß den Krieg sieht als etwas, »von dem im Fernsehen gerade eine spannende Direktübertragung läuft«[44]. Gauß hat Gespür für das kritikwürdige Kurzlebige, das mit medialem Getöse auftritt, zum Beispiel beim Moderator und so genannten Pop-Literaten Benjamin von Stuckrad-Barre, gepusht, zu beider Nutzen, vom deutschen Tele-Talkmaster Harald Schmidt. (Wo ist, so darf man heute fragen, der mediale Selbstdarsteller St.-B., Produkt der Kulturindustrie und zugleich einer ihrer Zuträger, denn geblieben?) Am Beispiel einer Nachmittags-Talkshow des ORF schreibt Gauß über das Phänomen, dass sich einerseits immer wieder viele Menschen finden, die, angestachelt von der Talkmasterin, vor der Kamera ihr Innenleben offen legen und dabei immer wieder viele lustvoll Zuschauende und Zuhörende finden, im Studio dortselbst und in den Wohnzimmern. Unvermeidlich, dass dem Blick Gauß' auch ein anderes Phänomen der Kulturindustrie, in diesem Fall ein vom Fernsehen erzeugtes politisches, aufgefallen ist: »Kaum ein Parteisprecher antwortet mehr auf die Fragen, die ihm gestellt werden, vielmehr verlautbart er unverdrossen, was zu verlautbaren er sich vorgenommen hat«[45] und, so darf man hinzufügen, was ihm Spindoktoren eingesagt haben. (Nicht nur Parteisprecher reden so abspulend, sondern vormals auch eine Ministerin, die auf nachbohrende Fragen von Interviewern nicht nur unverdrossen ihre Antworten wiederholte, sondern die auch dahingehend durchgecoacht worden war, nur ja ihren vorarlbergisch-tirolischen Akzent hervorzukehren.) Es ist wohltuend, dass jemand eine Kritik der Kultur- und Bewusstseinsindustrie wachhält, die heute von vormaligen Schülern Theodor W. Adornos, zum Beispiel von Norbert Bolz, beschossen wird, ohne eine Alternative anzubieten.

VII

Ein Publizist sucht Öffentlichkeit. Daran hängt ein besonderer Umstand. Marie von Ebner-Eschenbach: »Wer in die Öffentlichkeit tritt, hat keine Nachsicht zu erwarten und keine zu fordern.«[46] Die österreichische Schriftstellerin, die über geringe Lust und Kapazität an Streitbarkeit verfügte, rationalisierte in diesem Aphorismus die Kränkungen, die ihr die Theaterkritiker antaten. Karl-Markus Gauß gibt ihr wahrscheinlich mit dem Zusatz Recht, dass seine Lust an Streitbarkeit vielleicht nicht größer, sein Potenzial an Polemik aber doch reichhaltiger ist. Gauß ist in Fehden geraten, die er nicht wollte, zum Beispiel mit Elfriede Jelinek, oder es ist ihm, seit der Regierungsbildung ÖVP–FPÖ,[47] vorgehalten worden, er desavouiere antifaschistische Protestbewegungen.[48] Das war so nicht differenziert genug gesagt. Bei genauerer Betrachtung entspringt ein guter Teil von Gauß' öffentlich-politischer Kritik seiner Empfindlichkeit gegenüber jener Empörung, die immer dann sich äußert, wenn ein Missstand in Österreich gleich Anlass zu pauschaler Diffamierung der Republik gibt. Der »Sprachabsolutismus der österreichischen Empörungsrhetorik«, der sich seit der Affäre um Kurt Waldheims NS-Vergangenheit – darin war sich Gauß mit seinem 2003 verstorbenen Freund Egon Matzner, einem Wirtschaftswissenschaftler und Gesellschaftskritiker, einig –, in »routinierten Etüden der Österreich-Beschimpfung« ergeht,[49] habe bereits den Charakter einer reflexartigen Konditionierung angenommen. In »Mit mir, ohne mich« erzählt Gauß eine Episode, die auf die Widersprüchlichkeit der Empörungsautomatik und ihrer Wortführer abzielt. Zuvor ein Einschub: »Ein Intellektueller, der sich an die Herrenkaste heranmacht, begeht Verrat am Geist«, schrieb Heinrich Mann in einem vielzitierten Abschnitt seines Essays »Geist und Tat«.[50] In eine historische Reflexion über das Verhältnis zwischen Deutschland und Österreich verwebt Gauß einen Bericht über den Österreich-Besuch des deutschen Bundeskanzlers Gerhard Schröder im Mai 2001 und veranschaulicht darin, was Heinrich Mann gemeint haben könnte. Gauß wittert im damaligen Österreich, das noch dabei war, sich von den Sanktionen zu erholen, die von vierzehn Staaten der EU wegen der Bildung einer Koalitionsregierung zwischen ÖVP und FPÖ verhängt worden waren, Bedarf nach »Erlösung« aus Deutschland. »Darum gab es großes Gedränge, als er in Wien erschien, und die kritischen Köpfe, statt zu tun, was von ihnen verlangt werden darf, nämlich peinlich Distanz zu halten zu jedweder Macht, drängelten sich, ihn zu sehen und mit ihm gesehen zu werden.«[51]

VIII

Mit dem Gewicht, das hinter Gauß' zahlreichen Büchern als Autor, Co-Autor, Herausgeber und Co-Herausgeber, Textbeiträger zu Bildbänden (Inge Morath, Kurt Kaindl) und ihren Übersetzungen in fünfzehn Sprachen steht, den literarischen und publizistischen Preisen, die sich bei ihm angesammelt haben – mit dem Manès-Sperber-Preis 2005 befindet er sich zum Beispiel in Gesellschaft von Siegfried Lenz, Claudio Magris, Ilse Aichinger –, kommt ihm Gewicht auch als politischer Kommentator zu, der die Fähigkeit zum Faschismus-Warner entwickelt hat. Dabei geht Gauß, für Österreich nicht ganz überraschend, von dem sowohl künstlerischen als auch politisch sich deklarierenden Wiener Aktionismus aus. Was Gauß am Aktionismus und dessen Höhepunkt in der Wiener »Uni-Ferkelei« im Juni 1968 kritikwürdig findet, ist nicht der fäkalisch-schockierende Charakter, sondern die Sprachlosigkeit. »Mit den Aktionisten wurde die Revolte« – die im Pariser Mai 1968 durchaus eloquent war – »sprachlos, anti-intellektuell und auf überspannte Weise katholisch.« Dann der Sprung in den Verdacht, das könnte so weit von faschistischem Denken nun auch wieder nicht entfernt sein: »Wie ist das nun? Verhalten sich die theatralischen Selbstverstümmelungen, Geißelungen, Ritzungen und Blutverschüttungen, die das Markenzeichen des Aktionismus wurden, zum Faschismus tatsächlich so konträr? Oder herrscht zwischen dem faschistischen Menschenbild und jenem, mit dem der Wiener Aktionismus reüssierte, nicht vielleicht doch eher eine verschwiegene Verwandtschaft?«[52] Von Karl-Markus Gauß geäußert, ist eine solche Vermutung bedenkenswert. Er gehört nicht zu denen, die das Wort »faschistisch« leichtfertig gebrauchten, bis es nach 1968 inflationär wurde und es schließlich aufs ganz gewöhnliche Niveau der Alltags-Fäkalflüche schaffte. Da Gauß bei der Kulturkritik der Frankfurter Schule nicht einfach stehen geblieben ist, sondern sie fortschreibt, ist es nicht verwunderlich, dass er seinen Blick auch auf Silvio Berlusconi richtet, den Steh-auf-Ministerpräsidenten Italiens. An dem in freien Wahlen wiedergewählten, unter Betrugsverdacht stehenden Milliardär – »freie Bahn dem Betrüger«[53] – bewährt sich Gauß' Selbstmahnung »Ein Hinschauer sein, kein Zuschauer!« In »Zu früh, zu spät« beobachtet Gauß, der schon zuvor scharfe Hinschauer« auf die EU, das halbe Jahr der EU-Ratspräsidentschaft Italiens unter Berlusconi. Die Medienmacht Berlusconis sollte für die EU Grund sein, sich Sorgen wegen Unterhöhlung der italienischen Gesellschaft zu machen. Mit seinen Versuchen, Italien als seine gesellschaftliche Domäne zu betrachten, wird er für Gauß zu einer »europäischen Fratze«[54]. An anderer Stelle von Gauß erwähnt, ist hier einzubringen, auf welch weitere Weise der Medienmogul eine »Selbstzerstörung der Demokratie« herbeiführen könnte: Menschen zu Gaffern zu machen, deren einzige Aktivität im Zuschauen besteht. Die italienischen Fernsehstationen, die er besitzt und beeinflusst, sind heute in ihrer permanent Gelächter einblendenden Dümmlichkeit gleichzeitig ein Spiegel der Verdümmlichung der Zuschauer durch eben sie. Vor wenigen Jahrzehnten warnte ein Italiener, der Schriftsteller und Filmregisseur Pier Paolo Pasolini, davor, dass die Zerstörung der ländlich-bäuerlichen Struktur Italiens und der Übergang zur totalen Konsumgesellschaft ein Einfallstor für einen neuen Faschismus öffnen könnte. Die wuchernde Telekratie des Silvio Berlusconi mit ihren entdemokratisierenden, die Menschen entmündigenden Tendenzen könnten ein weiteres derartiges Faschismus-Einfallstor darstellen.[55] Per Synergie-Effekt taucht die Möglichkeit eines zuerst Konsum-, dann Zuschau-, dann (jederzeit anzustachelnden?) Zugreif-Faschismus auf. Die Bezeichnung Silvio Berlusconis als »Teufelseintreiber Europas« ist, bedenkt man, dass Gauß im allgemeinen Wortspiele nur sparsam verwendet, eine erhellende Metapher.[56]

Zuschauen, Gaffen: Im Sommer 2003 brauste eine Hubschrauberflotte Marke Black Hawk in einem vom Red-Bull-Produzenten gesponserten Rotor-Happening über Salzburg, dazu jede Menge anderes Fluggerät, als donnerndes Kunstereignis. Gauß hat es mit Schärfe wahrgenommen. Erst soll das Wort nicht fallen, dann fällt es aber doch: »Nein, ich sage es nicht, aber wenn ich es sagte, dann schiene mir für das, was ich sagen wollte, das Wort vom Amüsierfaschismus nicht unangebracht.«[57] Hat nicht auch bei uns das Fernsehen dem Gaffen und Beeindrucktsein vorgebaut? Der Satzbau des Sarkasmus bei Gauß legt den Zynismus der Veranstalter bloß. Exekutiert durch das Bundesheer, durch Red-Bull-Geld bezahlt, dröhnte der Mega-Event den Salzburgern die Ohren voll und riss ihnen die Köpfe hoch. Aus Zuschauern wurden gleichzeitig Hinaufschauer, in jenem Modus, in dem man zu Götzen oder Führern hinaufschaut. Dass in jenem Sommer auch noch die Künstlergruppe Gelitin ein »Brunzmandl« aufstellen durfte (Gymnastikfigur Brücke plus Urin aus einem erigierten Penis direkt in den eigenen Mund), fügte sich dem Zuschauen gut an, dann aber, das bleibe nicht unerwähnt, auch dem Protestieren. Dass in jenem Sommer im Landestheater eine Inszenierung von Georg Büchners »Woyzeck« gezeigt wurde, die, wie Gauß schreibt, »reaktionärste«, weil einer aus der Regietheater-Garde aus Deutschland aus dem geschundenen Woyzeck einen Serienmörder machte, fügt sich ebenfalls gut an.[58] Überhaupt ist erquickend zu lesen, was Gauß zum Regietheater zu sagen hat. Man erfährt zum Beispiel, dass die Erbengemeinschaft nach Tennessee Williams gerichtlich durchgesetzt hat, »dass Frank Castorf seine Inszenierung von ›Endstation Sehnsucht‹ nicht mit diesem Titel benennen darf. Gauß: »Bravo, Erbengemeinschaft.«[59] Schade, dass Gauß nicht auch über Johann Kresnik geschrieben hat, einen in Deutschland wild gewordenen Kärntner, der als KP-Mitglied das Tanztheater in Deutschland aufmischt und im selben Jahr 2003 für die Salzburger Festspiele Henrik Ibsens »Peer Gynt« inszenierte, das heißt, auf ein Drittel des Textes heruntermetzelte, dafür Dinge hineintat – zum Beispiel Inzest auf offener Bühne –, die bei Ibsen nicht zu lesen sind. Wünscht man sich nicht auch, dass die Erbengemeinschaft Henrik Ibsens Ähnliches durchgesetzt hätte? Und wenn wir schon dabei sind: Auf welche Weise lässt sich, so fragt man als harmloser Kartenkäufer und Besucher von Schillers Drama »Die Räuber« bei den Salzburger Festspielen 2008, diese vom Hamburger Thalia-Theater eingekaufte Aufführung rechtfertigen, die mit einem Franz Moor nicht auskommt, sondern vier Fränze auf der Bühne benötigte? Die *Salzburger Nachrichten* haben übrigens für solche und ähnliche Inszenierungen einen Bejubler namens Bernhard Flieher unter Rezensionsvertrag. Dagegen hilft, wenn überhaupt, nur scharfes Hinschauen und eindringliches Räsonnieren, wie Gauß es tut. Vielleicht ließe sich einmal – ein Wunsch an das angekündigte vierte Journalbuch – der Gedanke verfolgen, inwiefern Auswüchse des Regietheaters in den vergangenen Jahren, die Beliebigkeit, mit der es mit der Unwissenheit der Zuschauer über die so willkürlich traktierten Originale spekuliert, ein Analogon darstellt zu den Auswüchsen und Auswucherungen jenes Bank- und Börsengehabes, die eine Blase erst aufgebläht und dann weltweit zum Platzen gebracht haben. Der Eindruck ist kaum abweisbar, dass den Manipulateuren auf dem Theater und jenen auf den Finanzmärkten das Wissen darüber entschwindet, was sie da inszenieren und verkaufen. Der in und mit Büchners »Woyzeck« Amok laufende Regisseur Michael Thalheimer und die durch die Geldmärkte taumelnden Verkäufer von Derivaten – ähneln sie sich nicht im Punkt der entweder unverstandenen oder zynischen Beliebigkeit?

»Von nah, von fern«, 2003 erschienen, enthält auf den Seiten 22 bis 23 einige Ausführungen über den Kärntner Landeshauptmann Jörg Haider, denen nach seinem Unfalltod im Oktober

2008 neue, prophetisch zu nennende Bedeutungsfacetten zugewachsen sind. Unter dem Stichwort »Beschleunigung« liefert Gauß ein Kurz-Psychogramm: Der Landeshauptmann jettet in den Irak zu Saddam Hussein (es ist nie die Vermutung entkräftet worden, er habe dort nur eines der Doubles Saddams getroffen); dann stellt er sich in Österreich vor die Mikrophone, auf dass es die Welt erfahre, dann geht es per Helikopter zur Aschermittwoch-Rede in Ried im Innkreis, dann nach Klagenfurt, dann Abschlaffe, am nächsten Tag, von Kritikern getadelt, Rücktrittserklärung, am Tag danach Rücktritt vom Rücktritt. Zu den Fakten die Deutungen: Haider, so Gauß, sei immer dabei, »mitten aus dem Grinsen in die Depression gerissen zu werden«, verbunden mit der wachsenden Abhängigkeit von Beschleunigung einerseits und Selbstentblößung andererseits, in immer kürzeren Intervallen. »Die Beschleunigung zielt am Ende stets auf den Kollaps, den Zusammenbruch, sie schafft Typen, die immer erfolgreicher werden, bis sie« – hier setzt Gauß prophetisch mehrere destruktive Möglichkeiten an, aber eben auch die folgende – »mit dem Porsche gegen eine Betonwand rasen (…).« Nun, am 11. Oktober 2008 war es kein Porsche, es saß auch nicht, wie zuvor einmal publicityträchtig als Bundeskanzler, Dr. Wolfgang Schüssel mit drin, sondern es war die Karosse Phaeton von VW. Der Alkoholspiegel war außerordentlich, die Beschleunigung ebenfalls, und dann – braucht man nur Gauß zu wiederholen: »Die Beschleunigung zielt am Ende stets auf den Kollaps.« Es dauerte ziemlich lange, bis einer Journalistin dämmerte, dass Phaeton in der griechischen Mythologie der Sohn des Sonnengottes Helios ist, der mit dem Sonnenwagen in einen Crash fährt. Ob Haiders Stellvertreter als Landeshauptmann, hernach selbst Landeshauptmann, daran gedacht hat, als er den Kärntnern verkündete, mit Haiders Tod sei die Sonne vom Himmel gefallen, ist nicht wahrscheinlich.

IX

Der Philosoph Odo Marquard vertritt die These, dass der moderne Gesellschaftsprozess nach Kompensationen verlangt: »Je schneller – durch Innovationen – in unserer Welt aus Gegenwart Vergangenheit wird, umso stärker wird das Interesse an Vergangenheit. So entsteht – gerade in der modernen Fortschrittswelt – der konservative und historische Sinn mitsamt der wissenschaftlichen Erinnerung durch die Geisteswissenschaften (...). Das Zeitalter der Entsorgungsdeponien ist zugleich das Zeitalter der Bewahrungsdeponien, der Museen.«[60] Und der Bewahrungsbücher, wie Gauß sie schreibt. Sein Kommentar zu Odo Marquard könnte sein: »Die eigene Vergangenheit wächst. Aber wir leben in einer Gesellschaft, in der alles Vergangene schrumpft.«[61] Das will Gauß verhindern. Der Abschnitt »Als meine Mutter starb« gegen Ende des Bandes »Zu früh, zu spät« macht glaubhaft, was auf Seite 399 zu lesen ist: dass es kein viertes Buch dieser Art geben werde. Inzwischen hat Gauß ein anderes für Herbst 2010 angekündigt. Es wird, so ist anzunehmen, einen anderen Grundduktus haben, aber es wird für vieles Platz haben müssen: von der Mythenbildung nach dem Tod eines Politikers über die Art und Weise, wie die österreichischen Trompeter des »Mehr privat, weniger Staat!« sich in einer windstillen Ecke des Druck- und ORF-Journalismus wohlfühlen dürfen und dort auf das Ende der globalen Krise warten möchten, über die Schäden, die den nicht öffentlichkeitsmächtigen Vielen angetan worden sind und werden und die bereits jetzt ins Vergessen sinken, bis hin zum Schicksal der Europäischen Union, an deren jetzigem Zustand Gauß seit langem Kritik übt und die neu definiert werden muss. Und, und, und ...

Anmerkungen

1 Elias Canetti: Die Provinz des Menschen. Aufzeichnungen 1942–1972. Frankfurt/Main 1976. S. 189.
2 Karl-Markus Gauß: Zu früh, zu spät. Zwei Jahre. Wien 2007. S. 51 f.
3 Alain (= Émile Chartier): Die Kunst, sich und andere zu erkennen. Fünfundfünfzig Propos und ein Essay. Auswahl, Übersetzung und ein Nachwort von Franz Joseph Krebs. Frankfurt/Main 1991. S. 112.
4 Karl-Markus Gauß: Mit mir, ohne mich. Ein Journal. Wien 2002. S. 312. Das zwischen den beiden bereits zitierten Journalbüchern erschienene »Von nah, von fern« trägt den Untertitel »Ein Jahresbuch« und ist 2003, wie die beiden anderen auch, im Wiener Zsolnay Verlag erschienen. Es sind nicht, wie die Untertitel nahelegen, Tagebücher mit Tages-, sondern mit Monatsangaben.
5 Gauß: Zu früh, zu spät. S. 140.
6 Daniela Strigl: Ein Hinschauer, kein Zuschauer. Karl-Markus Gauß' neues Journal »Zu früh, zu spät«. In: *Die Furche* Nr. 12., 22. März 2007, S. 18.
7 Gauß: Zu früh, zu spät. S. 160.
8 Ryszard Kapuściński über Ksawery Pruszyński. In: Ryszard Kapuściński: Die Welt im Notizbuch. Aus dem Polnischen von Martin Pollack. München 2003, S. 15 f. Der Übersetzer Martin Pollack ist ein wichtiger Publikations- und Editionspartner Gauß'.
9 Christian Tanzer: Im Vergessen das Gedächtnis sein. Der Essayist Karl-Markus Gauß. Stuttgart 2007.
10 Kapuściński: Die Welt im Notizbuch. S. 18.
11 Marie von Ebner-Eschenbach: Aphorismen. Nachwort von Ingrid Cella. Stuttgart 1988. S. 33.
12 Gauß: Mit mir, ohne mich. S. 331 ff.
13 Gauß: ebda. S. 162.
14 Gauß: ebda. S. 30.
15 http://de.wikipedia.org./wiki/kursk, Stand vom 26. 9. 2008.
16 Gauß: Mit mir, ohne mich. S. 27 f.
17 Ernst Hanisch: Der lange Schatten des Staates. Österreichische Gesellschaftsgeschichte im 20. Jahrhundert. Wien 1994. S. 475.
18 Karl-Markus Gauß: Ins unentdeckte Österreich. Nachrufe und Attacken. Wien 1998.
19 Wolfgang Preisendanz: Der Funktionsübergang von Dichtung und Publizistik. In: Wolfgang Preisendanz: Heinrich Heine. Werkstruktur

und Epochenbezüge. Zweite, vermehrte Auflage. München 1983. S. 21–68.
20 Preisendanz: ebda. S. 31.
21 Gauß: Zu früh, zu spät. S. 396 f.
22 Gauß: ebda. S. 367.
23 Gauß: Mit mir, ohne mich. S. 267–279.
24 *Die Fackel*. Frankfurt/Main 1977 ff.
25 Strigl: Ein Hinschauer, kein Zuschauer. S. 18.
26 Gauß: Zu früh, zu spät. S. 19.
27 Karl-Markus Gauß: Eine Form der Unruhe. Gerhard Amanshauser als Essayist. In: Josef Donnenberg (Hg.): Gegen-Sätze. Salzburg 1993, S. 184–188. Hier S. 185.
28 Gauß: ebda. S. 186.
29 Theodor W. Adorno: Der Essay als Form. In: Theodor W. Adorno: Noten zur Literatur I. Frankfurt/Main 1958. S. 9–49. Hier S. 36.
30 Robert Musil: Literat und Literatur. Randbemerkungen dazu (September 1931). In: Robert Musil: Gesammelte Werke 8: Essays und Reden. Reinbek 1978. S. 1203–1225. Hier S. 1223.
31 Tanzer: Im Vergessen das Gedächtnis sein. S. 43.
32 Anton Thuswaldner: In den Händen von Toren. Karl-Markus Gauß und sein Journal »Zu früh, zu spät«. In: *Salzburger Nachrichten*, 6. 3. 2007. S. 11.
33 Gauß: Mit mir, ohne mich. S. 156.
34 Gauß: ebda. S. 84 ff.
35 Gauß: Zu früh, zu spät. S. 107–122. Gauß bezeichnet das Tagebuch als »grandios im Scheitern«, was allerdings die Frage nach sich zieht, wie bei dieser Textmenge ein Nicht-Scheitern hätte aussehen sollen. Der junge Hugo von Hofmannsthal schrieb 1891 über die französische Teil-Veröffentlichung einen rezensierenden Essay, »Das Tagebuch eines Willenskranken«, in dem er dessen Antennen-Qualitäten betont hat. Amiels Gedanke, dass jede Landschaft ein Seelenzustand sei (»Tout paysage est un état de l'âme«), ist in der Folge viel zitiert worden und ist ein Schlüssel für Aspekte der Literatur des Symbolismus.
36 Gauß: Zu früh, zu spät. S. 277 ff.
37 Gauß: Von nah, von fern. S. 17 ff.
38 Gauß: Mit mir, ohne mich. S. 135.
39 Gauß: Zu früh, zu spät. S. 208 ff.
40 Gauß: ebda. S. 186.
41 Thuswaldner: In den Händen von Toren. S. 11.
42 Stocker, zit. im Nachspann von Zu früh, zu spät.

43 Kapuściński: Die Welt im Notizbuch. S. 37.
44 Gauß: Zu früh, zu spät. S. 69.
45 Gauß: Mit mir, ohne mich. S. 47 f.
46 Ebner-Eschenbach: Aphorismen. S. 19.
47 Gauß: Mit mir, ohne mich. 160 f.
48 Vgl. dazu Tanzer: Im Vergessen das Gedächtnis sein. S. 153 ff.
49 Gauß: Zu früh, zu spät. S. 163.
50 Heinrich Mann: Geist und Tat. Essays. Hamburg 1960. S. 14.
51 Gauß: Mit mir, ohne mich. S. 294.
52 Gauß: ebda. S. 201 f.
53 Gauß: Zu früh, zu spät. S. 124.
54 Gauß: ebda. S. 126.
55 Gauß: Mit mir, ohne mich. S. 41, 49.
56 Gauß: Zu früh, zu spät. S. 25.
57 Gauß: ebda. S. 156.
58 Gauß: ebda. S. 142 f.
59 Gauß: Mit mir, ohne mich. S. 58.
60 Odo Marquard: Das Zeitalter des Ausrangierens und die Kultur des Erinnerns. In: Odo Marquard: Philosophie des Stattdessen. Stuttgart 2000. S. 52 f.
61 Gauß: Zu früh, zu spät. S. 276.

HANS HÖLLER

Der Zusammenhang.
Der Tagebuchroman »Zu früh, zu spät«

I

»Zu früh, zu spät. Zwei Jahre«[1] ist einer der kurzen, lapidaren Titel, wie wir sie von vorangegangenen Büchern des Autors kennen, vom Journal »Mit mir, ohne mich« oder vom Jahresbuch »Von nah, von fern«. Der Titel, einem der beiden Motti am Beginn des Tagebuchromans entnommen, einem Zitat von Ciril Kosmač, thematisiert die paradoxe Erfahrung der Zeit, die als biographisches und historisches Grundmotiv im Buch entfaltet wird. Das andere Motto stammt von Franz Kafka: »Wie kann man sich über die Welt freuen, außer wenn man sich zu ihr flüchtet?«, eine Frage, die sich dem schreibenden Ich von Beginn an stellt und die wir als Leser nicht abweisen dürfen: Wie sollte das Schreiben über einen so unerfreulichen Weltzustand, der wieder einmal, oder noch immer, eine Kriegszeit ist, Freude an der Welt vermitteln können?

Obwohl das literarische Tagebuch der zwei Jahre von 2003 bis 2004 die Zeit des letzten, noch immer dauernden Irak-Krieges ist, erlebt man beim Lesen die Welt-Zugewandtheit als eine das eigene Ich erweiternde, freier machende, ermutigende Denk- und Schreibbewegung, die einen aus der Lähmung herausführt, wie sie von der herrschenden Politik und den konformen Medien produziert wird.[2] »Zu früh, zu spät« gehört zu den zeitgenössischen Werken der österreichischen Literatur, die sich in ihrer radikalen Kritik leidenschaftlich der Welt zuwenden, um sich zur Wehr zu setzen gegen die mediale Inszenierung des Weltzustands als einer unausweichlichen Notwendigkeit. Das denkende Ich als Zentrum des Gaußschen Tagebuchromans führt uns vor, wie die unumstößliche Logik des Kriegs der terroristischen Politik der ökonomischen Clans folgt, und wie ein großer Teil der medialen Kriegsberichterstattung darauf abzielt, diese Einsicht zu verhindern. Es sind spezifisch literarische Mittel, mit denen Karl-Markus Gauß unser Denken in Bewegung setzt, es sind die Verfremdungsverfahren der Literatur der Moderne, die das wie naturgegebene Sosein der Welt nicht hinnehmen wollen.

II

»Es wird Krieg«, die grammatisch verfremdete Überschrift des ersten Kapitels von »Zu früh, zu spät« provoziert die kritische Einsicht, dass Kriege nur in den Fälschungen der Sprache unhinderbar wie Natur erscheinen, wie jener katastrophale Regen eben, der gegen Ende des Buchs mit der Erfahrung gesellschaftlicher Vorgänge in Verbindung gebracht wird (S. 314). Gauß trifft sich in der sprachkritischen Auseinandersetzung mit den zeitgenössischen Kriegen mit dem Schreiben von Jelinek oder Handke, und er bewegt sich dabei in der Tradition Brechts und vor allem der von Karl Kraus. Die sprachanalytische Moderne widersetzt sich dem, was sich wie Natur gibt, aber eine Inszenierung der medialen Politik als Teil der kapitalistischen Ökonomie ist. Schreiben ist kritische Untersuchung der herrschenden Sprache, Durchschauen der »grammatische[n] Täuschungen«, »ein Kampf«, heißt es bei Ludwig Wittgenstein, »gegen die Verhexung unsres Verstandes durch die Mittel unserer Sprache«[3].

Sich über die Welt freuen, zu der man sich flüchtet, das ist die Form eines Schreibens, das die Welt nicht unbefragt hinnimmt. Das Wissen, dass es andere Menschen gibt, die nicht wollen, dass »Krieg wird«, die an dieser Wirklichkeit leiden und ähnliche Erfahrungen machen, hilft einem, nicht der Gefahr der depressiven Vereinzelung zu verfallen. Was kann Literatur mehr tun, als dazu beitragen, aus der verordneten Lethargie auszubrechen, die medienpolitische Durchsetzung des scheinbar unausweichlichen Kriegs zu durchschauen, die Strategien der politisch-ökonomischen Clans beim Namen zu nennen, den Konflikt zu studieren, in den die Staaten Europas durch den globalen Krieg der Bush-Regierung geraten – und, vor allem, sich nicht die Perspektive der realen Möglichkeit einer anderen Politik nehmen zu lassen?

»Zu früh, zu spät« hat nicht nur diesen Krieg zum Gegenüber. Es ist ein Buch, das von der ersten Seite an den Weltzustand als Kriegszeit darstellt: im Titel des ersten Kapitels, in der Beschreibung der Berichterstattung in den Wochenschauen der Nonstop-Kinos, in der kurz angesprochenen Geschichte des Vaters, der als Kriegsflüchtling nach Salzburg gekommen ist. Das familiäre Ritual der samstäglichen Besuche des Nonstop-Kinos vergegenwärtigt wie nebenbei die Auseinandersetzung mit dem Krieg im Medium der filmischen Wochenschau. Das Nonstop-Kino mit seinen zusammenhanglos aneinandergereihten Berichten und Filmgenres nahm das Fernsehen vorweg, das die Bilder der Kriege mitten in die Wohnungen hineintrug. Damals, vor dem Fernsehen, war man noch von den Rändern der Stadt ins Kino im Zentrum gegangen, und auf dem Heimweg wurden die Filme zum Gegenstand der Auseinandersetzung eines nicht abreißenden Gesprächs der Familienmitglieder. »Was ich vom Krieg wusste, hatte ich aus dem Kino und von dem Gespräch, das auf dem Weg ins Kino und nach Hause niemals abriss.« (S. 8)

Schon hier, auf den ersten Seiten, ist wie nebenbei ein Grundthema des Buchs angeschlagen, nämlich, wie die heterogenen Filme und Filmbilder in einen diskursiven Zusammenhang integriert werden. In »Zu früh, zu spät«, einem Tagebuchroman, der von Verschiedenstem handelt – was einem der Tag eben zuträgt –, geht es ausgesprochen und unausgesprochen immer wieder um die Frage des Zusammenhangs, um das Problem der Verbindung des Verschiedenartigen zu einem sich auf mehreren Ebenen entfaltenden Ganzen, eine Frage, die nicht nur für dieses Buch, den Typus des Essay-Romans oder des Tagebuch-Romans, relevant ist. Denn mit der Suche nach einem Zusammenhang ist eine Grundfrage der Ich-Bildung und der Idee von kritischer Bildung überhaupt angesprochen: wie nämlich zwischen den vielen vereinzelten Informationen und Realitätsebenen in einer von den Medien bestimmten Gesellschaft eine Verbindung hergestellt werden kann, die das Ich erweitert und seine soziale Assoziationsfähigkeit fördert.

III

Ist »Zu früh, zu spät« ein Antikriegsroman? Ein Zeitroman? Ein Erinnerungsroman? Ein Bildungsroman? Ein politisches Sittenbild? Ein Familienroman? Haben wir es überhaupt mit einem Roman zu tun? Mit einem Essay-Roman? Oder mit einem »Tagebuch-Roman«, eine Bezeichnung, die ich ohne Erklärung des Begriffs bereits verwendet habe und mit der ich mich auf die Literaturwissenschaftlerin Ulrike Breschar beziehe, die mit überzeugenden Argumenten von einem »diarischen Roman«[4] gesprochen hat. Sie trägt damit nicht nur der chronikalischen Abfolge und Gliederung Rechnung, sondern auch der durchgehenden literarischen Selbstreflexion, insofern der »diarische Roman« von Karl-Markus Gauß sich in den Werken anderer Tagebuchschreiber spiegelt, wenn verwandte eigene Schreibintentionen und literarische Formen entdeckt werden oder, öfter noch, die Unzulänglichkeit von Tagebüchern in den Blick gerückt wird, denen eben die Fähigkeit fehlt, das Einzelne in einen größeren, vielfältigen Zusammenhang zu integrieren.

Die ausführliche Auseinandersetzung mit tagebuchartigen Büchern oder autobiographischen Lebenswerken kreist um die Frage, ob und wie es dem Ich gelingt, sich im Denken und Schreiben zu erweitern und sich für die Auseinandersetzung mit der Welt zu öffnen oder wie sich der Tagebuchschreiber »auch in dem, was er verschweigt«, erfinden kann, und vor allem, ob das schreibende Ich zu einer dialogischen Beziehung mit dem Leser findet. Dialektisch zugespitzt formuliert Gauß, dass er im Schreiben sich einen Leser »erfindet«, damit dieser ihn »später finden« kann (S. 188).

Eine besondere Rolle bei diesen Reflexionen des eigenen diarisch-essayistischen Formmodells spielen Henri-Frédéric Amiels monumentales Tagebuch, das jene im Kafka-Motto von »Zu früh, zu spät« intendierte Flucht zur Welt nicht mehr kennt und auch gar nicht mehr kennen will, und das Scheitern des Barons de la Brède et Montesquieu bei seinem Versuch, »den Überblick über das, was er gelesen, gedacht, entdeckt, gesammelt hatte, nicht zu verlieren« (S. 34). Aber wichtig sind auch die vielen anderen, nachdenklich in Erwägung gezogenen Formen – oft sind es aus dem kulturellen Gedächtnis weitgehend verschwundene Formtraditionen –, die zur Vielfalt der literarischen Stimmen und Genres beitragen, zum Beispiel die »Culturbilder« von Karl Emil Franzos, den er einen erzählenden Essayisten nennt (S. 224), Karl August Varnhagen von Enses »unablässiges Gespräch mit Toten und Lebenden« (S. 397), die dialogische Autobiographie von Manès Sperber, die den Leser in die Konflikte einbezieht und ihm historische Erfahrungen weitergeben will (S. 222 f.) – und nicht zuletzt, auf andere Weise, das *Wiener Tagebuch*, die Zeitschrift, in der Karl-Markus Gauß zu publizieren begann, ein Forum von großteils aus dem Exil zurückgekehrten undogmatischen politischen Denkern und Schriftstellern, das dem Autor in der eigenen Schreibbiographie die Erfahrung eines gesellschaftlich eingreifenden und zugleich geselligen Schreibens vermittelte.

IV

Der Streit um die Gattungsbezeichnung ist nicht gleichgültig. Er berührt die im deutschsprachigen Raum weit zurückreichende literarische Geringschätzung des Essays und die bei uns nie recht wahrgenommenen Traditionen einer aufklärerischen, konkreten geschichtlichen Räumen zugewandten Diaristik. Die literarischen Arbeiten von Karl-Markus Gauß zeigen, dass man an diese Traditionen auf kreative und theoretisch avancierte Weise anschließen kann, wenn man sich dem ästhetischen Problem der Verbindung der Vielfalt zu einem weiter reichenden Zusammenhang stellt.

Wenn die Literaturwissenschaft – mit dem »Tagebuchroman« oder »diarischen Roman« – den Begriff des Romans ins Spiel bringt, gewinnt sie eine mit der Theorie des modernen Romans gegebene ästhetische und geschichtsphilosophische Reflexionsebene, in der die Frage nach dem erzählerischen Formprinzip der Übergänge und der geheimen Verbindung noch des Disparatesten einen besonderen Stellenwert hat. Zugleich wird dadurch die Festschreibung von essayistischen und tagebuchartigen Formen auf das Ressort der Kulturpublizistik überwunden und es gerät die ästhetische Dimension in den Blick, die von der Literaturkritik übergangen wird, wenn sie auf den politischen Diskurs und seine Rationalität fixiert bleibt.

In Montesquieus »Pensées«, liest man in »Zu früh, zu spät«, sehe man »einen erzählenden Philosophen« »unentwegt Dinge aufnehmen, von denen er selbst noch nicht weiß, was sie ihm einmal bedeuten werden, und unermüdlich Gedanken notieren, bei denen er sich im unklaren ist, wohin sie ihn dereinst führen könnten«. Gauß' nachdenklich den »Pensées« zugewandtes Ich gelangt mit diesen Erwägungen im Konjunktiv II, dem Konjunktiv des Möglichkeitsdenkens (wie der Germanist Albrecht Schöne einmal den Coniunctivus irrealis in Robert Musils Roman »Der Mann ohne Eigenschaften« nannte), zu einem Zusammenhang, der durch nicht offen zutage liegende, dem klaren Bewusstsein nicht ganz zugängliche Verbindungen zwischen den einzelnen Teilen entsteht: »Als bestünde zwischen den Dingen ein geheimer Zusammenhang«, heißt es, »der sich schon irgendwann enthüllen werde«, und zwar unerwartet, überraschend, unvermittelt (S. 36).

Wir reichen also, gibt uns dieser Gedanke einer mystischen Verbindung zu verstehen, in unseren Werken weiter, als wir es intendieren. »Tagebuchroman«, das wäre der Gattungsbegriff für dieses Weiter-Reichen des Einzelnen und das Übergängige in einen Zusammenhang vielfältiger Beziehungen. Die Gaußschen Tagebücher mit ihren verschiedenen Genres, Formen und Themen, seien es die biographisch-erzählerischen oder die essayistischen Sequenzen, die politischen Analysen, die kulturgeschichtlichen Reflexionen, die Erinnerungsbilder, die Autoren-Porträts, die Anekdoten, die erzählten Lektüren von Büchern, die Familiengeschichten oder die Reiseberichte, erzwingen geradezu die ästhetische Auseinandersetzung mit jenem größeren Zusammenhang, der nicht durch inhaltliche Systematik oder ein streng zeitverordnendes Erzählen hergestellt wird.

Die im letzten Jahr so jung aus dem Leben geschiedene Literaturwissenschaftlerin Irina Djassemy wollte in den verschiedenartigen Textsorten der *Fackel*-Hefte von Karl Kraus eine Verwandtschaft mit Kompositionsweisen der modernen Zwölfton-Musik nachweisen und in der »Aufwertung von Kontrapunkt und Polyphonie« auf dem Hintergrund von Adornos Musiktheorie die utopische Idee einer anderen gesellschaftlichen Synthesis sichtbar machen, eben die Idee eines freieren Zusammenhangs zwischen dem Einzelnen und dem Ganzen. Auch Ulrike Breschars Begriff des »diarischen Romans« zielt ja auf solche weiter reichenden Verbindungen. Denn der Roman impliziert als moderne Gattung ein Formprinzip, das die Reflexion von Zeit und Erinnerung, aber auch von Zeitverlust und Trauma in der Sprache selbst bewahrt. Darum konnte Karl-Markus Gauß in seinem Schreiben die großen Affinitäten mit dem Werk von Jean Améry entdecken, auch wenn er sich der Differenz der ganz anderen biographischen und geschichtlichen Voraussetzungen von Amérys Werk bewusst ist. Jean Amérys Werk ist der Versuch, mit einer ungewöhnlichen Formüberschreitung vom Essay zum Roman und zum Erzählerischen hin, die Grenzen des rationalen politischen Diskurses zu überschreiten und so in der Tradition der Aufklärung den Begriff der Rationalität zu erweitern. In den sechziger und siebziger Jahren hat die literarische Kritik Amérys Intention hilflos oder polemisch abgetan. Für ihn war es die Bestätigung seiner in den »Erbschaften dieser Zeit« begründeten Einsamkeit und Exilierung.

In »Zu früh, zu spät« kann man im Kapitel »Unorte, Örtlichkeiten« nachlesen, wie das schreibende Ich sich im Werk Amérys verstanden sieht und wie weit diese Affinitäten reichen. Es ist mehr als nur Zufall und hat mit einer ähnlichen Verbundenheit mit der vergessenen und verdrängten Aufklärung in Österreich zu tun, wenn Karl-Markus Gauß unmittelbar nach dem Tod von Jean Améry zu schreiben begann. Aber in dieser vergessenen und verdrängten österreichischen Aufklärung haben beide die Überschreitung der Grenzen der Rationalität entdeckt, die Auseinandersetzung mit Krankheit und Tod, die physiognomische Sympathie mit dem Körper, die Aufmerksamkeit für die Macht des Unbewussten und für die tief liegende Kränkung, die in der Sprache der Literatur dem Bewusstsein zugänglich gemacht wird.

V

Um wenigstens einen konkreten literarischen Begriff von dem hier angesprochenen Schreibprojekt zu geben, möchte ich mit einer genaueren Lektüre des romanhaften Beginns von »Zu früh, zu spät« jenen geheimen Zusammenhang verdeutlichen, der sich im Fortgang des Buchs enthüllt, jenes nicht schon vorher Gewusste oder Intendierte, mit anderen Worten, jenes unbewusste Gedächtnis der Literatur, das man üblicherweise dem modernen Roman bescheinigt.

Ein Vater, so beginnt der Tagebuchroman, geht mit zweien seiner Söhne in das Nonstop-Kino am Hanusch-Platz, ein Kino, das es längst nicht mehr gibt, wie die vielen anderen Stadt- und Landkinos. Dieses wöchentlich sich wiederholende familiäre Ereignis wird so erzählt, dass dabei wie nebenbei an die Grundmotive des Schreibens und der Autorschaft angestreift wird. Die Roman-Ouvertüre entfaltet so auf unspektakuläre Weise eine Mehrdimensionalität des Sinns, die sich im Fortgang der Lektüre erweitert und dann im letzten Kapitel, das dem Sterben der Mutter gewidmet ist, einen zusätzlichen, kontrapunktischen Bedeutungsaspekt gewinnt.

In dem unspektakulären familiären Ereignis vom Besuch des Nonstop-Kinos am Salzburger Ferdinand-Hanusch-Platz geht es indirekt um die biographischen Grundlagen der Autorschaft, um die Frage, woher jemand kommt, wie sich sein Blick entwickelt, welche Prägungen er erfahren hat und welchen Stellenwert die Portalfiguren des Lebens, Vater und Mutter, einnehmen. Aber die Mutter kommt hier, am Romanbeginn, noch gar nicht vor. In der Eingangsszene gibt das Vaterwort den Rahmen ab für das nicht abreißende Gespräch auf dem Weg von der Peripherie zum Zentrum und wieder zurück an die Ränder der Stadt. Das Nonstop-Kino mit der Abfolge von Filmgenres, die durch keinen Zusammenhang verbunden sind, unter denen aber die Wochenschauen dominieren, wird zum erzählten Gleichnis der medial vermittelten Wirklichkeit. Was sich in der Erinnerung des Erzählers festgesetzt hat, sind vor allem die Bilder vom Krieg. »Zu früh, zu spät«, ist, wie gesagt, ein Buch über den Krieg, und es beginnt als Chronologie des so genannten Zweiten Irak-Kriegs und hat das »Alle Tage« der Kriege in der Welt zum Gegenstand. Das erste Kapitel heißt ja »Es wird Krieg«, und es beginnt mit dem Satz: »Jeden Samstag gingen wir ins Nonstop-Kino, um nachzuschauen, ob immer noch Krieg war.« Vom Vater wird erzählt, dass er Deutschprofessor und Chefredakteur der Wochenzeitung *Neuland* ist, »die sich an die in viele Länder versprengten Donauschwaben richtet«. Dann kehrt die Erzählung wieder zurück zur Wochenschau des Nonstop-Kinos, zu einer Filmsequenz, die sich unvergesslich in die Erinnerung des Kindes eingeprägt hat: »wie Patrice Lumumba, ein schlanker würdevoller Mann, auf einen Lastwagen gehoben wurde, welcher mit ihm, der einen unvergeßlich traurigen Blick auf uns zurückwarf, und ein paar schwerbewaffneten, grinsenden Soldaten wegfuhr. Was ich vom Krieg wußte, hatte ich aus dem Kino und von dem Gespräch, das auf dem Weg ins Kino und nach Hause niemals abriß.« (S. 7 f.)

Der erste Satz des Tagebuchromans – »Jeden Samstag gingen wir ins Nonstop-Kino [...]« – weiß auch um die vielen anderen ersten Romansätze der modernen Literatur, in denen die Erinnerung in die Kindheit zurückgeht und die Erinnerung selbst zum Gegenstand des Erzählens wird. Am bekanntesten ist zweifellos der Satz »Lange Zeit bin ich früh schlafen gegangen« am Beginn von Marcel Prousts »Auf der Suche nach der verlorenen Zeit«. Karl-Markus Gauß ist ein Meister von Erzählanfängen, die sich einem unvergesslich einprägen. Sein Essay-Band über Albert Ehrenstein – »Wann endet die Nacht« (1986) – beginnt mit dem Satz »Ein alter Mann ist über das Meer zurückgekommen, um noch einmal Wien zu suchen, das ›Grab meiner

Jugend««.⁵ Der erste Essay von »Der wohlwollende Despot« fängt so an: »Nach bald 39 Jahren war Johann Rautenstrauch oft redlich erschöpft von seinem Versuch, kein lächerlicher Mensch zu sein.«⁶ Und »Von nah, von fern. Ein Jahresbuch« fängt mit einem ähnlich unvergesslichen sprachlichen Auftakt an: »Mein Großvater hatte einen Koffer voll Geld und war ein armer Mann.«⁷ Man fühlt sich erinnert an den Satz des Freunds Joe Kemptner, der im Sterben dem Erzähler in »Zu früh, zu spät« diesen Satz wie ein unverständliches Testament mitgibt: »Ich wünsche mir von euch Zeitwörter, verstehst du, Zeitwörter, die die zirkuläre Eigenschaft des Denkens elegant hervorheben.« (S. 274). Vielleicht dämmert im halluzinatorischen Rätsel dieses Satzes die Einsicht auf, dass das »Zeitwort« der Kunst auch die sprachliche Eleganz des Denkens braucht, jene »zirkuläre Eigenschaft« der Formulierung, die auf sich selbst verweist und unsere Aufmerksamkeit auf sich zieht – und man versteht, warum das schreibende Ich diesen Satz über die Zeit und die Form nie mehr vergessen möchte.

VI

Mit dem Titel »Zu früh, zu spät« beginnt das Nachdenken über die Zeit und über die vielen Formen von Zeit- und Geschichtserfahrung. Aber im Erzählen der Zeit enthält das Buch auch die Idee einer Aufhebung der Zeit, weil die Verflechtung der Motive und die thematische Arbeit ein Gewebe gegen das Zeitvergehen und gegen das Verschwinden und Sterben erschaffen und dem »Immer noch« des Kriegs etwas anderes entgegensetzen: die im Schreiben von Karl-Markus Gauß nie sich erschöpfende Widerrede zum herrschenden Kriegsgesetz und zu einer Kultur, die den Krieg mit anderen Mitteln inszeniert. Was das Kind im Nonstop-Kino sieht, den traurigen Blick des zu Tode geprügelten Patrice Lumumba, das wird im Schreiben des Autors unvergessen bleiben, genau so wie das Grinsen der Büttel der Macht.

Die Ouvertüre vom Kinogehen mit dem Vater stellt die Frage nach der biographischen und geschichtlichen Rechtfertigung des eigenen Schreibens. Im Vater respektiert der, der einmal selbst Autor sein wird, den Flüchtling, den Vertriebenen, der sich in Salzburg eine neue Heimat geschaffen hat, sich daneben aber ein eigenes »Luftreich« des Schreibens und Redens bewahrte. Im Vater sieht er aber auch die Gefahr des eigenen Scheiterns, des Sich-Verzettelns und Verlierens in einer Unzahl von Details, um deren »schlüssigen Zusammenhang« er sich »nicht kümmerte« (S. 268). Aber das schreibende Ich denkt sich bereits in diesem Spiel mit Genealogien seine Verwandlung im eigenen Sohn, es schreibt sich so nicht nur von der Vergangenheit her, sondern auf eine Zukunft zu, in welcher der Sohn »der Vater des Vaters wird«: »Der Sohn ist der Vater des Vaters. Er erschafft ihn, und er schafft ihn nach seinem Ebenbilde« (S. 189), liest man mit einer ironischen Anspielung auf das Buch der Bücher und dessen älteste Genealogien von Autorschaft und der Berufung zum Wort.

VII

Die eigentliche lebensgeschichtliche und künstlerische Dramatik des Beginns liegt aber in einer Leerstelle: in der am Beginn des Buchs ausgesparten Geschichte der Mutter als der anderen Seite der Autorschaft des Sohnes. Erst im Schlusskapitel wird das inwendige Drama der Mutter enthüllt, das auch der Titel »Zu früh, zu spät« anspricht. Es ist die Geschichte eines in sich selber verwahrten Traumas, die auch dem eigenen Mann verschwiegene tiefe Verletzung durch dessen nächste Verwandte, als sie auf der Flucht bei Kriegsende, in einer lebensbedrohenden Not hilfesuchend, auf kalte Zurückweisung stieß. Dieses von ihr stumm bewahrte Geschehen, über das sie erst spät, »zu spät«, mit dem Sohn sprach, ist vielleicht die tiefste Schicht der Autorschaft des Sohns, die Trauer als eine Grundschicht der seismographischen Sprache in den Büchern von Karl-Markus Gauß. Sie, die Mutter, ist es, die ihn, den Autor, einen Satz von Sartre besser verstehen lehrte: »Wir sind das, was nicht aus uns geworden ist und wogegen wir uns entschieden haben [...] gerade das macht uns aus« (S. 406 f.).

Im Dankwort zur Verleihung des Ehrendoktorats der Universität Salzburg (2007) hat Karl-Markus Gauß von der Idee des uns selber und unsere Zeit erhellenden Spiegelns gesprochen und den vielfältigen Zusammenhang des familiär Privaten und der allgemeinen Geschichte als die ihm vorschwebende Kunst des Schreibens dargestellt. Ich hatte mir damals notiert, dass er, als »Kind von Flüchtlingen« schon früh »ein Gespür dafür hatte«, wie sie in der Geschichte seiner eigenen »kleinen, doch so weit zerstreuten Familie auch die große Geschichte spiegelte, mit all ihren Verheißungen und Versprechen, mit ihren Verwerfungen und Verheerungen, und daß das eine, das man als ganz privat zu nehmen geneigt ist, mit dem anderen, das für das Allgemeine gilt, vielfältig zusammenhängt.«

Anmerkungen

1 Der Untertitel »Zwei Jahre« bezieht sich auf die Zeit von Jänner 2003 bis Dezember 2004. Daran schließt noch das Kapitel über den Tod der Mutter – »Als meine Mutter starb« –, das über diese Zeit hinausreicht bis in den September 2005.
2 Karl-Markus Gauß dürfte sich mit diesem beweglichen kritischen Ich in einer Formulierung von Jean Starobinski wiedererkannt haben, wenn dieser »die bewegliche Vernunft« Montesquieus rühmt, die mit »promptitude« auf das, was die Zeit zu bieten habe, reagiert (vgl. Zu

früh, zu spät. Wien 2007, S. 35. Die weiteren Belege aus diesem Buch werden von nun an nur mit den Seitenangaben bezeichnet).
3 Ludwig Wittgenstein: Philosophische Untersuchungen. Frankfurt/Main 1967, S. 66 (§ 109 u. § 110).
4 Ulrike Breschar: Karl-Markus Gauß: »Zu früh, zu spät«. Modelle eines diarischen Romans, Salzburg [masch.] 2008. Auch in der umfassenden Untersuchung von Christian Tanzer (Im Vergessen das Gedächtnis sein. Der Essayist Karl-Markus Gauß, Stuttgart 2007) wird mit der Gedächtnisfrage die des Zusammenhangs der Erinnerungen erörtert.
5 Karl-Markus Gauß: Wann endet die Nacht. Über Albert Ehrenstein. Ein Essay, Zürich 1986, S. 7.
6 Karl-Markus Gauß: Der wohlwollende Despot. Über die Staats-Schattengewächse, Klagenfurt/Celovec 1989, S. 7.
7 Karl-Markus Gauß: Von nah, von fern. Ein Jahresbuch, Wien 2003, S. 7.

Franz Haas

Mit Methode, ohne Zwang.
Über die Journale

Sogar das Schweigen am Nebentisch in einem Lokal findet er unerträglich, und an seinem Schreibtisch ist er ein Überzeugungstäter, der partout nicht still sein will. Auf die Frage, warum er schreibe, antwortet Karl-Markus Gauß gern: »Weil ich es kann.« Wer ihm übel will, mag das als Koketterie auslegen, doch es handelt sich hier nicht nur um die Wahrheit, es steckt dahinter auch die stolze Strategie eines Schriftstellers, der keine Romane, Dramen und Gedichte veröffentlicht. Bei seiner Art zu schreiben genügt nicht das Können allein, es ist auch ein Wollen dabei, eine Lust nicht nur am schön gedrechselten Text, sondern auch an seinem kruden Gegenstand, der Wirklichkeit, die Gauß am liebsten schreibend erforscht. Die Methode seiner allmählichen Verfertigung der Gedanken während des Schreibens lässt sich am besten an den Journalen beobachten, die er vom August 2000 bis zum September 2005 geschrieben hat. Am Anfang steht immer ein irritierendes Zustandsbild, eine Zeitungsnotiz, ein wenig Müll aus dem Fernsehen oder eine flüchtige Begegnung. Daraus entwickelt er seine Überlegungen, indem er das Faktenmaterial so lange durch die widerborstigen Windungen seiner Gedanken treibt, bis schließlich ein stattlicher kleiner Essay entsteht. Dabei hat Gauß genug Selbstironie, dass er am Ende von solch essayistischen Fleißarbeiten gelegentlich auch sich selbst reflexiv an der Nase fasst: »Aha, jetzt habe ich mir schreibend doch wieder eine Erkenntnis erarbeitet, zu der ich, wäre ich klüger, wie von selbst gekommen sein würde.« (Z, 393) Sein Autor-Ego ist jedoch robust genug, dass ihn solche Selbsterkenntnis nicht in eine Sprachkrise stürzt. Seine Worte werden nie zu modrigen Pilzen, eher zu spitzen Steinen, mit denen er zornig und zielsicher um sich wirft.

Das Schreiben über das Schreiben und das Denken über das Denken gehört zum Handwerkszeug jedes Diaristen, beinahe so selbstverständlich wie das Grübeln über den Sinn oder Unsinn seines Unternehmens. Auch Gauß entzieht sich diesen Exerzitien nicht. So schreibt er am Ende seines ersten Aufzeichnungsbandes »Mit mir, ohne mich. Ein Journal« (2002), den großen Tagebuchschreiber Sándor Márai zitierend, dass es manchmal vielleicht besser wäre, die eigenen Worte zurückzuhalten und zu verstummen. »Aber Schweigen ist langweilig.« (M, 356) So muss es sein für Menschen, die viel zu sagen haben, vor allem für einen Schriftsteller, dessen Bücher nicht aus dem Stoff der Phantasie geschneidert sind. Auch Gauß' zweiter Journalband, »Von nah, von fern. Ein Jahresbuch« (2003), endet mit einer Art poetologischen Rechtfertigung, denn um seinen Gedanken auf die Schliche zu kommen, habe er keine andere Wahl, »als zu schreiben, was ich denke, was ich beobachte, was ich verstehe, woran ich mich erinnere und was es bedeutet«. (V, 261) Auf den mehr als tausend Seiten seiner Aufzeichnungen bleibt Gauß immer seiner Methode der Beobachtung und Selbstbeobachtung treu, mit der er ständig essayistische Funken und oft auch polemische Feuersbrünste fabriziert. Er lässt sich jedoch nie vom Zwang der tagtäglichen Buchführung gängeln – über die Eintragungen erfährt der Leser nur, auf welche Monate sie sich beziehen. Und doch bindet Gauß gegen Ende seines dritten Bandes, »Zu früh, zu spät. Zwei Jahre« (2007), offenbar das Korsett dieser Arbeitsweise, »das Kalendarium, die chronikalische Ordnung«, ein wenig zu eng. Denn er kündigt an, dass er den »Tribut an die Form des Tagebuchs« vermutlich hier »zum letzten Mal entrichtet«. (Z, 399) Tribut – das klingt nach Fronarbeit, nach täglichem Gebot zur Gedankenkrämerei, auch wenn es einmal nichts auszukramen gibt – ein Zwang, dem sich viele berühmte Tagebuchschreiber beugen. Ihnen schaut Gauß oft skeptisch über die Schulter und denkt schreibend über deren Schreiben nach, und flugs wird daraus ein kritischer Essay, ein liebevolles Porträt oder auch ein mürrischer Verriss.

Das geistige Fingerhakeln, das Kräftemessen mit anderen Diaristen, gehört zum ständigen Repertoire und zum Besten in den drei Journal-Büchern von Karl-Markus Gauß. Schon im ersten Band deckt er nach wenigen Seiten eine Karte auf und nennt das erste große Vorbild bei seinem Vorhaben. Es ist Sándor Márai, der ungarische Autor, der mit vierzig eine Berühmtheit und mit achtzig vergessen war, dessen Bücher in den letzten Jahrzehnten neu entdeckt wurden, teils mit zu lauten Hymnen auf seine Romane. Deren Schwächen sieht auch Gauß, der jedoch fasziniert ist vom anderen Márai, vom Diagnostiker am Totenbett des ungarischen Bürgertums, von dem er meint, »nirgendwo ist er besser als in seinen Tagebüchern, nirgendwo so luzide, so unerbittlich«. (M, 11) In seinen Aufzeichnungen über die Aufzeichnungen anderer wird Gauß noch öfter auf Márai zurückkommen, mit jener Sympathie, die er vor allem für die Unsystematischen hat, die sich nicht der kleinteiligen Routine verschreiben und der Welt nicht stets verkündigen, was sie wo mit wem zu Mittag gespeist haben, die sich nicht dem tagtäglichen Eintrag und Schreibzwang beugen.

So wie die Sympathie hat auch die Verachtung in den Journalen von Gauß ihre präzise Methode und ist gegen eine stattliche, aber überschaubare Zahl von Lieblingsfeinden und Torheiten gerichtet. Zu diesen zählt das so genannte Regietheater (eigentlich ein Unwort, weil auf jedem Theater Regie geführt werden soll) und ihre smartesten Maulhelden wie Frank Castorf, der laut Gauß im August 2000 in Salzburg die Gelegenheit hatte, ein Stück von Tennessee Williams zu verhunzen und »sich in aller Öffentlichkeit chauvinistisch auszurülpsen«. (M, 19) Kommt

Gauß einmal ohrfeigend in Schwung wie einst Karl Kraus, dann bleibt dort kein gutes Haar übrig, wo es vielleicht niemals eines gegeben hat. Seine Wortgewitter können aber auch jäh abbrechen und unvermittelt einem Kommentar Platz machen, zu einem verehrten Kollegen und dessen Aufzeichnungen, wie jene von Czeslaw Miłosz, zu einem großen Vergessenen wie Carl Dallago. Die Hiebe und die Liebe, die er aus Überzeugung verteilt, halten sich ungefähr die Waage in diesen Wechselbädern von wutschnaubender Aversion und huldigender Zuneigung.

Kein gründlicher Journalschreiber von heute kommt an den Niederungen der schönen neuen Medienwelt vorbei. Den Sumpf von Rundfunk und Fernsehen durchwatet Karl-Markus Gauß mit stoischer Unterdrückung des Brechreizes und mit einiger Erfahrung, denn gegen »die Deppen von Ö3« musste er sich schon früher einmal fast vor Gericht zur Wehr setzen. Die Gaudiburschen aus der Unterhaltungsbranche behandelt er in seinen Aufzeichnungen nur selten, da sie keine Gegner sind. Die Reality-Sendung »Taxi Orange« bezeichnet er bündig als »soziale Pornografie« (M, 86), und der mediale Volksfesttrummel um den Nationalfeiertag kostet ihn nur ein ironisches Schulterzucken. Anders verhält es sich mit den Ergüssen aus der Nachrichtenabteilung, die zu ignorieren unmöglich ist, zumal in einem Land wie Österreich im Jahr 2000, als die Europäische Union seltsame Sanktionen über eine noch seltsamere österreichische Regierung verhängt hatte. Gauß war gegen diese Sanktionen, mehr noch aber gegen die unverblümt ausländerfeindliche Regierung, genau so war er jedoch auch gegen ein Europa, das zwar Österreich eine Standpauke hält, aber selbst einen »Rassismus des Wohlstands« (M, 48) produziert. Solche Passagen über das zentrale Reibethema Europa geraten Karl-Markus Gauß, dem Kenner der europäischen Randzonen, auch in den anderen Bänden seiner Aufzeichnungen mit schöner Regelmäßigkeit zu kleinen, feinen Essays.

Auch am Thema Tagebücher (die eigenen und die der anderen) hakt Gauß sich mit Nachdruck und Sachkenntnis immer wieder fest, vor allem in seinem ersten Band, wobei nicht alle Kollegen dabei so gut wegkommen wie Franz Kafka, schon gar nicht der konservative Neidhammel Leopold von Andrian, der mit buchhalterischem Eifer alle Schwächen seines Freundes Hugo von Hofmannsthal notierte. Geradezu erschaudern lassen Gauß die »Geheimtagebücher« des Engländers Samuel Pepys aus dem 17. Jahrhundert, deren manische Zwanghaftigkeit für ihn nur abschreckend ist – »der bürokratisch festgehaltene Alltag eines alles in allem mittelmäßigen Kopfes«. (M, 94) Und gleich im nächsten Absatz fällt er über das 200 Jahre später entstandene intime Tagebuch von Frédéric Amiel her, dessen beste Qualitäten die »Pedanterie und Ausdauer« seien. Mit Grausen und Verwunderung – und dabei an seine eigenen Aufzeichnungen denkend – fragt er sich: »Warum das alles, warum zeichnet Pepys auf, was er gestern um wie viele Pfund mit wem in welchem Wirtshaus gegessen hat? Warum summiert Amiel als Buchhalter seines Lebens den täglichen, wöchentlichen, monatlichen, jährlichen Ertrag des Nichtigen?« (M, 95) Doch nicht jedes Diarium der Literatur- und Weltgeschichte wird von Karl-Markus Gauß so unwiderruflich abgekanzelt.

Das Selbstverständnis des Diaristen Gauß zeigt sich ganz ungeschminkt und unkompliziert in einem Abschnitt, der mit dem Eintrag »Das Tagebuch als Lebensform« beginnt. Es sei keineswegs ausgemacht, dass geheime, nicht für die Veröffentlichung bestimmte Aufzeichnungen die prinzipielle Ehrlichkeit gepachtet hätten, denn »die Lüge hat ihren Platz auch im Selbstgespräch, das sich unbelauscht weiß«. Andererseits sei es »die besondere Qualität von Tagebüchern, dass sie zwischen den verschiedenen Sphären, von denen sie handeln, keine Brücken errichten müssen, dass sie Privates und Öffentliches, subjektive Notizen und objektive Berichte aneinanderfügen, ohne sie zwingend miteinander zu verbinden«. (M, 154) Besonders aus dem Herzen spricht ihm in diesem Zusammenhang der Eintrag Robert Musils, dieses Großmeisters des Notizblocks und der Schmierblätter: »Vielleicht wird man überhaupt nur noch Tagebücher schreiben, weil man alles andere unerträglich findet.« Erträglich, aber auch rührend findet Gauß den jungen Friedrich Hebbel, der mit 23 mit selbstbewusster Forschheit »ein Notenbuch meines Herzens« beginnt, ohne noch zu ahnen, dass er damit den Grundstein zu seinem bedeutendsten Werk gelegt hat. Zu dieser Kategorie der Schreiber, deren Tagebücher das Wichtigste an ihrem Gesamtwerk sind, rechnet Gauß unter anderen André Gide, Ernst Jünger und mit Vorbehalt auch Elias Canetti, diesen Sonderfall, in dessen Aufzeichnungen alles getilgt ist, so Gauß, »was Tagebücher sonst gerade ausmacht, das Flüchtige, Private, auf einen Tag und Ort Bezogene«. (M, 156)

Ein anderes Vorbild ist für ihn Gustaw Herling und dessen »Tagebuch bei Nacht geschrieben«. Der gebürtige Pole hat mehr als die Hälfte seines Lebens im italienischen Exil verbracht, wo er eine der Töchter des berühmten Philosophen Benedetto Croce heiratete und dadurch auch eine ganz gute geistige Partie machte. Die Aufzeichnungen von Herling sind für Gauß, und dies ganz zu Recht, »das Logbuch eines osteuropäischen Exilanten und eines der bedeutendsten Werke der diaristischen Literatur«. Als Musterbeispiel sieht er ihn deshalb, weil bei Herling »eine Didaktik des richtigen Lebens und eine Moral der Zeugenschaft« sich auf ideale Weise ergänzen. »Was ich schreibe, ist kein Tagebuch. Ich weiß aber nicht, ob ich es ohne die Lektüre von Gustaw Herlings Tagebüchern zu schreiben begonnen hätte.« (M, 157) – Selten verneigt Gauß sich so tief vor einem Zeitgenossen.

Selten genug sind die Tagebücher der anderen für Karl-Markus Gauß nachahmenswert, auch nicht jene, die Franz Grillparzer zwar angeblich ganz für sich und für keine Veröffentlichung geschrieben hat, dabei aber doch mit einem Auge auf den Nachruhm schielend und hoffend, dass ihn die Nachwelt »günstig beurteilen möge«. Sehr fern und unangenehm ist Gauß die »zerknirschte Selbstbezichtigung Grillparzers« (M, 171), weil sie ihm als inszenierte Litanei erscheint, nicht sehr viel anders als die mehr als ein Jahrhundert später von Thomas Bernhard praktizierte, selbstzerstörerische Misanthropie, besonders nach 1975, so Gauß, als »die Verzweiflung Bernhards routiniert geworden« war. (M, 191) Die Bernhard-Schelte gehört zum Gaußschen Repertoire wie die Jelinek-Kritik, wobei auf beiden Gebieten zwar nicht der Weisheit letzter Schluss, aber doch auch gute Gründe für ihn sprechen. Aber Bernhard und Jelinek haben keine Tagebücher geschrieben, und so kann Gauß sich an diesem Punkt nicht an ihnen reiben, so gern er es täte; desto lieber knöpft er sich auch in den anderen Journal-Bänden Bernhards »schwarzen Kitsch« und Jelineks Schmerzenspose vor.

Tagebücher aus der Nacht sind die glücklicheren Verwandten der Tagebücher aus dem Krieg. Unter dem Stichwort »Das Tagebuch und der Krieg« beginnt Gauß eine Eintragung, die sich vor allem auf den Ersten Weltkrieg bezieht, darauf, wie die Diaristen auf ihn reagierten. Legende ist mittlerweile Kafkas Eintrag vom 2. August 1914: »Deutschland hat Russland den Krieg erklärt. – Nachmittag Schwimmschule.« Etwas mitteilsamer ist Arthur Schnitzler, der zwar den »Weltruin« heraufziehen sieht, in seinem Tagebuch aber nicht auf die Beschreibung der bürgerlichen Idylle mit den Freunden und den Kindern verzichtet: »die Hofrätin und Salten. Schöner Sommertag; im Garten spielen Heini und Lilli.« Gauß kommentiert solche Passagen mit dem Blick auf das eigene Schreiben und auf die Situation zu Beginn des 21. Jahrhunderts: »Es war Krieg, aber es war eben nicht nur Krieg; man wurde über dem Krieg auch langsam älter, die Kinder wuchsen heran, man traf sich abends, man lachte und ärgerte sich, nicht nur über wichtige, ach, auch über schrecklich viele unwichtige Dinge.« (M, 227) Irgendwo ist immer Krieg, schreibt Gauß, »und die nette Reporterin von CNN ist meistens dabei«. (M, 238)

Wie also soll man auf die heutigen Kriege in einem Journal reagieren? Gewiss nicht wie einst Doderer, der beim Ausbruch des Zweiten Weltkrieges seinen »starken Andrang erotischer Kräfte« vermerkte und sich in seiner – so sieht es Gauß – »grandiosen Borniertheit« im Tagebuch weigerte, »den Krieg zur Kenntnis zu nehmen«. Doderers Haltung ist noch nicht die schlimmste: »Sein Tagebuch mag eng, ja geradezu autistisch verengt sein, aber es ist ohne berechnende Selbstverleugnung verfasst.« Es geht laut Gauß auch noch blinder: »Julien Green etwa, von dem das am meisten überschätzte Tagebuch des 20. Jahrhunderts stammt, verstreute periodisch seine humanistische Besorgnis in die vieltausendseitige Selbstbespiegelung. Monatelang schrieb er von nichts als der Aufnahme in die Académie Française und der Rede, die er dort halten würde.« (M, 228/229) Katastrophen und Kriege haben in Greens Diarium nur die Funktion von Füllseln, ganz anders als bei dem »Herrenreiter« Ernst Jünger, den Gauß gewiss nicht empfehlen will, aber im Vergleich zu Julien Green seien »die von moralischem Empfinden penibel gesäuberten Kriegstagbücher Ernst Jüngers geradezu ein Aufschrei der Wirklichkeit«. Als Gauß das schreibt, sind die Kriege in Jugoslawien und dessen Zerfall noch sehr präsent; in den zwei späteren Journal-Bänden wird er sich häufig auf andere Kriege beziehen, auf den in Afghanistan und vor allem auf die westlichen Propagandalügen zur Rechtfertigung des Angriffs auf den Irak.

Es gibt aber selbst im Jahr 2000 keinen Mangel an Weltkonflikten. »Auch in Israel ist längst wieder Krieg.« – So beginnt ein Abschnitt in »Mit mir, ohne mich«, der bezeichnend ist für die kunstvolle Technik von Karl-Markus Gauß, der meist von einem konkreten aktuellen Anlass ausgeht, um dann abzuschweifen zu den Hintergründen und Vorstufen von Weltereignissen, um wie so oft eine kleine, gelehrte Abhandlung zu fabrizieren. Es sind die Kämpfe zwischen Palästinensern und Israelis, die Gauß zu einer Reflexion über den Zionismus und seinen Gründer Theodor Herzl ausholen lassen. So entsteht ein kurzer Essay, der zugleich eine Geschichte des Zionismus und ein Porträt von Herzl ist, samt einem Exkursus zu dessen Tagebüchern, zum Antisemitismus in der Donaumonarchie – von diesem Thema ist der Sprung nicht weit (nur über eine Leerzeile hinweg) zu Karla Blum, der Jüdin aus Czernowitz – und so folgt ein essayistisches Porträt dieser Kommunistin, deren Mann von Stalinisten ermordet wurde, die in China Universitätsprofessorin wurde und dort 1971 starb, »einsam, doch ungebrochen«. (M, 249) Die Journale von Karl-Markus Gauß sing geprägt von solchen Geschichten, von Reisen durch die Kultur- und Weltgeschichte, im Kopf oder auch in der Wirklichkeit.

Eine Reise nach Slowenien nützt Gauß unerwartet zu einer Abhandlung über Karl Kraus, der im Grunde mit der *Fackel* das ungeheuerste Diarium der Welt geschrieben hat, ein Tagbuch aus Krieg und Frieden, in dem er über die Lebendigen und die Toten richtet. Gauß definiert die *Fackel* sehr treffend und offensichtlich als Vorbild als »das größte Gerichtsprotokoll der Weltliteratur«, (M, 269) er sieht aber auch die Schwächen und Manien von Kraus – und (Walter Benjamin zitierend) dass nichts »trostloser ist als seine Adepten, nichts gottverlassener als seine Gegner«. Gauß verschweigt nicht die Bedeutung, die Kraus für ihn hatte und immer noch hat, er erzählt auch seine persönliche Annäherung an diesen Riesen, der sich für eine philologische Kriegsführung gegen seine oft mächtigen Feinde entschieden hatte unter dem Motto »Gehe hin und zitiere sie!« Die Feinde von Karl-Markus Gauß hingegen sind laut seiner eigenen Aussage »leider ziemlich mittel«, nur ein wenig störend wie das Übergewicht. (M, 354) Dieses Unterstatement, das sich vordergründig auf die Feinde bezieht, hintergründig aber auf sich selbst, auch das ist Teil einer sprachlichen Kampftechnik, die zu Gauß' effektvollen Methoden zählt.

Die meisten erbitterten Grundsatzkämpfe absolviert Karl-Markus Gauß bereits im ersten Band seines Journals. Ab »Von nah, von fern« sind die Eintragungen in Kapitel unterteilt und sie bekommen zusehends einen erzählerischen Charakter, der Ton ist meist ruhiger, die Substanz aber unverändert streitbar. In »Von nah, von fern« tauchen wiederholt Passagen unter der Bezeichnung »Charaktere« auf, die in der dritten Person geschrieben sind, wie manche Aufzeichnungen Canettis und wie dessen Prosastücke aus »Der Ohrenzeuge«, an die sie erinnern. Mit dem Autor und mit dem Diaristen Canetti ringt Gauß oft, er ist ihm abwechselnd ein bewundernswertes und ein abschreckendes Beispiel. Die Generalabrechnung mit ihm behält sich Gauß für den dritten Band, »Zu früh, zu spät«, vor, wo er gegen Canettis grässlich eitlen und gehässigen Erinnerungsband »Party im Blitz« wütet, »über dieses Buch der nachgetragenen Rachsucht, (…) ein widerwärtiges Buch, gewiss«. (Z, 176/179) Zu einer solchen Hassgeburt wäre Gauß kaum fähig, denn bei ihm hat immer, trotz bohrendem Blick, die humane Sicht der Dinge den Vorrang.

Der Seitenblick auf die Kollegen, Rivalen und Vorbilder aus gegangenen Zeiten gehört zu Gauß' Programm wie der auf das Fernsehen und in die Zeitungen. Auch allgemein geheiligte Kultfiguren schüchtern ihn dabei nicht ein, wie etwa Fernando Pessoa, an dessen »Buch der Unruhe« er unumwunden den philosophischen »Dilettantismus, das geschwollene, erkünstelte Pathos der Einsamkeit« (V, 114) kritisiert. Ähnlich verfährt er mit anderen Heiligen des Geistes, wie Karl Heinz Bohrer, diesem »sehr deutschen Denker, der seit bald vierzig Jahren in die Schönheit des Schreckens vernarrt ist«. Dessen »Ästhetische Negativität« bezeichnet Gauß als eine »glänzende Schwarte des Unheils«, das jedoch nicht auf Heideggersche Holzwege »in die

Idylle des Schwarzwalds, sondern in den schwarzen Kitsch« führe. (V, 139) Und sobald Gauß »schwarzen Kitsch« ausmacht, ist seine Abneigung gegenüber Bernhard nicht fern. Er kann aber andererseits Auserwählten bedingungslose Zuneigung nachtragen, wie dem viel zu wenig beachteten Michael Guttenbrunner und dessen Aufzeichnungswerk »Aus dem Machtgehege«, das er wiederholt mit dem Prädikat »rebellisch« adelt – ein adjektivischer Ritterschlag, denn in Gauß' Sprachregister hat sonst nur noch das Wort »grimmig« einen ähnlich edlen Rang.

Die Auseinandersetzung mit anderen Autoren dominiert die Journale Gauß' aber keineswegs, so methodisch sie immer wieder aufgenommen wird. Quantitativ überwiegen andere Gedankenkämpfe, die in zwangloser Folge die drei Bände durchziehen. Dazu gehört sein Leiden am Zustand des Universums, ein Schmerz, der vom Tagebuch-Ich aus konzentrische Kreise zieht, die bald seine Heimatstadt Salzburg berühren, bald ganz Österreich. Es kann daraus unvermittelt ein Leiden an Europa und ein Schmerz angesichts der ganzen Welt werden. Das Leiden an Salzburg wird immer dann unerträglich, wenn sich der barocke Pomp mit dem Kulturdünkel und dieser mit der Vulgarität verbrüdert, wie bei der von Gauß großartig beschriebenen Flugschau, einer Orgie des schlechten Geschmacks, die nichts ist als »eine Laune des reichsten Mannes von Salzburg, der gezeigt hat, dass man mit nichts als einem grauenhaften Getränk Geld und, wenn man einmal ein paar Milliarden hat, auch mit der Öffentlichkeit fast alles machen kann, was man will«. (Z, 152/153) Das Leiden an Österreich hingegen wird meistens durch das Fegefeuer der Politik am Köcheln gehalten, und dazu braucht es für Gauß gar nicht erst die allgemeine Verhaiderung der Gesellschaft, es genügen die kleinen gemeinen Schritte der Regierung Schüssel, die in Richtung sozialer Indifferenz trippelt und dabei den Siebenmeilenstiefeln des »Amüsierfaschismus« (Z, 156) den Vortritt lässt. Auch die Nahrung für das Leiden an Europa findet Gauß systematisch in den täglichen Nachrichten, denn da genügen ihm das Lächeln und die Haartracht des deutschen Bundeskanzlers Schröder oder das Grinsen von Berlusconi, der »als Avantgardist eines neuen Europa« (Z, 386) nicht nur sein eigenes Land ruiniert, sondern bei der Kolonisierung des europäischen Ostens in der windigen Vorhut ist.

Seine Lieblingsfeinde und seinen Vorzugsgram braucht Gauß nicht sonderlich zu kultivieren, denn die Anlässe fliegen ihm zu, auch auf dem Gebiet der Hoch- und Spektakelkultur. Der Regie-Scharlatan auf einer Theaterbühne, der den »Woyzeck« verhunzt und Büchner erniedrigt, liefert ihm Material für Tiraden. Eine reichlich wirre Attacke von Elfriede Jelinek, die sie gegen Gauß »in der selbsttäuschenden Rage eines politischen Traktats vorgelegt hat«, (M, 160) beantwortet er im ersten Band noch ausführlich und geduldig. Im dritten Band hingegen übergeht er im Herbst 2004 den Nobelpreis für Jelinek mit atemschonendem und skeptischem Schweigen. Nie und nimmer schweigen will er aber zu jenem blutroten Tuch, das ihm der Wiener Aktionismus ist, der in sehr treuen Kreisen bis heute hoch gehalten wird, mit allem, was dazu gehört, mit Nitsch und Muehl, Gedärm, Fäkalien und mit einem Sendungsbewusstsein, das noch immer nicht ganz erloschen ist, auch »in Zeiten, in denen an den hübsch tapezierten Wänden neben dem Hirschen heftig der Muehl röhrt«. (Z, 237)

Und doch sieht Gauß grundsätzlich lieber das Gute als das Ungute. Er verschwendet sich eher an die Fixsterne als an die trüben Leuchten, singt Hymnen auf die Leitfiguren seines Universums, die häufig von den Rändern Europas kommen. Zu ihnen zählt Aleksandar Tišma, dessen Tagebücher Gauß faszinieren, obwohl (oder gerade weil) er da zu bestimmten Zeiten einen Egozentriker am Werk sieht, einen »Narziss, der nur in die düsteren Züge seines Selbstbilds verliebt war«. (Z, 161) Einen weiteren verehrten Meister hat er in Manès Sperber gefunden, der seinen geistigen Furor zuerst in den Dienst des Kommunismus und dann in den des Antikommunismus stellte, der sich im Alter mit den 68ern anlegte und dann auch noch mit den Atomrüstungsgegnern. Gauß' Huldigung an diesen Mann gerät, wie so oft, zu einem scharfen essayistischen Porträt, so wie auch jene Seiten über Jean Améry, den der Nationalsozialismus entwurzelt hat, der trotzdem sein »austrozentristisches Weltbild« bis zu seinem Selbstmord wie eine Fessel trug. Améry war bis an sein Lebensende auch deshalb verletzt, weil er zwar als brillanter Essayist, zu wenig aber als literarischer Autor anerkannt wurde. Auf diese Art verkannt zu werden, das argwöhnte vielleicht auch Gauß selbst, seit Jahren aber scheint sein schreibendes Ich nicht mehr darunter zu leiden – »ich, der ich keine Romane schreibe« (Z, 38) – ein Ich, das sein Bestes oft aus dem ganz Privaten schöpft, wie zum Beispiel in seinem letzten Journal-Band, der mit einer Erinnerung an den toten Vater beginnt und mit literarisch brillanten, bewegenden Seiten über das Sterben der Mutter endet.

Anmerkungen

Die Abkürzungen für die hier zitierten Bücher von Karl-Markus Gauß:
M: Mit mir, ohne mich. Ein Journal. 2002.
V: Von nah, von fern. Ein Jahresbuch. 2003.
Z: Zu früh, zu spät. Zwei Jahre. 2007.

Max Blaeulich

Ein eigenes Kapitel

Schwimmen mit KMG ist ein eigenes Kapitel. Ich glaube nicht, dass viele sagen können, sie seien je mit ihm geschwommen. Ich zum Beispiel bin schon mit Ivar Binar geschwommen, in einem trüben Karpfenteich in Tschechien. Ich hatte das Vergnügen, mit Peter Marginter in einem Doppelbett gelegen zu sein. Wie alte Eheleute erzählten wir uns Witze, deren er aus Istanbul viele zu erzählen wusste. Auch das wäre ein eigenes Kapitel. Vladimir Vertliebs Nächte mit mir im selben Schlafzimmer müssen fürchterlich gewesen sein. Ich hätte so geschnarcht, behauptet er, und ich behaupte das Gegenteil. Im Doppelbett mit Ludwig Hartinger, in Temesvar – wir zerkugelten uns vor Lachen, wahrscheinlich weil wir zugleich dachten, welche Idioten wir seien, und nicht nur das, sondern auch weil wir damals so elegant geschwommen sind ... Als ich aber KMG erklärte, der Schlatz, der den Strand von Piran verziere, sei nichts anderes, als eine violette Schlatzschlange im verendeten Zustand, staunte er über Länge und Größe der Qualle. »Mindestens zehn Meter«, und ich fing an, ihn über meterlange Quallen aufzuklären, über die Schlangen im Allgemeinen oder im Speziellen, und wieder einmal, wie so oft, wollte er wissen, ob mich am Salzburger Aiglhof eine Schlange oder ein Ratz gebissen hätte, wobei ich auf die vier vernarbten Ringe auf meinem rechten, heute allerdings schon durch viele Verletzungen ramponierten Bein zeigte und es seine beiden Kinder, die die Narben mit wohligen Schauer begutachteten, schauderte.

So wurde die Schlange mein Lieblingsthema im gesellschaftlichen Smalltalk, die Vipern, die Ottern, die Nattern, jene Python, die unlängst in Indonesien gefangen wurde, ein Tier mit sechzehn Metern Länge und achthundertfünfzig Kilo Gewicht, das nächst einem Dorf hauste, das auch der Aiglhof sein hätte können, der Aiglhof, auf dem KMG seine Kindheit zugebracht hatte. Das mit den kilometerlangen Quallenschlatz allerdings ließ ihn mit dem Meer vorsichtig werden. Seit dieser Zeit erzählen wir uns sehr schöne und wirkungsvolle Schlatz- oder Schlangengeschichten, mit denen wir unsere Gastgeber – wenn wir beide fallweise gleichzeitig eingeladen werden – ziemlich beeindrucken. Manchmal überkommt uns der Verdacht, wir werden nur deswegen eingeladen, damit die anderen Gäste einer gewissen Maulfaulheit frönen können, Hausleute und fernere Bekannte an unseren Lippen hängen, deren wir beide laut Auskunft von Kennerinnen sehr schöne haben. Unseren Lippen wird gerne in der Richterskala der Damen ein besonderer Küsserstatus in Sachen professioneller Kussfähigkeit eingeräumt, ähnlich einer Cassatabombe bei der ehemals so genannten Raml-Eisverschleißstelle, hinter dem Lehenerhof. Aber das wäre ein anderes Kapitel.

KMG ist ein ausgezeichneter Werfer, was wahrscheinlich die wenigsten wissen. Die meisten wissen nur, wie gut er dribbeln kann, dass er im Infight exzellente Wendigkeit entwickelt, was ein Licht auf seine literarische Wut wirft, jedoch nicht seine Werferqualitäten gebührend lobt. Nicht nur, dass er mit seinem selten getretenen Spitz selbst heute noch ins Kreuzeck treffen könnte, sondern sogar mit einen spontanen Wurf, quasi aus dem Handgelenk mit einem Buch das Kreuz des Verlegers trifft, der aufstöhnt und versackt. Als ich das kommen sah, wie seine Wurfhand nach dem Buch griff, hat sicherlich keiner außer mir damit gerechnet, dass er Bücher und Bälle mit jener formidablen Zartheit der Aborigines behandelt, damit sie das vollführen, was andere ein Kunstwerk heißen. Übrigens war der Verleger selber schuld an diesem genialen Wurf, eine Ellipse rund um meinen Kachelofen beschreibend, traf er dessen Kreuz. Merke: Ein Verleger soll keinen Andy-Warhol-Abklatsch auf einem Schutzumschlag anbringen, wenn dessen Thema heißt: »Die Vernichtung Mitteleuropas«. Da sieht man: Graphiker lesen nicht, sondern lesen nur ein paar Seiten vorne und hinten, und sie glauben, die Sache hat sich, wie die Wirte, die einem schön tun, oder die falschen Freunde, die heucheln. Ich kann ein Lied von dummen Kritikern, von selbstherrlichen Graphikern und von missgünstigen Kollegen singen.

Apropos singen. Singen habe selbst ich KMG noch nie gehört. Dafür wohltemperiert zürnen. Dafür ist er bekannt. Selbst beim Autofahren – er besitzt keinen Führerschein –, sogar da sind seine temperamentvollen Gesten als Beifahrer ausgewogen, angemessen und der Straßenverkehrsordnung entsprechend. Seien wir einmal ehrlich, manchmal muss man aussprechen, was auszusprechen ist, wenn so ein Trottel den Vorrang abschneidet und sich noch produziert mit Vogelzeigen. Manchmal rutscht auch mir, dem Sedierten, der ich doch die Beherrschung in Person bin, das Wort »Blunzen« heraus, aber im Allgemeinen sind wir die Beherrschtesten der Beherrschten. Das heißt aber nicht, dass es für Trottel keine Steigerungsstufen gäbe. Wie gesagt, ein eigenes Kapitel. Indes ist der Blutdruck viel wichtiger. Ich gestehe, ich habe ihn mit der Blutdruckmesserei angesteckt, da mich seit der Pubertät ein Mess- und Wiegewahn angefallen hat. Extra dafür habe ich mir niemals eine Uhr gekauft, um sozusagen die Zeit besser zu verinnerlichen, aber eine Waage und ein Blutdruckgerät der allergenauesten Sorte schon; für uns, da KMG meinen Schätzwerten nicht geglaubt hätte. Wir üben nicht diese blöde Busselei, die heute so grassiert, sondern sagen uns direkt die wichtigsten Codes. Zum Beispiel begrüßen wir uns mit »Servus, 160 zu 109, heute 94 Kilo.« In einem geeigneten Augenblick der Illumination werden dann die mündlichen Angaben überprüft. Natürlich sind wir uns nicht gram, wenn einer mit seinen Ziffern ein wenig abrundete oder aus anderen Gründen das Zahlenmaterial vertauscht hat, indes die Damen an unserer Seite dann doch auf Wahrhaftigkeit pochen. Jeden Morgen sage ich mir, so wie man sich früher in die Psyche schaute, schau der Wahrheit ins Gesicht. Waage, Blutdruckmessgerät, das sind wirkliche, reale Sachen. Und immer viel zu viel der angezeigten Maßeinheiten. Stimmt, ich muss KMG anrufen und ihm die metabolische Diät vorschlagen. Übrigens brachte mich KMG auf die Idee, den Blutdruck mehrmals hintereinander zu messen, weil er bekannterweise durch das Abnehmen der Aufregung sinkt. Manchmal sitze ich eine geschlagene Stunde im Badezimmer und messe und fluche, bis der Scheißblutdruck stimmt. Das sind alles eigene Kapitel, wie eben auch das Schwimmen eines ist. Oder das Rauchen.

Siebzehn herrliche Jahre hatten seine Frau, seine Kinder und KMG selbst nicht geraucht. Siebzehn Jahre, während wir unsere Kinder groß zogen. Meine erste Tochter zum Beispiel wollte alles über Opium, Kokain, über Drogen überhaupt wissen, grässlich, und meine zweite alles über Kroatien, wo ihr Freund herkommt. Dort gehört Rauchen zum Mann wie das goldene Kreuz zur behaarten Brust. Als jedoch der Benjamin zu rauchen fast schon wieder aufhörte, fing KMG wieder mit dem Laster von früher an. Jahr für Jahr beschwöre ich ihn, es zu lassen. Mittlerweile habe aber ich damit angefangen, während er ernsthaft überlegt, es zu lassen. Verhexte Welt. Wie gesagt, das ist ein eigenes Kapitel, so wie das Tanzen. Ach bin ich froh, nichts darüber schreiben zu müssen, weil wir beide davon eher nichts verstehen. Auf diesem Feld waren wir uns immer einig. Es wäre uns zum Beispiel unmöglich gewesen, eine Tanzzeitschrift herauszubringen oder etwas halbwegs Vernünftiges über das Ballett an und für sich zu Papier zu bringen. Auch Operette und Oper liegen uns nicht unbedingt, weil sie einen leicht lächerlichen Zug ins Gekünstelte haben. Als ich noch in der Redaktion von *Lite-*

ratur und Kritik saß, hatten wir eine geniale Arbeitsteilung: Ludwig Hartinger war verantwortlich für die Pohäsie, um es mit Gellu Naum zu sagen, KMG für den Essay und die scharfe Kritik, und der Rest von Wahnsinn war mir zugeschoben worden, Dada und das Absurde und dergleichen. Es waren zehn schöne Jahre für mich. Meistens endeten die Redaktionssitzungen um drei Uhr morgens im Strobl-Stüberl, das einzige Lokal, das von zwanzig Uhr abends bis fünf Uhr morgens offen hielt. Dorthin kamen die Taxler von der Nachschicht, die Damen aus den Bordellen und vom Straßenstrich rund um den Bahnhof, die Zuhälter selbstverständlich in Trainingsanzügen, wenige Hundebesitzer – ich verrate kein Geheimnis, dass wir beide Hundehasser sind – und schließlich ein paar Literaten zum Beef Tatar oder auf Muscheln oder, wenn das Geld nicht reichte, für Knoblauchbrote. Wir liebten das Strobl-Stüberl, aber allmählich merkten wir, dass wir uns mit unserer ungesunden Lebensweise so ruinierten wie die Mädels am Strich. Die Sitzungen waren also ruinös. Aber was taten wir nicht alles für die Literatur, die im Strobl weiter verhandelt wurde. Und noch etwas verbindet uns. Wir schämen uns für schlechte Literatur.

Das wäre sogar ein sehr langes Kapitel. Manchmal ereignete sich Folgendes: Irgend jemand trug seine Gedichte, seine Prosa vor, grottenschlecht, und ich ertappte mich und manchmal auch KMG, wie wir unsere Fußspitzen erkundeten, als handle es sich um einen menschenleeren Archipel unten bei Feuerland, oder wir blickten zum Plafond und wussten nicht, wohin blicken vor Scham wegen derartiger dichterischer Ergüsse. Nach der Veranstaltung mussten wir uns sofort mit ein paar Flaschen Veltliner betrinken, damit wir auf andere Gedanken kämen und nur noch unverständlich etwas sagen konnten, das im Gewirr der Worte unterging. Die kollektive Scham, ein eigenes, ein sehr schwieriges Kapitel. Nicht so das Lachen. Sein Lachen erschüttert oft seinen manchmal größeren und manchmal kleineren Bauch. Mein

Bauch, das gebe ich zu, ist momentan so angewachsen, weil ich gewisse Tabletten nehme, zu viel trinke und auch mit dem Essen immer viel zu spät aufhöre. Einst, da haben wir zwecks Gewichtsreduktion in einer abgefuckten Halle Tennis gespielt, später in der Nähe meines Zuhauses, bei einem Marokkaner namens Mohi, der normalerweise nur Zuhälter und Hausfrauen auf seinen Platz ließ, doch seit er mit der Vereinskasse untergetaucht ist ... naja, so ist es gekommen, dass ich dick wurde und er durch das Rauchen schlank.

Unsere verschiedenen Wege: Er kasteit sich mit Nikotin und ich mich mit Alkohol. Das Lachen ist uns aber noch nicht vergangen. Je älter man wird, desto mehr kann einem das Lachen vergehen, allein, daran will ich nicht denken, sondern an den einen Satz, den er von sich gab, als er nach einem grandiosen Smash meinerseits stolperte und hinfiel. Außer uns war niemand in der Halle, doch als er aufstand, stellte er mir die Frage, ob er elegant gefallen sei. Ja, das ist er, mein furchtbarer elastischer Freund KMG. Übrigens gäbe es noch viele weitere Kapitel. Ganz so wie in einem richtigen Roman.

Martin Pollack

Siebenunddreißig Seiten über Hofmannsthal

Der erste Text, den Karl-Markus Gauß veröffentlichte, erschien im *Wiener Tagebuch*, und zwar in der Novemberausgabe des Jahres 1979. Ich war damals Redakteur der monatlich erscheinenden Zeitschrift, und dieses Zusammentreffen macht mich ein wenig stolz. Ich war immer der Meinung, wir hätten schon viel früher zusammengearbeitet, aber das war ein Irrtum meinerseits. Karl-Markus, darauf angesprochen, wusste auf Anhieb Jahr und Gegenstand seines Beitrags.

Denke ich heute zurück, fallen mir sofort seine Essays, seine Buchbesprechungen ein, er hat die Zeitschrift zu einem guten Teil geprägt, und das unmittelbar, nachdem er bei uns zu schreiben begonnen hatte.

Zunächst ein paar Worte zu der Zeitschrift, von der hier die Rede ist. Das *Wiener Tagebuch* war eine linke, eurokommunistische (weiß man heute noch, was das bedeutet?) kulturpolitische Zeitschrift, hervorgegangen aus der Zeitschrift *Tagebuch* der KPÖ. Die Mitarbeiter waren alle, mit Ausnahme von mir, ehemalige Kommunisten, die nach dem Niederwalzen des Prager Frühlings 1968 aus der Partei ausgetreten oder, öfter noch, ausgeschlossen worden waren. Chefredakteur war Franz Marek, ein scharfsinniger Intellektueller und großartiger Journalist, den der englische Historiker Eric Hobsbawm erst am 12. Dezember 2009 im *Guardian* in einem kleinen Aufsatz unter dem schlichten Titel »My hero Franz Marek« gewürdigt hat. Dort erinnert Hobsbawm daran, dass Marek 1913 als Efraim Feuerlicht in Przemyśl in Galizien zur Welt kam und während des Zweiten Weltkriegs in Frankreich in der Résistance kämpfte, was ihn beinahe das Leben gekostet hätte. Er war bereits zum Tode verurteilt und wurde durch die Befreiung von Paris im letzten Moment gerettet. In seiner Todeszelle ist meines Wissens heute noch die Inschrift zu sehen, die er im Glauben, im nächsten Moment zur Hinrichtung geführt zu werden, an die Wand gekritzelt hat. Nach seinem plötzlichen Tod, 1979, übernahm Leopold Spira seine Stelle. Poldi Spira war Spanienkämpfer, die Kriegszeit verbrachte er in der englischen Emigration. Beide waren die Köpfe des *Wiener Tagebuchs*, bei dem Karl-Markus zu schreiben begann. Ohne zu übertreiben, kann man sagen: Sie waren Helden, und sie waren alle wunderbar: Toni Lehr, Pepi Meisel, Paul Jelinek, Peter Aschner, Hilde Koplenig, Hansi Tausig, Poldi Grünwald, Teddy Prager und so weiter. Das *Wiener Tagebuch* war eine Zeitschrift alter Linker, daher war die Arbeit streng getrennt: Die Frauen erledigten die Administration, kümmerten sich um die Abonnements, während in der Redaktion die Männer saßen, nur Hilde Koplenig und Ruth Fischer waren hier wie da anzutreffen, aber sie zählten zu den Ausnahmen. Mir ist das damals, obwohl ich kein alter Linker war, nicht weiter aufgefallen; vermutlich glaubte ich, das sei die natürliche Ordnung der Dinge.

Die Mitarbeiterliste war ebenso lang wie illuster: dazu zählten, neben Eric Hobsbawm, Claudio Magris, Lew Kopelew, Roy Medwedew, Zdeněk Hejzlar, Antonín Liehm, um nur einige zu nennen. In diesem Umfeld begann Karl-Markus zu schreiben. Dabei war der Anfang, wie er mir kürzlich erzählte, gar nicht einfach. Wie so vieles in meinem Leben hatte ich das völlig verdrängt. Was ich noch sicher wusste, war, dass Karl-Markus über Erich Hackl zum *Wiener Tagebuch* stieß. Beide studierten damals in Salzburg, und Erich schrieb schon seit längerem in erster Linie Beiträge über Spanien und Lateinamerika, auch Buchbesprechungen.

Ich weiß nicht, ob Erich den Freund drängte oder ob die

Initiative von Karl-Markus ausging, jedenfalls beschloss dieser eines Tages, ein Leser war er schon seit langem, uns einen Text anzubieten. Thema und Form, die er für sein Debüt wählte, waren ungewöhnlich, um es vorsichtig zu formulieren. Es handelte sich nämlich um Hugo von Hofmannsthals Konzept der Festspiele in Salzburg. Das zählte nicht unbedingt zu dem, was im Blickfeld unseres Interesses lag. Hobsbawm schrieb damals etwa über Intellektuelle und die Arbeiterbewegung, der Spanier Manuel Azcárate über Dissidenten und Eurokommunisten, die ungarische Regimekritikerin Maria Markus über die Situation der Frau in Ungarn (sie hätte ebenso gut über die Situation der Frau im *Wiener Tagebuch* schreiben können, aber von der wusste sie vermutlich nichts), Karl-Markus aber schrieb über Hugo von Hofmannsthal und die Salzburger Festspiele. Und zwar nicht in Form einer Glosse, nein, sein Aufsatz zählte, Karl-Markus weiß das noch, 37 Normseiten. Umgelegt auf eine Ausgabe des *Wiener Tagebuchs*, hätte er damit ein Viertel bis ein Fünftel des gesamten Heftes bestritten. Doch daran dachte er wohl nicht, als er den Aufsatz per Post schickte. Und ich habe ihn auch gelesen, obwohl ich mich, auf Ehr' und Glauben, nicht daran erinnere.

Karl-Markus' Gedächtnis ist besser als meines, er weiß, dass ihn damals der leitende Redakteur des *Wiener Tagebuchs* – das war ich, leitender Redakteur, das klingt großartig, allerdings war ich der einzige angestellte Redakteur, und das nur halbtags, also eher leitender Halbtagsredakteur – anrief, sich in höflichen Worten für den eingesandten Beitrag bedankte, er habe ihn mit großem Interesse gelesen, ein unglaublich spannendes Thema, gewiss, aber vielleicht doch nicht ganz das Richtige für eine Zeitschrift wie das *Wiener Tagebuch*, und er solle das, bitte, nicht als Kritik auffassen. Was er auch nicht tat. Gauß reagierte gelassen, immerhin hatte er viel Zeit und Schweiß in sein Opus investiert, aber er war nicht gekränkt, sondern zeigte sich einsichtig. Vielleicht hatte er so etwas erwartet?

Während unseres Telefonats machte ich ihm den Vorschlag, es zunächst mit einer kleineren Form zu versuchen, zum Beispiel einer Buchrezension. Er war einverstanden. Ob ich was für ihn hätte? Neben mir stapelten sich damals immer die eingesandten Bücher, ein schmales Bändchen zog ich heraus, Peter Bichsel, »Geschichten zur falschen Zeit«. Rückblickend betrachtet, klingt der Titel beinahe wie eine ironische Anspielung auf den eingeschickten Hofmannsthal-Aufsatz, aber das ist damals keinem von uns beiden aufgefallen. Karl-Markus war einverstanden, ich schickte ihm das Buch, wenig später hatte ich die Rezension in Händen. Sie erschien im *Wiener Tagebuch* Nummer elf, November 1979, auf den Seiten 30 f. Der Titel: »Ein neuer Bichsel.«

Der neue Mitarbeiter entwickelte sich zu einer Stütze der Zeitschrift, die durch den Tod Franz Mareks eine Krise durchmachte. Karl-Markus Gauß prägte das *Wiener Tagebuch* in den nächsten Jahren wesentlich, seit 1980 lieferte er regelmäßig Essays von zirka acht bis zwölf Seiten Länge, oft Porträts weitgehend vergessener deutschsprachiger Autoren wie Albert Ehrenstein oder Hugo Sonnenschein, denen Gauß zu neuer Bekanntheit verhalf, aber auch Aufsätze zu Ludwig Börne und Österreich und dann doch noch über Hofmannsthals Konzept für die Salzburger Festspiele (wenn auch radikal verschlankt). Darunter waren Themen, die man in einer linken Zeitschrift nicht erwartet hätte. Ich erinnere mich an die Begeisterung, mit der die Beiträge des jungen Salzburger Germanisten jedes Mal kommentiert wurden. Peter Aschner war besonders angetan, er kannte, im Gegensatz zu mir, alle Autoren, über die Gauß schrieb – und er las, was er sah, mit großem Interesse. Peter war ein wunderbarer Lektor, Journalist, Übersetzer und ein großer Literaturkenner. Manchmal ersuchte ich ihn, die Gaußschen Beiträge zu redigieren, was er jedes Mal mit Vergnügen und Sachkenntnis besorgte; auch Poldi Grünwald war stets voll des

Lobes über die Aufsätze. Er war der Älteste in der Redaktion, eine kuriose Mischung, ein jüdisch-kommunistischer Sudetendeutscher von wahrhaft stupender Bildung; wie Peter Aschner kannte er fast alle Autoren, die Karl-Markus uns vorstellte. Wie ich später erfuhr, hat Karl-Markus viele der für uns geschriebenen Aufsätze später erweitert und in überarbeiteter Form in seine Bücher »Tinte ist bitter« und »Die Vernichtung von Mitteleuropa« aufgenommen. Auch darauf bin ich, das will ich nicht verhehlen, ein wenig stolz.

Es war eine gute Zeit, eine schöne, völlig problemlose Zusammenarbeit. Ich kann mich an keine Spannungen erinnern, und ich hoffe, Karl-Markus sieht das ebenso. Irgendwann Mitte der achtziger Jahre begann ich mich vom *Wiener Tagebuch* zu entfernen, nicht ideologisch, aber physisch, ich übergab die Stelle als Halbtagsredakteur an Christof Reinprecht, der heute als Soziologe an der Uni Wien tätig ist, und wurde zum einfachen Mitarbeiter. Karl-Markus blieb eine der wichtigsten Stützen der Zeitschrift. Wir versuchten damals, das *Wiener Tagebuch* zu verjüngen und auch inhaltlich etwas zu modifizieren. Es war notwendig geworden, weil die alte Generation abtrat, viele starben. Die Verjüngung samt neuem Layout gelang, doch die Zeitschrift konnte dennoch nicht am Leben erhalten werden, nicht zuletzt, weil wichtige Autoren wie eben Karl-Markus Gauß nur unregelmäßig an den Redaktionssitzungen teilnehmen konnten. Nach Christof Reinprecht führte Hazel Rosenstrauch ein Jahr lang die Redaktionsgeschäfte, das war 1989. Es zählt zu den bitteren Ironien der Geschichte, dass ausgerechnet in diesem Jahr, in dem der von uns scharf kritisierte Kommunismus in Osteuropa zusammenbrach, das *Wiener Tagebuch* sein Erscheinen einstellte.

Trotzdem: Das *Wiener Tagebuch* und Karl-Markus Gauß, die beiden sind für mich unzertrennlich miteinander verbunden.

Klemens Renoldner

Über Smokvica und Pupnat nach Salzburg

Was bei erster Betrachtung wie der hellbraun gefleckte Rücken eines immensen Rindviehs aussieht, das sich vor uns im Wasser streckt, stellt sich bei genauem Hinsehen als Insel heraus. Badija heißt sie, und sie nimmt uns den Blick aufs offene Meer. Vom ersten Kaffeeschluck am Morgen bis zum letzten Blinzeln nach dem Gutenachtsagen haben wir sie vor der Nase, diese mit struppigen Kiefern bewachsene Insel. Von der Weite der südlichen Adria ist hier nichts zu bemerken. gegenüber liegt in einer Bucht das Franjevački samostan Marijina Uznesenja, ein Franziskanerkloster aus dem 14. Jahrhundert. Die spätgotische Kirche ist der Himmelfahrt der Muttergottes geweiht. Im Wasser spiegelt sich die ockerfarbene Anlage, Kirchturm, Abtei mit Kreuzgang und Nebengebäuden.

Eines Tages haben wir die Insel erkundet. »Turisticko sportski centar Badija« lesen wir auf einem verbeulten Schild. Zu sehen gibt es hier das gesammelte Alteisen eines weitläufigen Sportparks, zerbrochene Gitter, verbogene Stangen und Fußballtore, verrostetes Turngerät aus den sechziger Jahren. Nun aber, neue Zeitordnung, bestimmt hier wieder die katholische Kirche das Trainingsprogramm.

In Soline, am südlichen Rand des Städtchens Korčula, das der Insel den Namen gibt (oder sie ihm?), hatten wir über Vermittlung unseres kroatisch-österreichischen Freundes Boris Buden ein Sommerquartier gefunden. Österreich war weit weg, wenn wir an den frühen Abenden unsere Ausflüge über die Insel unternahmen, um die Dörfer Blato, Čara, Pupnat, Smokvica und

Lumbarda zu erkunden oder auf Schotterstraßen in riskanten Serpentinen zu den idyllischen Buchten der kleinen Fischerdörfer Pupnatska Luka, Račišće oder Prigradica hinunterzukurven. Die heißen Tage vergingen mit Lesen, Schwimmen, Kochen, Essen, Rauchen, unsere nächtlichen Unterredungen schienen manchmal kein Ende zu nehmen. Die schweren Rotweine von der Halbinsel Pelješac, von unserer Terrasse konnten wir zu ihr hinübersehen, taten dazu ihre Wirkung.

Karl-Markus Gauß und seine Frau Maresi, meine Frau Fanny und ich verbrachten im August 2007 zwei Wochen auf Korčula. Gegen Mittag, wenn der Schatten mit Hilfe eines Sonnenschirms über die Terrasse fällt, sitzt Gauß über seinen Notizen. Aus den hosentaschengroßen verbeulten kleinen Heftchen wird das Gekritzel des gestrigen Tages säuberlich in Schulhefte übertragen. Dazu werden die Eindrücke aus der Lektüre notiert, dies und jenes wird in den Büchern erneut nachgeschlagen.

Die antiquarischen Materialien, die Gauß nach bibliographischer Recherche zusammengestellt und mitgebracht hat, befassen sich mit Krieg, Emigration und Partisanenkampf im südlichen Jugoslawien. Alle lesen wir in diesen Tagen Franz Theodor Csokors Aufzeichnungen »Als Zivilist im Balkankrieg«, in denen er sehr einprägsam von den ungesicherten Monaten auf Korčula berichtet, und die beiden Romane »Beppo und Pule« und »Wenn die Ölgärten brennen …« von Alexander Sacher-Masoch. Nach Korčula hatten sich während des Zweiten Weltkriegs einige Hundert österreichische und deutsche Antifaschisten und Juden geflüchtet, ehe die Insel auch für sie zur Falle wurde. Allerdings gelang es vielen von ihnen, sich durch die Mithilfe der Partisanen und von einfachen Fischern und Bauern zu retten.

Es geschah am achten Tag unseres Aufenthalts, als Gauß von den Anfängen seines anhaltenden Interesses für das südöstliche Europa erzählte. Über die Zufälle, dass seine Eltern am Ende des Zweiten Weltkrieges – vertrieben aus der Vojvodina – nicht im

Schwäbischen, in Ungarn, Frankreich oder in Kanada ans Ziel gekommen waren und Wurzeln gefasst hatten, sondern in Salzburg. Über diese Wege tauchten wir auf der Insel Korčula, das beleuchtete Franziskanerkloster im Blick, für eine Nacht ein in die Welt der sechziger und siebziger Jahre Salzburgs.

Als Kind, so berichtete Gauß, habe man ihm öfters diese Geschichte erzählt, für ihn sei sie daher seine erste Erinnerung an das Leben in Salzburg: dass eine Rinderherde auf dem Weg in den Schlachthof in der Nähe des Hauptbahnhofs ausgebrochen sei und nun in wilder Aufregung durch die staubige Straße vor dem Haus jagte. Und dass er in letzter Sekunde von einem Bruder davor gerettet wurde, von den Tieren zertrampelt zu werden.

Ort der Handlung: die Paracelsusstraße, eine Barackensiedlung für Flüchtlinge und »displaced persons«, in der die Familie zuerst wohnte. Später konnten Karl-Markus, seine Eltern und seine drei Brüder in eine Wohnung in der Radetzkystraße Nummer 7 im Stadtteil Aiglhof übersiedeln. Wenn von Kindheit und Jugend geredet wird, dann sagt Gauß mit Überzeugung: »Diese fünf Höfe in der Radetzkystraße waren und bleiben meine wahre Heimat.«

Er hatte weniger Kinder aus Salzburger Familien zu Freunden als die Kinder von Südtirolern (für so genannte Optanten aus Südtirol war 1940 diese Siedlung gebaut worden), von diversen Vertriebenen aus allen möglichen Staaten Europas, aber auch von Wienern und anderen Ostösterreichern, die sich aus der sowjetischen Besatzungszone in den Westen abgesetzt hatten. »Die Straßennamen in unserem Viertel sind ausnahmslos nach österreichischen Generälen der Monarchie benannt.« Das wundert und belustigt Gauß.

Die Volksschule in Mülln, Ministrant in der Müllner Kirche, dann besucht Gauß das zweite Bundesgymnasium an der Lehener Brücke. Er war in der zweiten Klasse, als an dieser Schule per Ministererlass ein musischer Zweig eingerichtet wurde. Aus heutiger Sicht wundert er sich über seine unfreiwillig zustande gekommene musische Klassengemeinschaft; denn unter den Klassenkameraden waren erstaunlich viele, die später tatsächlich künstlerische Berufe ergriffen, etwa die Schauspieler Georg Schuchter, Fritz Kohles und Christoph Schobesberger, die Schriftsteller Peter Stephan Jungk und Peter Machreich (heute Helsinki), der Maler Hermann Kremsmayer, der Zeichner Siegfried Goldberger, der Geiger Rolf Giesecke, der Tenor Michael Roider und viele andere.

Vom Fußball war an diesem Abend natürlich auch die Rede. Was denn dran sei an dem Gerücht, fragte Fanny, dass manche Salzburger noch heute, wenn der Name Gauß fällt, nicht fragen: »Der Schriftsteller?«, sondern: »Der Fußballer? Karl-Markus war tatsächlich seit seinem zehnten Lebensjahr im Jugendkader des Union Fußball-Club Danubia, eines Sportvereins der Donauschwaben und Zuwanderer. Mit sechzehn galt er als großes Talent im Salzburger Nachwuchsfußball, Unterhändler bekannter Vereine wurden beim darüber gar nicht begeisterten Vater vorstellig. Aber der Traum von der Profikarriere war ohnedies bald vorbei: Eine schwere Knöchelverletzung machte sie zunichte, und Gauß erzählt, dass er später nie wieder Fußball gespielt hat, auch nicht in Hobbymannschaften.

Ein bescheidenes Kompensationsgeschäft winkte: Über die Mutter eines Klassenkollegen erhielt er mit siebzehn Jahren die Einladung, als Sportredakteur bei der *Salzburger Volkszeitung* auszuhelfen. Und so kam es, dass er ein Jahr später, die Matura in der Tasche, im Sommer 1972 vom Sport- dem Kulturressort ausgeliehen wurde. »Ich habe rund dreißig obergescheite Kritiken geschrieben, über den ›Jedermann‹, eine Beckett-Aufführung und so weiter. Einen großen Artikel hab ich auch über die Uraufführung von Thomas Bernhards ›Der Ignorant und der Wahnsinnige‹ im Landestheater geschrieben.« Die Mappe mit den Zeitungsartikeln des Achtzehnjährigen hätten wir gerne gesehen an diesem Abend.

Dann ist die Rede vom Umzug nach Lehen in die Roseggerstraße, wo Gauß zwei Jahre mit dem Bruder Adalbert, der bei der »Lebenshilfe« tätig war, und mit dem Studienkollegen Erich Hackl eine Wohnung teilte.

Als Student wohnte er später auch in Parsch, in einem heruntergekommenen Schlösschen in der Gaisbergstraße, das den Namen »Vogelsang« trug. Er veröffentlichte im *Wiener Tagebuch*, einem linken Monatsmagazin mit hoher internationaler Reputation. »Ich hatte damals das unbeschwerte Gefühl, dass ich mit meiner Stadt, an deren Rand ich wohnte, überhaupt nichts gemein habe. Ich war ohne jeden heimatlichen Anschluss. Und war dabei völlig glücklich. Ich habe unendlich viel gelesen, viel geschrieben und keine Existenzängste gehabt.«

Wir fragen ihn, ob er mit den anderen Autoren seiner Generation, die damals in Salzburg zu schreiben begonnen hatten und später bekannt wurden, etwa Elisabeth Reichart, Margit Schreiner, Erwin Einzinger, Kontakt hatte. Er verneint. Und warum er sich nie mit Schreibgemeinschaften verbunden habe, zum Beispiel der Gruppe »Projektil«? »Ich konnte niemandem von meinen literarischen Vorhaben erzählen. Ich hab mich nur mit Literatur beschäftigt. Ich habe heute den Eindruck, dass ich damals monatelang in der Universitätsbibliothek und in der Bibliothek der Germanistik gesessen bin, um zu lesen und zu lesen.«

»Sporadischen Kontakt gab es mit Gerhard Kofler, der in der Wohngemeinschaft ›Pablo Neruda‹ wohnte.« Später lernte Gauß Ludwig Hartinger und Max Blaeulich kennen. Erich Hackl hatte er schon beim Inskribieren kennen gelernt. Über Jahre hin, noch hatten sie keine eigenen Bücher veröffentlicht, entstand eine enge Freundschaft: »Sehr viel Zeit, wir führten endlose Debatten über Literatur und Politik, das ging über Jahre hin.«

Noch etwas später, Karl-Markus Gauß und Maresi Pechlaner

hatten 1983 geheiratet, wohnte die Familie mit Sohn und Tochter in der Alpenstraße, übersiedelte 1994 in den Stadtteil Riedenburg, in eine Wohnung in einer Gründerzeitvilla beim Neutor. »Als die Kinder klein waren, war ich oft mit dem Kinderwagen unterwegs, Maresi unterrichtete. Damals hab ich Salzburg neu entdeckt. Als Lebenswirklichkeit meiner hier aufwachsenden Kinder.«

In dem Buch »Zu früh, zu spät«, ein halbes Jahr vor unserer Kroatien-Reise erschienen, hat Gauß über die Anfänge seines Schreibens Ende der siebziger Jahre berichtet. Überhaupt findet man in den drei Journal-Bänden eine Fülle von kleinen Erzählungen, Beobachtungen und Anekdoten, die Salzburg betreffen. Man kann darin so manches über die Familiengeschichte in Erfahrung bringen, die Spuren der städtischen Wanderungen über den Mönchsberg, durch die Innenstadt verfolgen, von Salzburger Politik, prügelnden Polizisten, der Aussperrung der bettelnden Roma zur Sommerzeit ist die Rede, von Kirche und Katholizismus, von Salzburger Kunsterregungen, von dem ermordeten Sandler am Mönchsberg oder den Ritualen beim Totengedenken der Kameradschaft IV der Waffen-SS, von Festspiel-Inszenierungen der deutschen Regisseure Michael Thalheimer und Frank Castorf. Unschwer ließe sich eine fulminante Salzburger Gauß-Fibel zusammenstellen.

Obwohl er in den achtziger Jahren in renommierten Zeitungen und Zeitschriften viele Artikel veröffentlicht, einige Sammelbände mit Essays herausgebracht und sich als Herausgeber betätigt hatte, sollte die Öffentlichkeit Salzburgs den Schriftsteller Gauß erst spät zur Kenntnis nehmen.

»Ich war hier jahrelang eine Unperson. In den *Salzburger Nachrichten* wurde lange Zeit kein Buch von mir besprochen, kein Preis, den ich andernorts erhielt, erwähnt. Erst über Wien und meine Aufsätze in der *Presse* und im *Standard* und durch meine regelmäßigen Veröffentlichungen in den großen Zeitungen Deutschlands und der Schweiz ist es mir, nach vielen Jahren, gelungen, auch einmal in Salzburg einen Artikel zu veröffentlichen.«

Die neunziger Jahre bringen die Wende. 1991 wird Gauß Herausgeber der im Salzburger Otto Müller Verlag erscheinenden Literaturzeitschrift *Literatur und Kritik*. Anerkennung durch internationale Literaturpreise bleibt nicht aus. Aber wie geschätzt war er in seiner Stadt?

»Ich war damals der große Unbekannte. Einmal hielt der Universitätsgermanist Josef Donnenberg einen Vortrag über die Salzburger Literaturszene, in der Galerie Welz war das. Er nannte mich einen ›Phönix aus der Asche‹, den aber noch niemand zu Gesicht bekommen habe. Da deutete mein Schwiegervater auf mich, und Donnenberg rief aus: ›Es gibt ihn also wirklich!‹«

Es ist weit nach Mitternacht auf unserer Terrasse. Auf meine Frage, warum er es zweimal abgelehnt hat, die Rede zur Eröffnung der Salzburger Festspiele zu halten, er, der Salzburger, gibt er allerlei witzige und haarsträubende, aber keine schlüssigen Antworten. »Schön langsam sinke ich herab in den Status eines halbgroßen Sohnes der Stadt.« Und dann fällt noch so ein selbstironischer Satz: »Mein Habitus strahlt gelegentlich eine honoratiorenhafte Verkommenheit aus. Muss ich zugeben.« Dass es ihn manchmal freut, in Salzburg auf der Straße erkannt und gegrüßt zu werden, bezeichnet er als »elende Form von Selbstzufriedenheit« und »gockelhaftes Herumposieren im öffentlichen Raum«. Das ist ein Scherz und sehr übertrieben, Gauß lebt zweifellos zurückgezogen in seiner Stadt.

Auf der Insel Korčula kann er noch nicht wissen, dass er bald zum Ehrendoktor der Salzburger Universität ernannt werden wird (2008), was ihn, der die Arbeit an seiner germanistischen Dissertation abgebrochen hat, eingestandenermaßen sehr freute. Und dass er 2009 den »Großen Kunstpreis des Landes Salzburg« erhalten wird.

»Seit dem Hinscheiden von Gerhard Amanshauser habe ich in Salzburg den Status des ›elder literatsman‹ übernommen.« Wir lachen. Niemand widerspricht. Stille. Später wird er hinzufügen: »Jetzt fehlt dann nur noch das Ehrengrab. Wahrscheinlich befinde ich mich ohnehin schon beim Anlauf für den Absprung …«

Halb zwei Uhr früh. Zwischen uns und dem Franziskanerkloster liegen inzwischen ein Dutzend weißer Segelboote im Wasser. Im Haus nebenan lärmt und lacht die italienische Großfamilie ohne Unterlass, italienische Redemaschinen auf Hochtouren. Gauß sieht, dass die Gläser leer sind, er holt noch eine neue Pelješac-Flasche aus der Küche. Maresi und ich rauchen noch eine Zigarette, Fanny orientiert sich schweigend im Sternenhimmel. Die Gläser werden noch einmal gefüllt. Jetzt wird nicht mehr viel gesprochen. Die Unterredung des Abends hallt nach.

Mit der letzten oder vorletzten oder vorvorletzten Zigarette hat sich Gauß wieder ganz in sich zurückgezogen. Vielleicht entwirft er eine ganz andere Version seiner Salzburger Biographie. Eine, die dem vorhin Gesagten Hohn lacht.

Im Journal »Zu früh, zu spät« findet sich die Salzburg-Passage: »Was verbindet mich außer dem Meldezettel noch mit dieser Stadt? Ein paar Freunde. Die Erinnerungen, denn diese Stadt bleibt, wie fremd ich in ihr auch geworden bin, doch der Wunderraum meiner Kindheit und der Resonanzraum meiner jugendlichen Empörung. Und die Erinnerung an die eigenen Kinder, als sie noch Kinder waren, inzwischen wohl auch schon ihre Erinnerungen, an denen sie mich teilhaben lassen. Und was wird mich mit dieser Stadt in Zukunft verbinden? Immer mehr Tote. So wird die Verbindung immer fester werden, je weniger wir noch gemein haben, ich und meine Stadt.«

Kurt Kaindl

Kleiner Koffer, heller Trenchcoat ...

Von 1999 an sind Karl-Markus Gauß und ich fast jedes Jahr ein paar Mal gemeinsam auf Reise gegangen, um kleine Nationalitäten und Minderheiten irgendwo in Europa aufzusuchen. Meist holte ich ihn früh, aber doch so spät ab, dass uns die Nachzügler des morgendlichen Berufsverkehrs nicht mehr in die Quere kommen konnten. Wann immer es möglich war – nach Slowenien und in die Slowakei, nach Deutschland zu den Sorben der Lausitz oder nach Italien zu den letzten Zimbern in den dreizehn Gemeinden von Verona und den sieben von Vicenza –, fuhren wir nämlich mit dem Wagen. Das Auto bot uns die Möglichkeit, uns den ersten Reisezielen langsam anzunähern, und wir hatten während eines langen Reisetages Zeit, die Veränderungen der Landschaft zu sehen und zu verarbeiten. Für mich war diese Reiseart auch deswegen wichtig, weil mir, während ich lenkte, Karl-Markus etwas über die Menschen und die Gegend erzählte, denen wir entgegenfuhren. Und der Rhythmus des Autofahrens mit langen ruhigen Strecken und kurzen aufregenden Augenblicken, wenn wir über eine Weggabelung zu entscheiden hatten oder eine schwierige Verkehrssituation zu meistern war, eignet sich gut für lange Geschichten und entspannte Gespräche.

Wenn ich in die Straße zu seinem Haus einbog, sah ich ihn meist schon von weitem auf dem Gehsteig warten, einen kleinen Koffer neben sich. Das lag daran, dass ich mit meinen Reisevorbereitungen immer erst im letzten Augenblick fertig wurde; er dagegen packte seine wenigen, immer gleichen Sachen mit Bedacht, aber rasch ein, und seine Frau war zu dieser Vormittagsstunde meist schon in der Schule, wo sie Kinder nichtdeutscher Muttersprache unterrichtete, auch solche von Nationalitäten, zu denen wir gerade aufbrachen. Jedes Mal wieder war ich über sein spärliches Gepäck verwundert. Ein kleiner Koffer, der im Flugzeug ohne Probleme in die Kabine mitgenommen werden könnte, ein heller Trenchcoat und eine schmale, altmodische, schwarze Aktentasche aus Leder, die nie prall gefüllt war, sondern immer noch Platz für weitere Unterlagen bot. In dieser Ausstattung hätte er genau so gut als Vertreter zu einer Geschäftsreise nach Übersee fliegen oder sich zu einem immer gleichen achtstündigen Arbeitstag in ein unscheinbares Amt des nahen städtischen Magistrats begeben können. So vollkommen unspezifisch war seine Ausrüstung, dass man unmöglich darauf hätte kommen können, dass er unterwegs war, um manchmal für Wochen durch kleine, abgelegene Dörfer zu reisen, in denen sich nach langem Suchen nur ein primitives Privatzimmer mit einem einfachen Heizlüfter auftreiben ließ, oder dass er sich stundenlang zu Fuß durch morastiges Gelände begeben würde, um einen entlegenen, alten jüdischen Friedhof aufzusuchen, oder dass er einen ortskundigen Fahrer anheuern musste, der ihn tagelang durch kaum besiedelte mazedonische Gebirgstäler fahren würde.

Mir gelang diese Beschränkung nie, obwohl ich mich doch gerne als flexibler Weltreisender gesehen hätte, der mit modernster miniaturisierter Technologie auf kleinstem Raum und optimal abgestimmter Kleidung aus funktionalen Fasern allen Widrigkeiten der Reise trotzt. Doch die Wahrheit war, dass ich mit meinem Gepäck neben dem kleinen Koffer von Karl-Markus Gauß den gesamten Kofferraum in Beschlag nahm. Meine Ausrede mir selbst gegenüber waren die Kameras und Filme, die ich mitzunehmen hatte. Aber wie es Ausreden so an sich haben, sie haben wenig mit der Wahrheit gemein. Ich war vielmehr bemüht, mich für alle zu erwartenden Anforderungen auszurüsten: Bergschuhe für Wanderungen, Straßenschuhe für die Stadt, Regenmantel und Windbluse, Daunenjacke und vielleicht doch noch eine Badehose, Mobiltelefon und Organizer, um für alle Eventualitäten gerüstet zu sein, nur um dann doch im entscheidenden Augenblick das richtige Kleidungsstück im Hotel liegen zu lassen. Meine kleinen Triumphe, die diese Schlepperei wettmachten, waren die Augenblicke, in denen Karl-Markus mich doch um einen warmen Mantel bat. Der Trenchcoat und die Aktentasche von Karl-Markus Gauß passten nirgends genau, aber sie waren auch nie falsch. Er wirkte auf mich immer wie ein Schriftsteller auf Reisen – jederzeit hätte er den Mantel über den Sessel hängen, aus seiner Tasche ein Manuskript ziehen und mit einer Lesung beginnen können. Und mir scheint jetzt, es war auch eine wunderbare Tarnung: An jedem Ort, an den uns unsere Reisen führten, gingen die Menschen so zur Arbeit, und so war er ihnen sofort vertraut.

Wenn möglich trennte er sich nie von seiner Aktentasche. Sie kam sofort im Fußraum des Autos zu liegen und bald nach unserer Abfahrt vergewisserte er sich überfallsartig, ob er Reisepass und Geldtasche auch tatsächlich mit sich führte. Das war eine kurze Schrecksekunde, die seit dem ersten Mal zum Ritual der Reise gehören sollte. Bald nach den ersten Kilometern kam die augenzwinkernd-provokative Frage: »Weißt du eigentlich, wo wir hinfahren?« Ich wusste es natürlich, hatten wir doch zuvor schon die Reiseplanung besprochen, aber seine Frage zielte darauf, warum wir eigentlich gerade zu dieser einen Volksgruppe unterwegs waren und was es mit dem Schicksal dieser Menschen auf sich hatte. Da ich also pflichtgemäß antwortete, ich wisse es nicht, begann er mir unser Projekt vorzustellen. Immer zuerst die Geschichte dieses Volkes, dann die politischen Verwicklungen, die Meinungen und Vorurteile, die darüber kursierten, und eine endlose Parade politischer und literarischer Vertreter, die das Schicksal dieser Menschen mitbestimmt hatten. Während ich auf Vorfahrtsregeln und überholende Fahrzeuge achtete, entwickelte er mir im Gespräch ein großes, faszinierendes Panorama der zu besuchenden Nationalität. Unzählige Namen berühmter, aber auch unbekannter und verkannter Menschen, Namen von Dörfern, Städten und Landstrichen bemühte er sich mit korrekter Aussprache zu nennen. Genau so wird er später unsere Gesprächspartner beeindrucken, wenn sie zögerlich versuchen, dem vermeintlich unwissenden Besucher einen wichtigen Protagonisten der eigenen Minderheit beim Namen zu nennen und er sofort mit den Namen und Schicksalen der Gegenspieler und weniger bekannten Mitläufer kontert.

Sein Wissen über die Menschen, denen wir entgegenfuhren, war immer so umfassend, dass ich ihm die Frage stellte, was er dort eigentlich noch zu erfahren gedachte. Bei der ersten Fahrt fürchtete ich bereits um die Zeit, die ich unweigerlich für meine Fotos benötige, weil er nach kurzer Besichtigung und einem knappen informativen Gespräch vielleicht gleich würde weiterfahren wollen. Was die historischen Zusammenhänge anbelangt, wusste er meist mehr von ihnen als viele Angehörige der Minderheiten selbst. Tatsächlich sind für ihn aber nicht die Fakten entscheidend, die er von seinen Gesprächspartnern in Erfahrung bringt, sondern die Atmosphäre und die Stimmung, es sind die Eigenheiten der Personen, es ist der besondere Blick auf eine Landschaft und die spezifische Biographie der Menschen. Er wolle eben keine Essays wie früher schreiben, für die er sein Schreibzimmer zuhause nicht hätte verlassen müssen, sondern sich der Erfahrung der Reise, der Anschauung des Ortes, der Begegnung mit konkreten Menschen aussetzen, erklärte er mir auf meine Fragen. Für mich gewann so der bekannte Spruch, wonach die Reise das Ziel ist, eine ganz neue Bedeutung.

Aus der meist sehr wechselvollen Geschichte der bestimmten Gruppe, die wir besuchen wollen, entwickelt er einen genauen Reiseplan mit Dörfern und Orten und berät mit mir, der ich immer das Autofahren übernehme, die Möglichkeiten unserer Reiseroute. Jetzt kommt die Landkarte aus seiner Aktentasche, die bereits mit Kreuzen und eingekreisten Ortsnamen gespickt ist. Langsam entstehen darin Verbindungen und Wege, so dass wir schließlich einen ersten Reiseplan vor uns liegen haben. Reiseleiter und »trailscout«, das ist eine seiner Rollen für unsere Fahrt.

Diese Planung ist schon Teil unserer Erkundungen, die auf der Landkarte beginnen. Ein GPS-Gerät, das wir ohnehin nicht besaßen, hätte uns dabei nicht geholfen. Nicht weil die kleinen Weiler und einsamen Hochflächen vielleicht nicht im Speicher des Gerätes vorhanden wären, sondern vielmehr, weil die sorgfältige Planung, aber auch das spontane Verfolgen neuer Routen Teil unserer Reise ist. Im Gegensatz zu mir, der in allen möglichen Weltgegenden die Orte so ausspricht, wie man das als naiver deutscher Leser tun würde, kennt Karl-Markus die wichtigsten phonetischen Regeln der jeweiligen Sprache, und es macht ihm Freude, diese dann auch anzuwenden. Das führte gelegentlich dazu, dass ich die von ihm mit Akribie artikulierten Orte nicht auf den Straßenschildern identifizieren konnte und erst recht in die Irre fuhr. Andererseits gibt es für unsere Reisen keinen falschen Weg – jedes Dorf gibt wieder neue Einsichten und Auskunft über das Verhältnis der Mehrheitsbevölkerung zur Minderheit. Daher benötigten wir auch keine Satellitennavigation, weil wir eben nicht möglichst schnell an einen bestimmten Ort kommen, sondern die Wege kennen lernen wollten. Das ist in dem Sinn gemeint, dass wir uns ein gutes geographisches Bild der bereisten Gegend machen, aber auch in dem Sinn, dass wir die Wege und Wanderungen der jeweiligen Volksgruppe selber nachvollziehen wollten. Dazu gehörte zum Beispiel das (wörtlich genommene) »Erfahren« der großen Entfernung zwischen den deutschen Aussiedlerdörfern in der Ukraine ebenso wie die vergessenen und holprigen Waldwege zwischen unzähligen nicht mehr existierenden Dörfern der Gottscheer im slowenischen Hornwald. Die beglückendsten Ziele, die wir so erreichten, waren dann auch stets jene, die wir gar nicht angestrebt oder kommen gesehen hatten. Im Text über die Gottscheer Deutschen hat Karl-Markus diese Erfahrung schon im ersten Satz formuliert: »Und plötzlich, im tiefen Wald, begriff ich, dass ich mitten im Dorf stand.«

Da wir von unserem eigenen Reiseplan bei Gelegenheit jederzeit abwichen, begann unsere Suche nach einer Unterkunft zu sehr unterschiedlichen Zeiten. Manchmal am frühen Nachmittag, um im ausgewählten Ort noch einiges sehen zu können, manchmal fuhren wir aber auch bei einbrechender Dämmerung noch weiter, um am nächsten Tag die Überraschung und die frische Auffassungsgabe zu nutzen, in einer gänzlich unbekannten Umgebung auf die Straße zu treten. Hier begann meist meine Rolle: Ich frage in den verschiedenen Hotels nach, lasse mir eine Privatunterkunft empfehlen und versuche, wenn der erste Eindruck gar zu schlecht ist, einen Blick in die Zimmer zu werfen. An manchen einsamen Orten ist die Zusicherung des Wirtes, uns noch ein Essen zu geben, wichtiger als ein sauberes Bett. Und manchmal muss der Zimmerpreis verhandelt werden, die Frage nach der Bezahlung mit Kreditkarte oder der Wunsch des Wirtes, statt in Landeswährung das Geld in Dollar oder – immer häufiger – in Euro zu bekommen, geklärt werden. Und gelegentlich verhilft auch ein vorbeugend gegebenes Trinkgeld zu einer funktionierenden Dusche oder einem verspäteten Abendessen. Diese wie viele andere organisatorische Fragen sind meine Domäne. Zum Zeitpunkt der meisten unserer gemeinsamen Reisen – in der Zwischenzeit hat die moderne Kommunikationsgesellschaft sogar ihn eingeholt – hat sich Karl-Markus standhaft geweigert, zusätzlichen Ballast wie Kreditkarten, Mobiltelefon, Geldbörsen mit verschiedenen Landeswährungen oder gar einen Organizer mit E-Mail-Kontakt zur Heimat zu benutzen. Diese Ablenkungen von unserem eigentlichen Ziel, der Reise, lagen in meinem Verantwortungsbereich. Während ich mich fast täglich zu Hause meldete und zumindest einen rudimentären E-Mail-Kontakt aufrecht zu erhalten versuchte, hatte Karl-Markus sich mit seiner Frau abgesprochen, dass er Verbindung nur im Krisenfall aufnehmen würde, um sich so ganz bewusst aus den alltäglichen Zusammenhängen herauszureißen und auf die Welt, in die wir kamen, zu konzentrieren. Auch hier war er der Reisende mit dem ganz leichten Gepäck.

Es war unser stilles Einverständnis, dass wir, wenn immer möglich, lokale Wirtshäuser, oft genug Spelunken besuchen und dass wir in Hotels absteigen, die der einheimische Reisende bevorzugt. Oft sind das die berüchtigten Bahnhofhotels oder günstige Privatzimmer am Stadtrand – fast nie das »erste Haus« am Platz. Das hat zweierlei Gründe. Zum einen haben wir in den fast zehn Jahren, da wir gemeinsam auf der Suche nach den versprengten kleinen Minderheiten durch halb Europa fuhren, niemals auch nur eine einzige Förderung durch private oder öffentliche Geldgeber erhalten, sodass wir für alle anfallenden Kosten selbst aufkamen, gewissermaßen auf Kredit bei uns und den Tantiemen für spätere Bücher und Ausstellungen. Noch wichtiger war zum anderen, dass wir in den fragwürdigen Hotels, den billigen Pensionen, den einfachen Wirtshäusern genau den Menschen begegneten, die wir suchten, In den noch immer kaum renovierten großen Interhotels des ehemaligen Ostblocks übernachten zu günstigsten Konditionen jene Leute, die eben nicht zur inzwischen reich gewordenen Oberschicht gehören, sondern auf der Suche nach ihrem Platz in der neuen Gesellschaft sind.

Unsere beiden Wünsche, die Kosten der Reisen gering zu halten und die richtigen, die interessanten Leute zu treffen, haben sich so glücklich zusammengefügt. Es sind ja nicht die Volksgruppenführer oder die gut etablierten Vertreter ihres Standes, sondern die so genannten einfachen Leute, die uns interessieren. Sie haben eine authentische und oft noch unbekannte Geschichte ihres Volkes zu erzählen, sie verbinden damit keine politischen Ambitionen, sondern wollen nur ihre eigene Lebensgeschichte vertreten. Bei vielen Reisenden ist es gängige Praxis, sich einen Reiseführer und einen Dolmetsch mitzunehmen. Natürlich erreicht man mit ihrer Hilfe die gesuchten Orte ohne Irrwege, und die Gespräche geraten nicht ins Stocken, weil der Übersetzer oft allzu bereitwillig mit seiner eigenen Sicht auf die Dinge aushilft. Aber sogar in den entfernten europäischen Regionen nehmen solche Besuchsdelegationen einen Ablauf, der nichts als die gleichen Geschichten und Bilder zutage fördert. Die Beziehung zu den Menschen ist eine ganz andere, wenn uns etwa ein Mann in einer slowakischen Kleinstadt mit einer Mischung aus Neugierde und Mitleid anspricht, weil wir offensichtlich gestrandet und ohne Orientierung an einer Wegkreuzung stehen. Als er uns schließlich zu sich nach Hause bittet und seine Frau Kaffee und eine eben frisch zubereitete Mehlspeise kredenzt, stellt sich heraus, dass sie der Volksgruppe der Zipser Deutschen angehören, die zu besuchen wir hierher gefahren sind. Nun herrscht ein ganz anderes Verhältnis: Wir sind nicht die Journalisten, die über vielleicht schwierige politische Verwicklungen schreiben wollen, sondern wir sind die zufällig gefundenen und eingeladenen Gäste, denen man vom eigenen Leben erzählt, stolz das Haus zeigt und mit denen man manche Sorgen teilt. Ein solcher Reisestil lässt sich nur mit Geduld und ohne zeitlichen Druck verwirklichen, denn nicht jeden Tag trifft man wie von selbst auf die richtigen Leute.

Da ich selbst Literatur studiert habe – und nicht etwa Fotografie –, habe ich unsere Reisen immer auch als Chance gesehen, etwas über den literarischen Prozess der Verwandlung von Gesehenem und Erlebtem in einen literarischen Text zu lernen und so im Vergleich vielleicht auch dem fotografischen Prozess der Aneignung von Wirklichkeit auf die Spur zu kommen. Bei unserer zweiten Reise in das vom Krieg noch stark gezeichnete Sarajevo führte uns der Schriftsteller Dževad Karahasan mehrere Tage durch seine Heimatstadt. Während ich ganz nach der Manier der Fotografen und Hunde einmal etwas weiter voran einem Motiv nachging, um dann wieder, bei einer besonders faszinierenden Konstellation zurückbleibend, einige Fotos aufzunehmen, unterhielten sich die beiden Schriftsteller endlos über Auffälliges und Unscheinbares und vor allem über Geschichten der Stadt und die Geschichte der Sepharden, die wir dort suchten. Von den unzähligen Gesprächen nahm ich so vermutlich nur einen Teil auf, und vielleicht auch deswegen habe ich nicht alle Querverweise nachvollziehen können, die Karl-Markus durch seine intensiven Vorbereitungen sofort erfasste. Aber ich nahm doch auf, was ich konnte, und ergänzte die Leerstellen in der Geschichte durch bildliche Gestaltung, die auch ihr eigenes Recht in meinem Medium, der Fotografie, verlangte. Es war Dževad Karahasan, der mich hier auf die Parallelitäten der verschiedenen Medien aufmerksam machte: »Ich glaube, dass gute Bilder auch erzählen und gute Literatur auch Bilder und theatralische Spannung bieten muss. Ich glaube, dass ich ein Bild lobe, indem ich behaupte, dass es eine Geschichte erzählt oder eine dramatisch-theatralische Szene bietet.« Und tatsächlich habe ich alle Bilder, die ich auf meinen Reisen mit Karl-Markus aufgenommen habe, danach ausgewählt, ob sie eine Geschichte erzählen, denn ich habe bei allen unseren Reisen mit diesen Geschichten gelebt. Es ist verführerisch für einen Fotografen, einer ungewöhnlichen, so noch nie gesehenen Lichtstimmung nachzugehen oder ein in seinem Verfall besonders romantisch-pittoreskes Motiv zu fotografieren, ohne auf den Bezug zum Projekt zu achten; ich habe mich bemüht, dieser Versuchung nicht nachzugeben. Und hier entdeckte ich für mich eine Parallelität in der literarischen Arbeit von Karl-Markus Gauß. In allen vier Bänden, die er über unsere gemeinsamen Reisen geschrieben hat, hat er sich im Wesentlichen sehr treu an die Fakten gehalten. Ich war der Meinung, es sei für einen Schriftsteller nicht nur nahe liegend, sondern sogar ein Gebot des Metiers, Personen einzuführen, die für bestimmte Haltungen stehen, oder Szenen zu erfinden, die eine durchaus vorhandene Entwicklung grell beleuchten und akzentuieren. Nachträglich kommt mir vor, er habe diese durchaus legitime Möglichkeit nur sehr sparsam und mit großer Vorsicht und Bedachtsamkeit eingesetzt. Obwohl ich in ihnen also so viele Fakten wiedererkannte, haben mich die Texte, wenn ich sie dann später lesen konnte, doch immer wieder überrascht. Die auf der Reise nur in Bruchstücken verstandene Geschichte bekam im Text nun plötzlich ihren folgerichtigen Zusammenhang. Viele Erlebnisse zeigten Bezüge, in denen die handelnden Personen deutlich charakterisiert wurden, und statische Bilder der Landschaft bekamen in der Beschreibung von Karl-Markus eine Bewegung und Bedeutung, die ich in ein vergleichbares Foto nicht hätte legen können. Dževad Karahasan hatte gemeint: »Ich glaube, dass wir alle von demselben erzählen, denselben Inhalt artikulieren – sagen wir: das menschliche Dasein auf Erden im weitesten Sinne – dasselbe zum Ausdruck zu bringen versuchen, jeder in seiner Sprache und jeder auf seine Weise.«

Andreas Breitenstein

Das Leichte und das Schwere.
Karl-Markus Gauß als Literaturkritiker

Sucht man nach einem Leistungsausweis für den Literaturkritiker Karl-Markus Gauß, ist der evidenteste zunächst der, dass Gauß einer der wenigen Rezensenten geblieben ist, die immer wieder und immer noch gleichzeitig für mehrere überregionale deutschsprachige Zeitungen geschrieben haben und noch schreiben. Gegenwärtig ist dies für die *Süddeutsche Zeitung*, die *Neue Zürcher Zeitung* und *Die Zeit* der Fall, doch hatten auch die *FAZ* und die Zürcher linke Wochenzeitung *WoZ* lange Jahre Gelegenheit, Karl-Markus Gauß zu ihren Mitarbeitern zählen zu dürfen. Hinzu kommen die österreichischen Blätter *Die Presse*, *Der Standard* und *Falter*, bei denen Gauß quasi natürliches Gastrecht genießt. Und selbstredend gibt Karl-Markus Gauß immer wieder Heimspiele in der Zeitschrift *Literatur und Kritik*, deren Herausgeber er ist.

Aus vielen publizistischen Rohren feuert Karl-Markus Gauß. Doch was genau ist es, das ihn nicht nur über die eifersüchtigen Abgrenzungen, sondern auch die ideologischen Gegensätze erhebt, welche die Literaturredaktionen früher ausgeprägter als heute, doch noch immer trennen?

Es ist, um es auf den Begriff zu bringen, die unvergleichliche Qualität seines Engagements für die Literatur. Dieses vereinigt Liebe zum geschriebenen Wort mit moderner Ästhetik, historisches Wissen mit utopischem Bewusstsein, gesellschaftliches Engagement mit skeptischer Distanz, Entdeckerfreude mit Ideologieresistenz, mutiges Urteil mit scharfsinniger Argumentation. Und nicht zuletzt schätzt, wer mit Gauß redaktionellen

Umgang hat, dessen Arbeitsethos: Kaum ein Buch ist ihm zu anspruchsvoll oder zu umfangreich, kaum eine vorgegebene Länge zu kurz und kaum eine Literatur zu exotisch, als dass er den Rezensionsauftrag nicht beschwingt schulterte. In seinem Schreiben schwingt immer auch eine Neugier auf sich selbst mit. Zudem sind es die Widerstände, an denen Gauß seine Texte wachsen lässt.

Der Mann der ersten Stunde

Als ich 1993 im *NZZ*-Feuilleton als Literaturredaktor die Nachfolge von Hansres Jacobi antrat, gehörte Karl-Markus Gauß schon zum ehernen Bestand jener Kräfte, welche mit Rezensionen und Essays das ebenso weite wie tiefe Land »Kakanien« bewirtschafteten. Was Jacobi neben dem Theater betreut hatte, war ein Imperium von Lebendigen und Toten, Berühmten und Vergessenen, Genies und Schaumschlägern, Großschriftstellern und Kleinkünstlern. Es umfasste die Literatur der Sowjetunion und des Ostblocks, die österreichische Gegenwartsliteratur zwischen Tradition und Aufbruch, Regression und Experiment sowie das, was die zwei epochalen politischen Kataklysmen von 1918 und 1945, der Untergang des Habsburger Reiches sowie der Nationalsozialismus, an urban aufgeklärter ostmitteleuropäisch-jüdischer Kultur zerstört beziehungsweise in alle Welt zerstreut hatten.

Nichts hätte spannender sein können, als dieses Portfolio zu übernehmen. Während der achtziger Jahre war im Zuge der Rückbesinnung auf »Mitteleuropa« ein verschollener literarischer Kontinent wieder aufgetaucht. Und nach 1989 wuchs mit dem Ende des Kalten Krieges auch in Deutschland wie in Österreich das Bewusstsein für das schuldhaft und tragisch Verlorene der eigenen Geschichte. Eine unbelastete jüngere Generation machte sich mit Eifer daran, das Vergessene, Verdrängte und Verschollene zu bergen.

Karl-Markus Gauß war in Österreich der Mann der ersten Stunde. Als Germanist und Historiker, als Verfechter der Ränder und als Nachfahre von Donauschwaben kannte er sich in den verzweigten Provinzen des im Osten jahrzehntelang geschundenen Menschlichen bestens aus. Über Bruno Schulz, Prežihov Voranc, Albert Ehrenstein und Attila József, Miroslav Krleža, Hermynia Zur Mühlen und andere verfasste er 1988 den Band »Tinte ist bitter – Literarische Porträts aus Barbaropa« – allesamt unliebsame Freigeister, die sich an den imperialen Machtstrukturen der k. u. k. Monarchie rieben. Mit der Essaysammlung »Die Vernichtung Mitteleuropas« setzte Gauß seine literarischen Erkundungen mit Bravour und Verve fort. Nun kamen Schriftsteller wie Miklós Radnóti, Ludwig Winder, Ernst Sommer, Hermann Ungar, Ernst Waldinger, Danilo Kiš, Florjan Lipuš, Fulvio Tomizza, Ismail Kadare und Johannes Weidenheim zu Ehren.

Es sind Namen, die mir und einer breiteren deutschsprachigen Öffentlichkeit heute geläufig sind – ich bin ihnen erstmals bei Gauß begegnet. Seine Essays weckten die Neugier, mehr zu erfahren und selbst zu lesen. Nachdem er 1991 die Herausgeberschaft und Chefredaktion der Zeitschrift *Literatur und Kritik* übernommen hatte, konzentrierte sich Gauß' Interesse neben dem zeitgenössischen österreichischen Literaturgeschehen darauf, die Vielfalt dessen zu rekonstruieren, was einst den multikulturellen Raum der Habsburger Monarchie ausgemacht hatte. Zugleich war es ihm stets ein Anliegen, in seinen Heften Anknüpfungspunkte an die Gegenwart der von der Geschichte gebeutelten Länder Ostmitteleuropas zu finden.

Auf dem Prüfstand

Als ambitionierter junger Literaturredaktor, der das neu erworbene Terrain markieren will, bringt man gerne Leben in die Bude, setzt übernommene Mitarbeiter auf den Prüfstand, sortiert aus (nicht immer gerecht, indem man Überkommenes als intransparent und Stile als überkommen empfindet) und zieht neue Kräfte heran. Bei mir war das nicht anders, wobei Karl-Markus Gauß niemals in Frage stand. Obwohl mir sein Name zunächst wenig sagte, stand seine anschauliche und zupackende, klar strukturierte, witzig-ironische, pädagogisch unaufdringliche und dennoch höchst lehrreiche Art zu schreiben jenseits allen Verdachts, altmodisch zu sein. Seine damals noch per Post eintreffenden und im Hause händisch erfassten Manuskripte gaben nichts zu redigieren. Gauß' Format reizte mich, selbst einmal eines seiner Bücher zu besprechen – die Anthologie »Das Buch der Ränder« aus dem Jahr 1992.

Es sollte nicht das gedachte Lob werden. Unter dem Eindruck des eben ausgebrochenen jugoslawischen Sezessionskriegs geriet die Besprechung zu einer Abrechnung mit der Idee des utopischen Mitteleuropa, wie Gauß sie in seinem einleitenden Essay hochhielt und polemisch gegen die »abgeklärte Ignoranz« des Westens in Stellung brachte. Dieser habe, so Gauß' These, nicht nur Ostmitteleuropas multikulturelle Realität stets übersehen, sondern auch den dort um sich greifenden partikularistischen Albtraum herbeigeführt. Der Plan, Westeuropa zur »Festung« auszubauen, um die »gebändigte Zivilisation« im Inneren in sicherer Distanz zur draußen »wuchernden Barbarei« zu halten, sei, so Gauß, nichts anderes als die Fortsetzung jener ausgrenzenden Mitteleuropa-Politik, die diesen Raum wegen seiner vermeintlichen Geschichts- und Kulturlosigkeit schon immer als Pufferzone gegen die orientalische Gefahr benutzt habe.

Ich fand beide Vorwürfe stark überzogen – dass der Westen

sich zwanghaft abschotte ebenso wie dass es westliche »abgeklärte Ignoranz« gewesen sei, die den Balkan erneut zu einer Zone des blutigen Zwistes gemacht habe. Gauß schien mir von der vergangenen kulturellen Größe auf eine gegenwärtige moralische Überlegenheit kurzzuschließen. Dabei zeigten die in der Anthologie abgedruckten Texte selbst ein anderes Bild, nämlich dass die multiethnische Vielfalt in der Geschichte Ostmitteleuropas ebenso die Ausnahme gewesen war wie Friede und Freiheit. Die Idee Mitteleuropas als Vielvölkeridylle schien mir das utopische Selbstbild einer Generation zu sein, die das aufklärerische Projekt der Versöhnung von Einheit und Vielheit während der postmodern beliebigen achtziger Jahre in den Osten ausgelagert hatte.

Dass diese Utopie mit dem Zusammenbruch des kommunistischen Systems geplatzt war, wollten viele zunächst nicht wahrhaben. Schliesslich aber haben die jahrelangen blutigen Kämpfe in Jugoslawien Westeuropa wirkungsvoll aus dem Schonraum und der Realitätsverdünnung der Jahre des Kalten Krieges herausgeholt, gegenüber denen die einst modische Frage nach dem Verschwinden der Wirklichkeit befremdlich anmutete. Selbst die pazifistischen deutschen Grünen optierten unter dem Eindruck der Belagerung von Sarajevo und der ethnischen Vertreibungen im Kosovo für Realpolitik. Hauptverantwortlich für den Ausbruch der Kämpfe in Jugoslawien waren denn auch nicht die unbeholfenen Beschwichtigungsversuche des Westens, sondern es war die politische Instrumentalisierung alter, nie gelöster politischer und ethnischer Konflikte durch die jugoslawische kommunistische Kaste, die, in Serbien wie in Kroatien zum Nationalismus »bekehrt«, zynisch entschlossen war, sich aus überkommenen Machtpositionen heraus an der Wende zu bereichern und obendrein nach dem Ende das Realsozialismus in den neuen Nationalstaaten das Heft in der Hand zu behalten.

Aufgelockerte Position

Ich weiß nicht, wie sehr meine Kritik Karl-Markus Gauß getroffen hat. Es dürfte indes die immer evidenter werdende historische Selbstverstrickung der Länder Jugoslawiens, aber auch die zunehmende Öffnung des sich vereinenden Westeuropa gegenüber Ostmitteleuropa gewesen sein, die Gauß polemische Position aufgelockert hat. Wobei die Öffnung des östlichen Horizonts in hohem Maße mit sein Verdienst war. Gauß hat sich nie auf die Zuschauerrolle beschränkt, sondern sich das Thema Europa so offensiv wie skeptisch zu eigen gemacht – gegen die »Diktatur der Zukunft« und gleichzeitig gegen den Kult einer Erinnerung, die neues Unrecht und Stagnation schafft. Auch ist Randständigkeit für Gauß kein absoluter Wert, dient sie doch oft genug dazu, Differenz zu zelebrieren.

Gauß schwebte stets ein Europa als komplexes organisches, kulturell gewachsenes Gebilde vor. Ein vereinigtes Europa der Technokraten ist ihm ebenso zuwider wie ein Europa der partikularen Interessen und der ethnischen Intoleranz. Virtuos griff Gauß 1997 in seinem »Europäischen Alphabet« zum Mittel der Form, um das Thema zu variieren: Systematisches verband sich mit Spielerischem, Polemisches mit Belehrendem, Abstraktes mit Anekdotischem. Sein Konzept war ein Europa gleichrangiger Muttersprachen und Vaterländer, ein Europa als offenes und daher in seiner Totalität uneinholbares Konzept. So viel Partikularismus wie nötig, so viel Unilateralismus wie möglich, lautet das Credo.

Die europäische Sache betrieb Karl-Markus Gauß als Mathematik des Herzens, und natürlich ist das EU-Europa am Ende steriler herausgekommen, als er es sich erhofft, und doch geschichtsbewusster und vielfältiger, als er es befürchtet hatte. Dem Pathos der Peripherie indes hat Gauß bis heute nicht entsagt, nur hat er es zurückgenommen. In seinen fein orchestrierten essayistischen Reisereportagen ist er zu einem unermüdlichen Entdecker kleiner und kleinster europäischer Völkerschaften geworden, von Ethnien ohne Staat, die von den Großen marginalisiert und von der Geschichte dezimiert wurden und nun im Sog der Globalisierung ganz zu verschwinden drohen. Ob Aromunen, Roma, Sepharden oder Sorben, ob Assyrer, Zimbern, Karaimen oder die versprengten Deutschen – sie alle haben in Gauß einen subtil-leisen, einfühlsamen Porträtisten gefunden.

»Dringliche Erinnerungen«

Für die *NZZ* hat Karl-Markus Gauß viele wegweisende Kritiken, luzide Porträts und bedeutende Essays verfasst. Was 1987 mit einer »dringlichen Erinnerung« an »einen vergessenen Novellisten aus Mähren«, Oskar Jellinek, anhob, sammelte sich über die Jahrzehnte zu einer deutschen Bibliothek des vergessenen Ostens, welche Namen wie Hermann Ungar, Ludwig Winder, Karl Emil Franzos, Leopold von Sacher-Masoch, Franz Blei, Hermann Grab, Manès Sperber und Gregor von Rezzori umfasst. Stets war Gauß für mich Anlaufstation, wenn es galt, Außenseiter des alten Österreich vorzustellen (wie Robert Müller, Ferdinand Bruckner, Peter Altenberg), verkannten Größen der österreichischen Nachkriegsjahre Geltung zu verschaffen (wie Fritz Hochwälder, Friedrich Heer, H.G. Adler, Jean Améry, Theodor Sapper, Gerhard Fritsch) oder zeitgenössische Außenseiter sowie Stille im Lande ins Rampenlicht zu rücken (wie Albert Drach, Michael Guttenbrunner, Wilhelm Muster, Jakov Lind, Marie-Thérèse Kerschbaumer, Gernot Wolfgruber, Inge Merkel, Bernhard Hüttenegger oder Hans Raimund).

Für die österreichische Gegenwartsliteratur kann Gauß in der *NZZ* manche Entdeckung der ersten Stunde für sich verbuchen – wie Robert Menasse, Raoul Schrott, Thomas Glavinic,

Walter Kappacher, Evelyn Schlag oder Vladimir Vertlib. Wie ein Who is Who osteuropäischer Weltliteratur liest sich zudem seine *NZZ*-Besprechungsliste von Polen, Tschechen, Ungarn, »Jugoslawen«, Albanern, Ukrainern, Russen und anderen: Ismail Kadare, Dubravka Ugrešić, Bohumil Hrabal, Wisława Szymborska, Zbigniew Herbert, Jaan Kross, Drago Jančar, Ossip Mandelstam, Péter Nádas, Jáchym Topol, Bora Ćosić, György Dalos, Sandor Márai, Josef Škvorecký, Dragan Velikić, Béla Balázs, Dezső Kosztolányi, Milorad Pavić, Ivo Andrić, László Végel, Ljubko Deresch. Was keineswegs heißt, dass Gauß nicht mitunter »fremdgegangen« wäre – bei Paulo Coelho etwa oder Elsa Osorio, Haruki Murakami, Memo Aniel, Peer Hultberg oder Per Olov Enquist.

Zu erwähnen ist hier schließlich die besondere Rolle, die Karl-Markus Gauß im zeitgenössischen österreichischen Literaturleben spielte und spielt und zur *NZZ*-Mitarbeit prädestiniert – jene des Anti-Idyllikers, der sich gegen die Lebenslüge jener sozialpartnerschaftsvertraglich strukturkonservativen Politik verwahrte, die Österreichs Mitschuld an den Verbrechen des Nationalsozialismus zurückwies, das Land zu Hitlers »erstem Opfer« erklärte und zur Tagesordnung übergehen wollte. Danach hatte ein »anständiges Volk« unter Hitler nur seine »Pflicht getan«. Wo es die eigenen Verbrechen und Vergehen aufzuarbeiten galt, wo Schuldbekenntnis, Rückerstattung und Wiedergutmachung angebracht gewesen wären, übte man sich lange in fröhlicher Verdrängung und intellektueller Schlampigkeit, heimatseligem Provinzialismus und offensiver Gemütlichkeit.

Umgekehrt ist Karl-Markus Gauß immer ein Anti-Hysteriker gewesen, im Widerstand gegen eine radikal-progressive literarische Linke, die statt Schönfärberei Schwarzfärberei betrieb, aus der drastisch-aufklärerischen Anti-Heimatliteratur Hans Leberts, der metaphysisch-absurden Übertreibungskunst Thomas Bernhards und dem existenzialistisch-tastenden Feminismus Ingeborg Bachmanns eine Maske machte und diese in die Endlosschlaufe des Dekonstruktivismus, des Zeitgeistes und der Medien schickte. Lange Jahre hat sich Gauß an dieser Tendenz mit scharfem Argument und hellem Blick abgearbeitet. Wo Einzelgänger wie Franz Innerhofer, Klaus Hoffer, Werner Kofler, Peter Handke, Josef Winkler oder Erich Hackl dem Antiheimat-Genre neue Aspekte abrangen, fingen sich in den neunziger Jahren Dogmatiker, Eklektizisten und Epigonen an zu tummeln. Das Dämonisch-Unmenschliche wurde als den Österreichern inhärent erklärt, Heimathassliebe geriet zur Folklore, und die Mitgliedschaft bei der »literarischen Sadomasoszene« (Alois Brandstetter) gehörte zum guten Ton.

Paradox war, dass diese ultimative Österreich-Beschimpfung gerne staatlich beglaubigt daherkam. Dem Schriftsteller als »Personalunion zwischen Staatsfeind und Staatskünstler« (Robert Menasse), gefördert mit Stipendien, subventioniert in Verlagen, belobigt mit Preisen, entsprach auf intellektueller Ebene der »hysterische Hausarzt« (Antonio Fian), der in Allem und Jedem immer wieder nur das Eine erkennen und erregt darauf hinweisen konnte, dass das Seinesgleichen geschehe: der Vollzug des Österreichischen in seiner »faschistischen« Eigentlichkeit.

Karl-Markus Gauß hat solche der Weltverneinung, der Ideologie wie der Egozentrik gleichermaßen entspringende Narretei niemals mitgemacht. Er hat Urteile nicht verabsolutiert, seine Intelligenz immer im Dienste des Humanen eingesetzt und den Wert von Herkunft und Heimat nie verleugnet. Dabei halfen ihm die Salzburger Distanz zum Treibhaus Wien, seine dialektische und historische Schulung sowie die utopische Ausgeschlafenheit. Verklärung ist Gauß ebenso ein Graus wie Dämonisierung. Auf Denkblockaden und Wahrnehmungsverweigerungen aller Art hat er immer allergisch reagiert und diese mit Lust attackiert – so auch während des jugoslawischen Sezessionskriegs im Fall des das Serbentum verbrechensblind verklärenden Peter

Handke. Als Citoyen hat Gauß die polemische Einmischung nie gescheut und seine Kämpfe stets mit offenem Visier geführt – was ihm in der gern stimmungsmäßig operierenden österreichischen Kulturszene durchaus nicht weniger, sondern eher mehr Feindschaften eingetragen hat.

In der Tradition der Aufklärung

Was Gauß seinen Gegnern in den Debatten um das richtige Österreich voraus hat, ist eine profunde Kenntnis der Geistesgeschichte des Landes. Nicht nur weiß er um die aufklärerische Tradition, die es trotz breiten Vergessens auch in Österreich gegeben hat (worüber er 1995 in der *NZZ* unter dem Titel »Der andere Weg« einen größeren Essay verfasste). Um diesen utopischen Fundus für die sich lange Jahre in rasendem Stillstand befindliche Debatte um die österreichische Identität zu mobilisieren, rückte Gauß die fortschrittlichen und revolutionären Elemente in der Geschichte Österreichs immer neu ins Blickfeld. Nicht zufällig galt sein Augenmerk dabei stets vergessenen Rebellen und Widerständlern, Emigranten und Exilanten. Ihr mutiges Beharren und tapferes Ausharren in den dreißiger und vierziger Jahren stellt das Dementi jenes linken Geschichtsmythos dar, dass sich 1938 ganz Österreich mit Begeisterung Nazi-Deutschland angeschlossen habe. Ihr Eintreten für ein anderes, freiheitliches Österreich durch ihre konsequente Ausblendung nicht zu würdigen, kommt nicht nur einer Angleichung an die reaktionäre Politik der Verdrängung, sondern einer neuen Ausgrenzung und einem neuen Unrecht gleich.

Karl-Markus Gauß hat mit seinem publizistischen Schaffen in Österreich und darüber hinaus eine aufklärerische Wirkung entfaltet, die kaum überschätzt werden kann. Wo der Fall Waldheim eine notwendige breite Entmythologisierung über den Abgrund des eigenen Nazismus in Gang setzte, hat er diesen denunziatorisch ins Kraut schießenden Entmythologisierungsprozess seinerseits entmythologisiert. Heute, da Österreich als Mitglied der EU gefestigt dasteht, gibt es keinen Boden mehr für frivolen Hypermoralismus und medial inszenierte Dauerentrüstung. Das Gefuchtel mit der schlimmstmöglichen Wendung, welche die Geschichte nehmen werde, wirkt nicht mehr. Eine neue Generation von jüngeren Intellektuellen und Schriftstellern wie Arno Geiger, Thomas Glavinic, Daniel Kehlmann, Thomas Stangl, Clemens J. Setz, Raoul Schrott oder Eva Menasse hat die denunziatorische Avantgarde durchschaut und ist erzählend im Alltag eines normalen mitteleuropäischen Landes angekommen, das ihnen Heimat bedeutet.

Auch Karl-Markus Gauß hat nach 2002 diese Entspannungsbewegung mitvollzogen. In den Journalen »Mit mir, ohne mich«, »Von nah, von fern« und »Zu früh, zu spät« ist er den politischen Grabenkämpfen verwandelt entstiegen. Mit den Aufzeichnungen hat er zu einer entspannteren Art des Schreibens und zu einem neuen, persönlichen Ton gefunden. Die Polemik hat zusehends einer ruhig erzählenden Prosa Platz gemacht. Entstanden ist eine berückende Mischung: Literatur- und Kulturkritisches mischt sich mit Porträthaftem, Glossierendes mit Analytischem, Einfühlendes mit Schroffem, Rühmendes mit Angriffigem, Weltbewegendes mit Alltäglichem, Gegenwärtiges mit Erinnerndem. Und wenn es um Persönliches geht, wird dem Leser nie Intimität aufgedrängt. Gauß offenbart sich als Unzeitgemäßer, als Fragender und Suchender.

Als »Gegengift gegen den fortlaufenden Schwachsinn«, als »Trost[bücher] für denkende Zeitgenossen« hat Günther Stocker in der *NZZ* Gauß' Journale trefflich bezeichnet. Sie sind in ihrer Verbindung von Leichtem und Schwerem eine profunde Lebenskunde, und doch scheinen bei aller Leidenschaft und Wahrheitsliebe, bei aller Heiterkeit und Ironie Melancholie und

Trauer durch. Die Kämpfe der Jahre sind nicht ohne Spuren geblieben. Doch zeichnet es nicht gerade die Werke der Großen aus, dass sie uns zugleich niederschmettern und erheben, fesseln und befreien? Wer Karl-Markus Gauß liest, in seiner Kunst, das Schwere leicht und das Leichte schwer zu machen, hat keinen Zweifel – er selbst ist einer von ihnen geworden.

Evelyne Polt-Heinzl

Es spricht der Herausgeber

> Etwas Klägliches liegt darin, daß Menschen einen Menschen
> lobpreisen und ihm huldigen, weil er, als er wurde, die Götter bei
> Geberlaune fand. Doch gilt ja, genau besehen, das Lob den Lobenden,
> die im Individuum die Gattung rühmen und sich etwas drauf
> zugute tun, daß einer ihresgleichen so Hohes imstande war.
> *Alfred Polgar*

»Ich sag es gleich jetzt: wenn sich Medien und Wissenschaften, Verlage und Verehrer erst im Jänner 2054 daranmachen, die diversen Aktivitäten aus Anlaß meines hundertsten Geburtstages (und wievielten Todestages?) zu koordinieren, dann wird es zu spät sein! Und ich werde wieder beschämt dastehen beziehungsweise herniedersehen. Bis zum Mai nämlich werden die drunten bestimmt nichts Rechtes mehr zusammenbekommen, weder ein fesches Symposium noch ein handliches Lesebuch für unsere Jugend von dereinst. Jubiläen, sollen sie den Jubilar nicht kränken oder gar seinem Ansehen schaden, müssen eben durchdacht, geplant und überlegt ins Werk gesetzt werden!«

So eröffnet Karl-Markus Gauß sein Editorial der Zeitschrift *Literatur und* Kritik im Juni 1997 und stellt im Folgenden die vielen Anlässe vor, deren 1997 wohl nicht gedacht werden wird: Der 200. Todestag des Wiener Aufklärers Johann Baptist Alxinger, der 100. Geburtstag des ehemaligen Herausgebers von *Literatur und Kritik* Rudolf Henz, aber auch jener des Expressionisten Georg Kulka, der Exilautorin Adrienne Thomas oder des Tiroler Lyrikers und Essayisten Josef Leitgeb, der im Faschismus fleißig publizierte und den Gauß dennoch für lesenswert hält, genau so wie Alexander Lernet-Holenia oder Karl Heinrich Waggerl, die gerade in ihrer Widersprüchlichkeit einer Neulektüre wert wären, nicht zu reden von Veza Canetti oder dem Bibliothekar, Lyriker und Förderer zumindest der gemäßigten jungen Autoren- und Autorinnengeneration Rudolf Felmayer. Das ist eine elegante Methode, die anstehenden Jubilare in einem Rundumschlag zu präsentieren und sie vielleicht doch noch einer wissenschaftlichen oder zumindest journalistischen Beschäftigung aus aktuellem Anlass zuzuführen. Zugleich ist es ein symptomatisches Beispiel für die unzivilisierbare Gemengelage in Gauß' Interessenhaushalt, und eines für seine – man ist versucht, zu sagen: unnachahmliche – Art, die Textsorte Editorial mit Leben zu füllen und sie rücksichtslos seinen eigenen Zwecken dienstbar zu machen.

»Gottseidank gibt es keine poetologischen Vorschriften, was das Verfassen eines Editorials betrifft; dieses Genre der Gebrauchsliteratur ist der Literaturwissenschaft bisher schlichtweg entgangen«, heißt es im Septemberheft 2008, weshalb er sich seit vielen Jahren »dieses Versäumnis unbedenklich zunutze mache und keine Skrupel kenne, an dieser Stelle einfach zu schreiben, was mir gerade passt.« Was aus der Sicht des Herausgebers ein durchaus praktisches Versäumnis darstellt, hat andererseits bis heute verhindert, dass die mehr als hundert Exemplare dieser Textsorte aus der Tastatur von Karl-Markus Gauß einer systematischen Zusammenschau unterzogen worden wären. Dabei stellt doch seit einigen Jahren jeder Glossenschreiber ein Buch zusammen, sobald nur genug tagesaktuelle Plaudereien beisammen sind, nicht zu reden von den Rezensenten, die offenbar auch nach Jahren ihre Urteil nie neu bedenken wollen und, an eine eigene Weiterentwicklung nicht glaubend, gnadenlos aneinanderreihen, was über die Jahre verstreut dem Tag zugedacht war.

Erbe und Absage – so war das erste Editorial im März 1991

überschrieben, mit dem Gauß seine Herausgeberschaft antrat. Es war eine Hommage an die Gründer Paul Kruntorad, Gerhard Fritsch und Rudolf Henz und eine Erinnerung an jene bleierne Zeit der österreichischen Kulturpolitik, wo ohne Personen wie Henz gar nichts ging. Solche Hommagen tauchen in den Editorials die Jahre über immer wieder auf – sie stellen das Hier und Jetzt in einen historischen Zusammenhang und positionieren das eigene Tun im Kontext der Tradition. Die unmittelbaren Vorgänger in der Redaktion, Kurt Klinger und Hans Krendlesberger, allerdings haben den Start des neuen Teams unter Gauß ordentlich zu versalzen versucht. Generell werden heute Verbote von Filmen, Büchern, Bildern immer öfter von »sogenannten Privatleuten gefordert, die zu diesem Zwecke einer von sich aus trägen Justiz Beine machen wollen. Daß Schriftsteller selber vorstellig werden, die geistige Arbeit anderer Schriftsteller verbieten zu lassen, ist indes auch in Österreich, wo sich eine Dokumentation von Zensurfällen der letzten Jahre immerhin zu einem umfangreichen Buch ausgewachsen hat, bisher noch die Ausnahme gewesen. […] wir brauchen keinen Metternich, Millimetterniche haben wir schon selber. Die Profession Schriftsteller schafft sich ein neues Genre: die Anzeige.« So heißt es unter der Überschrift *Einstweilig verfügt* im zweiten Heft der Ära Gauß 253/254. Klinger und Krendlesberger hatten den Otto Müller Verlag wegen der Weiterführung des Zeitschriftennamens *Literatur und Kritik* geklagt, und die Österreichische Gesellschaft für Literatur stornierte kommentarlos jene an die 200 Abonnements, die sie 25 Jahre lang an diverse Institute des Ostens verschickt hatte. Die einstweilige Verfügung stoppte die Auslieferung der Nummer 251/252 und bescherte der Zeitschrift viele zum Nachdenken anregende Schwärzungen: Bis zum Ende der Affäre hieß sie *L und K*, »iteratur« und »ritik« verschwanden kichernd über die Dummheit der Welt hinter schwarzen Balken.

Dossier Nr. 1 der Ära Gauß eröffnete mit *Im Wort ist meine*

Heimat. Nation, Nationalismus und Nationalliteratur die weite Perspektive, die die Zeitschrift bis heute prägt. (Fast) nur hier waren ab Juli 1991 Stellungnahmen und Debatten zum Krieg in Jugoslawien zu lesen, auch und vor allem mit Stimmen aus Serbien und Kroatien, aus Sarajevo und dem Kosovo, ein publizistischer Kampf gegen die »Religion der Teilnahmslosigkeit« (September 1995) und gegen eine Öffentlichkeit, die »im allgemeinen Gemetzel am Balkan Täter und Opfer nicht mehr auseinanderhalten zu können meinte. In Österreich wird noch jede Auseinandersetzung nicht von der Sache, aber von dem Zwang bestimmt, nur gottbehüte nicht mit den falschen Leuten das Richtige zu sagen, sondern sicherheitshalber unbesehen das Gegenteil von dem zu behaupten, was jene verlangen.« (März 1996) Gerechtigkeit für Serbien bedeutet für Gauß, »das andere, das schon vor dem Krieg auf Demonstrationen niedergeknüppelte, aus den staatlichen Fernseh- und Rundfunksendern wie den Redaktionen und Verlagsbüros geprügelte Serbien zur Kenntnis zu nehmen« (ebda). In strittigen Fällen informiert das Editorial auch über Differenzen in der Redaktion: So hielt Gauß Handkes Serbien-Buch für ein »in seiner Ahnungslosigkeit schon fahrlässiges Werk«, während ihm »Klemens Renoldner einige und Ludwig Hartinger viele gute Seiten abgewinnen« konnten (ebda). Geblieben ist bis heute der Anspruch, »über die literarischen und kulturpolitischen Verhältnisse im abgeblockten Osten Europas aus erster Hand und unmittelbarer Anschauung« zu berichten (Dezember 1991). Das impliziert ein Nachdenken über die Karriere des Wortes Balkan, jene Bezeichnung, »die sich die Herrenmenschen aus den reichen Ländern einfallen ließen, um die von ihnen als minderwertig eingeschätzten und behandelten Arbeitssklaven des Südens zu benennen«, und die von diesen aufgegriffen wurde – ein bekanntes Phänomen: »Es signalisiert den Grad der kulturellen Verwüstung, den der Kolonialismus in bestimmten Ländern hinterlassen hat, insoferne seine Maßstäbe in den Köpfen und Herzen jener Menschen fortleben, die sich äußerlich von ihm zu befreien wußten.« (September 1996)

Gewissermaßen institutionalisiert wurde dieser programmatische Blick in die Welt samt all ihren Rändern und widerständigen Einschlüssen in der regelmäßigen Rubrik der *Kulturbriefe* und systematisch bearbeitet in einer Vielzahl themenspezifischer Dossiers. Aus der unermüdlichen Suche nach den anderen, verschwiegenen Traditionen im Osten und anderswo können allmählich begehbare »Wege in eine unentdeckte Literaturlandschaft« (September 1993) entstehen, sei es in Südamerika, Bulgarien, dem Kosovo oder im historischen Sarajevo »als Modell der Welt« (Juni 1993). Dass immer wieder Südosteuropa »bereist« und befragt wird, hat System. Der Gedächtnisverlust in Österreich umfasst auch die radikal abgetrennten einstigen Verbindungslinien der Habsburger Monarchie und die gemeinsamen Traditionen mit den südosteuropäischen Ländern; »wer sie erforscht, spürt den Bannspruch über sich verhängt, auf daß er künftig als Nostalgiker kakanischer Völkeridyllen gelte« (Ins unentdeckte Österreich 1998, 112). Der Preis für diese Ignoranz war der rasante Imageverlust, den Österreichs im mittel- und südosteuropäischen Raum erlebt; beinahe gespenstisch, wie zielsicher es die heimischen Politiker geschafft haben, hier innerhalb der letzten zwanzig Jahre alle Boni zu verspielen (November 1999).

Verschwiegene bis bewusst verschüttete Traditionen gibt es natürlich auch im Inland genügend zu entbergen. Vor allem aber: »Die Spur der Revolte ist überdeckt. Zu finden ist sie am Weg und im Werk der Verfolgten, der Gescheiterten, in Bitterkeit fast Verstummten« (Ins unentdeckte Österreich 1998, 139). Das beginnt bei den Erfahrungen der frustrierten Aufklärer wie Paul Weidmann oder Amand Berghofer, der Dichter und Beamte, der eines Tages seinen Dienst kündigt mit einem Gesuch: »Exzellenzien und Gnaden: Ich bitte um Erlaubnis, daß ich aufhören darf, zu sein Ihr gehorsamer Diener Amand Berghofer. Später läßt er die Fenster zur Straße hin zumauern, um nicht zu sehen, was vorfällt und verfällt, und lebt dahin in aggressiver Abgeschiedenheit von seiner Zeit.« (Der wohlwollende Despot 1989, 25)

Verzweigt, verbrieft, vergessen. Flaschenpost aus Österreich war der schöne Titel des Dossiers im Heft 261/262 von 1992. Und auf wie viele dieser unfreiwilligen Flaschenpostsender hat *Literatur und Kritik* im Lauf der letzten zwanzig Jahre immer wieder aufmerksam gemacht, neben zahllosen anderen Rudolf Geist, Ernst Fischer, Robert Müller, Michael Guttenbrunner, Milo Dor, Fritz Brainin oder Theo Waldinger, der 1991 nach Jahrzehnten im Exil nach Wien zurückkehrt, um hier von »Wien darf nicht Chicago werden«-Plakaten begrüßt zu werden. Keinem außer ihm ist die richtige Antwort eingefallen, und keiner hat sie als Plakatserie realisiert: »Stimmt. In Chicago haben die Juden nie den Gehsteig mit Zahnbürstl putzen müssen.« (Juni 1992)

Eine Konsequenz aus dieser fortwährenden geduldigen Suche nach Vergessenem und Verkannten war die im Februar 1993 gestartete Rubrik *Das österreichische Alphabet*, die bis heute »Bausteine für eine andere österreichische Literaturgeschichte« sammelt: Vertriebene, unterschätzte, ausgegrenzte Autorinnen und Autoren aber auch neue Lesarten von Bekanntem werden hier vorgestellt und erprobt. Der Herausgeber hätte diese Rubrik mühelos auch ganz allein befüllen können. Schon sein 1988 erschienener Band *Tinte ist bitter. Literarische Porträts aus Barbaropa* versammelt Resultate seiner Spurensuchen, Entdeckungen und Neubewertungen mit Aufsätzen zu Miroslav Krleža, Ciril Kosmač, Attila József, Theodor Kramer, Prežihov Voranc, Bruno Schulz, Hugo Sonnenschein, Albert Ehrenstein, Oskar Jellinek, Jakob Julius David und Hermynia Zur Mühlen. Und wie viele weitere Entdeckungen sind in seinen großen Erzähltableaus aus den mentalen »Erweiterungszonen« jeder Art zu finden.

Mit April 1993 wagte die Zeitschrift eine sensible optische Erneuerung – der Künstler und Ausstellungsgestalter Peter Karlhuber zeichnete dafür verantwortlich, und das garantierte, dass kein Relaunch daraus wurde. Den wusste *Literatur und Kritik* bis heute zu vermeiden, und das ist gegen den Sturmwind des Zeitgeists gar nicht selbstverständlich. »Die Zeiten stehen auf Relaunch. Relaunch, wurde ich in den letzten Wochen belehrt, leitet sich von ›Launch‹ her, was im britischen Seefahrtswesen bedeutet, dass ein neu gebautes Schiff erstmals vom Stapel geht. Wenn es lange genug die Meere durchkreuzt hat, muss es irgendwann in die Werft zurück, wo es repariert und modernisiert wird und einen neuen Anstrich erhält, damit es nach diesem Relaunch nicht als schäbige Schabracke in die See steche. Im medialen Bereich bedeutet Relaunch, dass eine Zeitung, an deren Layout und Schriftbild man sich gerade erst zehn, fünfzehn Jahre zu gewöhnen die Chance hatte, mit einer neuen Aufmachung ins Rennen geschickt wird, wodurch die erschrockenen Leser daran erinnert werden, dass fast alles, was in der Welt verbessert wird, erheblich zu deren Verschlechterung beiträgt.« (November 2008) Die Ausnahmen hat Robert Gernhardt 2004 taxativ aufgezählt: »Was besser geworden ist: Die Koffer (mit Rollen). Die Schreibgeräte (Kugelschreiber).«

Publikationstechnisch scheinen sich tatsächlich »am ehesten jene Periodica ihre Unverwechselbarkeit [zu] erhalten, die wie die *manuskripte*, 99 oder *Mit der Ziehharmonika* den Wechsel der Moden gar nicht bemerken und ganz bei ihrer Sache bleiben« (Februar 1998). Was scharfe Zeitgeistler wiederum oft nicht bemerken. »In einem Artikel über die österreichischen Literaturzeitschriften hat vor Jahresfrist Doris Knecht […] im ›Profil‹ gemeint, das Besondere von ›Literatur und Kritik‹ wäre die Tatsache, daß diese Zeitschrift im Unterschied zu anderen nur sehr spärlich illustriert sei und nur wenig Bilder aufzuweisen habe. Das ist in der Tat genau das, was Vorschulkindern, die nach den bunten Bildern schauen, zu allererst an ›Literatur und Kritik‹ auffällt. Inzwischen ist Frau Knecht, mit der es, je weiter sie die Literaturkritik herunterbrachte, immer höher hinausging, zwar dank eines kräftigen Karriereschrittes endlich aus unseren Augen verschwunden, aber das hat das Problem, deren zufälliger Name sie war, noch nicht gelöst. Denn die Verknechtung der österreichischen Literaturkritik schreitet auch ohne sie so munter voran, daß wir bald beim Lakaientum der Betriebspropaganda angekommen sein werden. […] Je aggressiver sich der Analphabetismus des Literaturbetriebs bemächtigt, umso wichtiger wird es aber, auf den verächtlich gemachten Formen von Literatur und Kritik zu beharren.« (November 2000)

Der Kampf gegen die professionellen Modernisierer, die oft gar nicht merken, dass sie eifrig an der Verflachung mitarbeiten, ist eine andere Konstante von *Literatur und Kritik*. Schließlich ist der Begriff »Moderne« im kulturellen Verständnis gerade dabei, mit dem Zeitgeist zu verschmelzen oder doch zu einer Hohlform ohne Inhalt zu verflachen in all den »Großraum-Installationen der Kulturindustrie, zu deren Lobpreis jedes Jahr noch größere Zuschauermengen auf den Appellplatz der Affirmation bestellt werden, von Feuerwerken überstrahlt, mit Wasserspielen übergossen und zum unaufhörlichen Verzehr von kulturellem Freibier angehalten; bleiben werden diese bundesländerweit konzipierten Festivals, die eine Form permanenten kulturellen Plebiszits darstellen und den alten Traum von einer Kunst für alle karikaturistisch in der Form des Spektakels über alles einlösen.« (Juli 1996) Grenzüberschreitung – auch moralische – als rebellischer Akt hat sich dabei als Konstituens eines antibürgerlichen Konzepts von Kunst autonom gesetzt: »Der Bruch des Tabus, gleich um welches es sich handelt, ist ein Zweck, der seinen Wert in sich hat« (Mit mir, ohne mich, 2002, 180).

»Also als erstes würde ich Zivilcourage in der Grundschule als Fach einrichten.« Das lässt Gauß im satirischen Schlusskapitel seines Buches *Der wohlwollende Despot* den Ministersekretär Bruno A. der Kreisky-Ära dem resignierten Aufklärer Johann Rautenstrauch ins Album schreiben. Die Obrigkeit soll gewähren, was nur Sinn hat, »wenn es die Untertanen von sich aus und gegen die Obrigkeit entwickeln. Wo das Menschengemäße als Angelegenheit des Staates und nicht der Menschen begriffen wird, […] dort gefriert bald alles, wofür sie sich erwärmten, zur Staatsfrage.« So verstanden hat ziviler Ungehorsam »mit dem vormilitärischen Gehorsam, in dem noch die Generationen davor alles Heil der Erziehung erkannten, eines gemeinsam: dieser wie jener soll sich nicht aus gesellschaftlicher Notwendigkeit oder persönlicher Reife bilden, nicht als Moment der Mündigkeit oder Einsicht, nicht also gegen die Macht und ihre Autoritäten, sondern als Folge von staatlichem Druck und institutioneller Erziehung. Einmal darf es die Freiheit, dann soll es die Untertanengesittung sein – nur verordnet muß sie beidemale werden!« (ebda, 82 f.)

Wie die Kreativität, die aktuell, industriell organisiert, aufgerufen ist, die Probleme unserer Gesellschaft zu lösen. *Be Creative!* Das war der Titel einer pädagogischen Großveranstaltung des Unterrichtsministeriums im Herbst 2009. Es mag unbewusst sein, aber in der Formulierung kommt der Befehlston der schwarzen Pädagogik als peppige Formel zurück, und niemand schien daran zu denken, dass kreativ allein, ohne gesellschaftspolitische Grundierung, gar nichts bedeutet. Kreativ war zweifelsohne auch der Börsenbetrüger Bernard Madoff, der mit seinem Pyramidenspiel Milliarden Dollars verzockt hat. Ein Linzer Kunstprofessor hat wörtlich von der »Kreativität« gesprochen, die dazu gehöre, so viele Netzwerke betrügerisch und parallel zu bedienen. Und kreativ ist auch jeder Serienkiller oder Gefängnisausbrecher. Im großzügig ausgestatteten Schüler-Labor der

Be-Creative!-Veranstaltung standen jede Menge interessanter technischer Apparate für Experimente oder sonstige Interaktionsangebote zur Verfügung und natürlich ungezählte Monitore – nach einer Leseecke oder gar »Schreibwerkstatt«, zwei zugegeben konventionellere Transmissionsriemen zur Förderung von Phantasie und geistiger Beweglichkeit, suchte man vergeblich.

Auch gegen Resignation oder Kapitulation vor dem Diktat des gerade Angesagten auf- und einzustehen, ist eine Konstante im Schreiben und Denken dieses Herausgebers. Simplifizierende Schwarzweißbilder bekämpft Gauß, wo er sie trifft, und sei es auf der »richtigen« Seite, etwa in der heimischen Tradition der Österreich-Schelte, der er intellektuelle Bequemlichkeit noch in der Revolte vorwirft. Kritik habe hier »nichts mehr mit dem zu tun, was sie ausmacht – mit der Fähigkeit nämlich, zu unterscheiden«, und sei »gänzlich zur Manier der Übertrumpfung verkommen. Als wäre die Kritik dort radikal, wo sie in kalter Rage blindlings wütet, ohne noch etwas unterscheiden zu können, gerät sie zum bloßen Negativ jenes kitschigen Bildes, das der Fremdenverkehrsprospekt anzubieten weiß.« (Ins unentdeckte Österreich 1998, 63)

Intellektuelle Bequemlichkeit operiert gern mit Worthülsen, die Oppositionen aufbauen und damit das Entscheidende, nämlich die zugrunde liegenden gesellschaftspolitischen Konstellationen, zum Verschwinden bringen oder doch verdecken. Zum Beispiel die Opposition Metropole versus Provinz. Diese »dumme und selbstzufriedene, ahnungslose und geistverlorene Trennung der Welt in interessante und vorgeblich rückständige, uninteressante Regionen liegt auch dem Verdikt des Provinzialismus zugrunde, mit dem sich hierzulande jeder aufgeklärte Hinterwäldler als weltoffen überschätzen darf«, hieß es im Juliheft 1991, dessen Dossier dem Thema *Provinz* gewidmet war. Freilich, vor der Falle des Provinz-Vorwurfs ist auch der nicht gefeit, der sie genau kennt: »Als ich vor einigen Monaten aus guten Gründen gegen einen österreichischen Autor polemisierte, fiel mir, einem Salzburger, nichts Dümmeres ein, als der ›Gegenwart‹, der Zeitschrift des Tirolers Walter Klier, in der Hamburger ›Zeit‹ eine ›provinzielle Leserschaft‹ vorzuhalten.« Mit diesem im besten Sinn weltoffenen Bekenntnis endet Gauß' Beitrag im Provinz-Dossier mit dem Titel *Provinz, Provinzialismus, Österreich.*

Unleugbar zählt der Widerstand gegen den »Negativbegriff des Provinzialismus« als »ästhetische Fundamentalkategorie« des kulturellen Aufbruchs nach 1970 von Anfang an zum Selbstverständnis von Gauß' Schreiben und Denken: »*Provinziell*, das war es, was man unter gar keinen Umständen sein wollte, das ist es, dessen man sich auf keinen Fall verdächtig machen will« (Der wohlwollende Despot 1989, 47), denn eben auf dieses Stigma des Provinziellen wurde die vielschichtig motivierte Wahrnehmungsverweigerung der Konservativen reduziert. Was in Österreich geschah, war hinfort »entweder österreichisch, also provinziell, oder nicht provinziell, also nicht österreichisch. Kaum brach einer in den rebellischen sechziger, siebziger Jahren mit der Selbstzufriedenheit, mit der vom Präsidenten bis zum Schulwart alle Repräsentanten des Staates unverwundbar dick gepolstert schienen, schon schlug seine Revolte nicht gegen diese Repräsentanten, sondern gegen Österreich im allgemeinen. Denn da die Geschichtslosigkeit unser Verhängnis ist, wurde sie von Generation auf Generation weitervererbt, und die da antraten, die Väter für ihre flinke Vergeßlichkeit zu tadeln, vergaßen begeistert gleich selber, was ihnen nicht ins Konzept paßte.« (Ins unentdeckte Österreich 1998, 17)

Und dieses Vergessene und Verdrängte beginnt in Österreich nicht mit Austrofaschismus und Faschismus; gerade die bis heute unaufgearbeitete Geschichte der Gegenreformation zieht eine breite Spur mentaler Folgeerscheinungen bis in unsere Gegenwart. »Nirgendwo in Europa« sei die »Dichte von Festivals und anderen Formen einer schwindelerregend teuren Spektakelkultur« größer, am reichsten entfaltet aber sei sie in Oberösterreich, »das nicht zufällig ein Land der evangelischen Bauernrevolten und sodann der konsequentesten Gegenreformation war. […] Wenn es sich um ein Festival der Regionen oder derlei handelt, muß es schon eine Gruppe lyrischer Fallschirmspringer sein, die ihre Poeme während des Absprungs mittels digitaler Übertragung auf eine große Leinwand projizieren, sonst freut es die Leute nicht. Und natürlich darf auch keineswegs einfach nur Musik ertönen, es müssen schon Klangwolken sein, die sich da auftürmen.« (Ins unentdeckte Österreich 1998, 30 f.)

Auch wenn etwas »Installation« oder »Intervention im öffentlichen Raum« heißt, ist ein genauer Blick auf den Begriff und das, was damit bezeichnet wird, notwendig und nicht immer einfach. Das gilt letztlich auch für die beinahe schon zu Hohlformeln verkommene Rede von *Europa*. Auch deshalb, so vermutet Gauß, hätten sich die österreichischen Schriftstellerinnen und Schriftsteller in der Debatte über den EU-Beitritt mit »hörbarem, uneinigem Schweigen« eingeschaltet« (Juni 1994). »Wie viele Sprachen in Europa gesprochen werden, bleibt umstritten, offenkundig aber ist, daß in der Europäischen Union nur mehr eine Sprache gehört werden soll, die des Geldes.« Denn diesen »Europäern, denen der Kontinent nur als riesige Freihandelszone teuer ist, kommt die ganze Sprachdebatte zu teuer« (Juli 1999). Mit dieser Einstellung gerät man nicht so leicht in die allgegenwärtigen Modernisierungsfallen. Der Kampf der später in Unehren pleite gegangenen Buchhandelskette Libro gegen die Buchpreisbindung, bleibt, was er ist, und erscheint nicht als Hoffnungsschimmer für eine trockene Überfahrt ins Zeitalter der neuen Medien. »Die Religion der Raffgier, wie sie in der Europäischen Union zunehmend zum verbindlichen übernationalen Bekenntnis wird, kann es nicht hinnehmen, daß in bestimmten Sphären der Wirtschaft dem Zwang zum Schlechten, zur minderen Ware, zum Schrott und Müll immerhin noch ein paar Traditionen entgegenwirken.« (September 1998) Genau gegen diese Traditionen trat Libro an, und daran änderte auch der halbherzige Versuch nichts, eine Reihe von »Fast-Büchern« (ebda) zu produzieren, denen man auf den ersten Blick ansah, dass sie mit Buchkultur kaum etwas zu tun haben wollten. Trotzdem gelte es aufzuzeigen, dass »Europa größer ist als die europäischen Strategen der Macht und Wirtschaft glauben machen; und daß Österreich anders ist, anders sein kann, als es seine Verklärer wie Verächter meinen. Unbekannte, randständige Landschaften der europäischen Kultur – und widersetzliche österreichische Literatur in Geschichte und Gegenwart vorzustellen, das war unser Programm, und es besteht Anlaß, weiter auf ihm zu beharren.« (Juni 1994)

So breit gestreut wie Gauß' Interessen ist auch der Stab seiner losen Mitarbeiter. Einer der absurdesten Anwürfe war jüngst die Unterstellung der Freunderlwirtschaft, die allein aus einem Normalmenschen einen *Literatur-und-Kritik*-Beiträger machen könne. Mag sein, dass er im Lauf der Zeit viele von ihnen persönlich kennen gelernt hat und einige von Anfang an als Mitstreiter dabei waren. Doch die »Rekrutierung« ist so unorthodox wie das Wohlwollen groß, quer durch die Generationen und Meinungslager. Gerhard Fritschs Lebensproblem im Kulturbetrieb, so analysierte Gauß einmal, war, dass er sich als Vermittler zwischen den Generationen verstand, und das sei in Österreich ein besonders aussichtsloses Unterfangen, »wollen hier doch die Alten, auch wenn sie erst vierzig und vorzeitig zu Staatsehren gekommen sind, einmal etabliert, von keinen Jüngeren mehr etwas wissen; und pflegt doch andererseits jede neue Generation in Österreich schon in verwegener historischer Unkenntnis anzutreten, desinteressiert an den Siegen und den Niederlagen der Vorangegangenen.« (Februar 1994) *Literatur und*

Kritik unter Karl-Markus Gauß hat stets genau diese Mittlerfunktion auszuüben versucht, auch wenn ihm das seine Mitarbeiter offenbar nicht immer leicht gemacht haben. »Ob man eigentlich ›KZ-Häftling, Balkan-Flüchtling, sonstwie verfolgt oder wenigstens tot sein müsse‹, um in ›Literatur und Kritik‹ gebührend beachtet zu werden«, lautete die brieflich übermittelte Frage eines Autors. (April 1997) Es ist nicht anzunehmen, dass Gauß diese Zuschrift zum Anlass genommen hat, ihrem Verfasser forthin die Seiten von *Literatur und Kritik* zu verschließen. Auch in diesem Sinn agiert dieser Herausgeber weltoffen und nicht provinziell.

Geblieben ist vom ersten Heft der Ära Gauß an der Versuch, »Vergessenes wieder zu entdecken und im Bekannten verleugnete, unbemerkte Züge aufzufinden, um zu einem Bild der österreichischen Literatur und Geschichte zu kommen, dem die Spuren der Konflikte und Kämpfe nicht mit zwangsharmonischer Selbstverständlichkeit getilgt wurden; die Öffnung zur Weltliteratur, aber nicht, um die internationale Parade des Gängigen abzunehmen, sondern weil wir wissen, daß die große Dichtung heute oft von den kleinen Völkern geschrieben wird und das Neue nicht aus den Moden der Metropolen wächst, sondern aus dem Widerstand der Provinzen« (Februar 1995), um der »Globalisierung einmal nicht das affirmative, sondern das rebellische Wort zu reden.« (November 1997)

»Gute Bücher«, so Gauß einmal über Michael Guttenbrunner, »können zuweilen selbst von Lumpen geschrieben werden; ein Werk hingegen entsteht nur dort, wo es durch die Persönlichkeit gedeckt ist, die sich in ihm erschafft und behauptet.« (Juli 2002) In diesem Sinn hat Karl-Markus Gauß ein beachtliches Werk vorzuweisen, und die Editorials sind ebenso ein Teil davon wie seine Leistung als Herausgeber.

KLAUS ZEYRINGER

»Fortgesetzte Widersetzlichkeit«.
Literatur, Betrieb – Ansätze zu einer kleinen Soziologie des literarischen Feldes in Österreich

Als 2006 der Manès-Sperber-Preis verliehen wurde, hielt der Wiener Ordinarius und Direktor des Österreichischen Literaturarchivs, Wendelin Schmidt-Dengler, die Laudatio. Er hob die »Widersetzlichkeit« des Geehrten hervor, ohne zu verschweigen, dass man auch aneinandergeraten sei. Immerhin sei es »auch schön«, mit ihm »geteilter Meinung gerade in Werturteilen zu sein, denn hier hat man es mit einer Position zu tun, die erkennbar und in jedem Falle diskutabel ist und das eigene Denken fordert und befördert«.

Im engen österreichischen Literaturbetrieb – oder: im literarischen Feld, laut Pierre Bourdieu ein Spannungsfeld dauernder Positionskämpfe – ist es selten, dass Meinungsverschiedenheiten tatsächlich gewürdigt werden. »Wenige haben in den letzten beinahe 25 Jahren die Literatur- und Kulturpolitik, oder was man dafür hält, so kontinuierlich und sorgfältig kommentiert wie Karl-Markus Gauß«, betont der Laudator und fügt »vor allem aber« hinzu: »Wenige haben so viele Akzente, neue Akzente gesetzt.«[1]

Preisverleihungen stellen eine Haben-Bilanz des symbolischen Kapitals aus. 2001 hatte Karl-Markus Gauß eine seiner Bemerkungen über Mechanismen in Preisjurys publiziert und auf ein gruppendynamisches Phänomen verwiesen. Eine literatursoziologische Betrachtung zeigt: In einem Betrieb, der wie eine Kreuzung aus feudaler Tafelrunde, bürgerlich-aristokratischem Salon und Funktionärsbüro funktioniert, sind Allianzen strukturell angelegt und vom Habitus ästhetischer Selbstverständlichkeit getragen.

Explizite Absprachen, schreibt Gauß, seien gar nicht notwendig, man treffe sich im impliziten Einverständnis: »Da es ohnehin immer die gleichen Leute sind, die in Jurys berufen werden, bekommen hierzulande immer die gleichen Autoren alle Preise. Nicht etwa weil sich die Juroren verabredet hätten, bestimmte Personen finanziell zu bevorzugen, sondern weil sie deren Schreibweisen ästhetisch bevorzugen und nicht bedenken, dass das, was sie für ihr ästhetisches Gewissen halten, eben nur *ihr* ästhetisches Gewissen ist.«[2] Dass er etliche Preise erhalten hat, verschweigt Gauß nicht, verweist freilich zugleich darauf, dass er nicht zu den Meistgepriesenen gehört.

Je enger das literarische Feld ist, desto geschlossener kann es seinen Kanon suggerieren. Die derart wirksame Kunstvorstellung ist eine der Selbstverständlichkeit, die sich andauernd aus der eigenen Etablierung heraus selbst einsetzt. Sie begrenzt das Feld zirkelschlüssig und damit schlüssig. Die tautologische Ästhetik funktioniert in einem Diskurs der Lobpreisung, von dem Bourdieu meint, dass er der Analyse abträglich sei. Kunst ist der Fetisch, der die Gläubigen von den Ungläubigen trennt; der Schöpferprophet und seine Kommentatorenjünger handhaben die *doxa*. Der Beruf des Künstlers ist einer der unsicheren Orte im sozialen Raum, jener des Dichters gehört zu den wenig kodifizierten und hängt in seiner Definition von den Deutungsmächtigen des Feldes Literatur ab. Wenn regelmäßig eine überschaubare Anzahl von Akteuren in Jurys und allen möglichen Institutionen wirkt, vermag ein Kanon eine scheinbar selbstverständliche Legitimation zu erhalten. Das serielle Feiern der Etablierten spiegelt zudem eine zwingende Plausibilität vor.

Eine charismatische Repräsentation des Schriftstellers kann dazu führen, dass die sozialen Mechanismen verschleiert werden.[3] Zwar behauptet sich nach außen hin das Feld der Kunst in unseren sich demokratisch und kulturell legitimierenden Gesellschaften als ein offenes, die Akteure jedoch handeln nach ihren impliziten Interessen der Einschränkung. Je weniger Akteure im Feld, desto stärker die Positionen, desto schlüssiger ein ästhetischer Zirkel, desto weniger Konkurrenz um die Mittel.

Neue Akzente gegen Machtpositionen: Als Karl-Markus Gauß im März 1991 Herausgeber von *Literatur und Kritik* wurde, bekam er es bis vor Gericht mit den Akteuren zu tun, die zuvor über diese Position im Feld gewacht hatten. Kurt Klinger hatte nicht nur die Zeitschrift verantwortet, sondern fungierte auch als Vizedirektor der Österreichischen Gesellschaft für Literatur, deren Leiter, Wolfgang Kraus, wiederum über großen Einfluss im Außenministerium und zum Teil auch noch im ORF verfügte. »Erbe und Absage« überschrieb Gauß programmatisch sein erstes Editorial. Den Eintritt in diesen Bereich des Feldes, der Position und Ressourcen bedeutete, argumentierte er mit dem gebotenen Ausbruch aus alter Selbstreferenzialität. Um *Literatur und Kritik* »schöpferisch fortgestalten zu können«, sei es notwendig, »jener selbstgefälligen Betulichkeit und biederen Leidenschaftslosigkeit zu entsagen, die längst nicht nur österreichische Kulturzeitschriften so langweilig macht und selbst deren allfällig avantgardistisches Trippeln gemeinhin rasch als Übung der Beschwichtigung erkennen läßt«.[4] Seiner Beobachtung einer Routine, die mit dem Selbstbild behaupteter »Avantgarde« ihre Positionen im Feld sichert, hat Gauß seither wiederholt Ausdruck verliehen.

Die folgenden Nummern der Zeitschrift mussten mit teils geschwärztem Titel erscheinen: *L UND K*. »Einstweilen verfügt« steht über dem Editorial von Heft 253/54, das mit einem Verweis auf die Metternichsche Zensur einsetzt und die Kampfmittel deutlich benennt: »Dass die Schriftsteller selber vorstellig werden, die geistige Arbeit anderer Schriftsteller verbieten zu lassen, ist indes auch in Österreich ... bisher noch die Ausnahme gewesen.« Derart wurden Positionen und Interessen sichtbar, ja aktenkundig, während es im Feld gilt, einen großen Teil der Kämpfe zu verschleiern, denn die Produktion einer vorgeblich antiökonomischen Wirtschaft der Kunst beruht auf der Anerkennung der Uneigennützigkeit.»Keinen Verdienst wenn ich hätte, diesen einen beanspruche ich doch: einzelne Dämonen, die hinter den Kulissen wirken, auf die Bühne gereizt zu haben«, betont Gauß und berichtet von einer weiteren Konsequenz:»Die ›Österreichische Gesellschaft für Literatur‹ wiederum, hat ohne ein einziges Wort der Erklärung jene über 180 Abonnements aufgekündigt, die sie 25 Jahre lang an diverse Institute des nunmehr abgeblockten Ostens verschickt hat.«[5] Den Vorfällen spricht er durchaus paradigmatische Bedeutung zu; in der übernächsten Nummer 257/58 erläutert er im Oktober 1991 auf der ersten Seite,»dass der Wechsel in der Redaktion offenbar von vielen als Moment in einem weit umfassenderen Prozess der Ablöse verstanden wurde, der längst nicht nur diese Zeitschrift zu erfassen hätte«. Im Dezemberheft bilanziert das Editorial,»Das erste Jahr«, und kündigt nach einer kurzen Antwort auf eine Polemik in der Konkurrenz, der in Innsbruck von Walter Klier und Stefanie Holzer herausgegebenen Zeitschrift *Gegenwart*, eine fortgesetzte Streitkultur an: die Einrichtung einer Dokumentarseite »Unter jeder Kritik«, »weil es schließlich nicht einzusehen ist, dass immer nur von der schönen Literatur und nie von den schönsten Hohlheiten unserer kritischen Köpfe die Rede sein soll«.[6] Eine derartige Rubrik ist allerdings nie erschienen.

In ihrer Kurzübersicht »30 Jahre *Literatur und Kritik*« fasst Renate Langer zusammen:

»Von österreichischen Intellektuellen ist immer wieder der Mangel an demokratischer Streitkultur beklagt worden, mitunter auch in *Literatur und Kritik*, wo Friedrich Heer 1973 erklärte: ›Österreich besitzt kein Geistesleben. Geistesleben verstanden als der permanente in der Öffentlichkeit ausgetragene Kampf agonaler Positionen.«»[7] Und in seinem Editorial »Nach zehn Jahren« schreibt Karl-Markus Gauß im November 2000 (349/50, S. 4) über einen *profil*-Artikel, in dem Doris Knecht heimische Literaturzeitschriften präsentiert hatte, allerdings weniger deren literarisches Programm als deren Umschläge und graphische Gestaltung: »Denn die Verknechtung der österreichischen Literaturkritik schreitet ... so munter voran, dass wir bald beim Lakaientum der Betriebspropaganda angekommen sein werden.«

Mit der ÖVP/FPÖ-Regierungsbildung Anfang Februar 2000 fanden sich bipolare Urteile und Argumentationsmuster verstärkt. In nun tagespolitischer Bezugnahme auf Rechtsextremismus und Faschismus waren in Debatten von Intellektuellen und Künstlern klare Standpunkte verlangt. Die Literatur wurde wieder verstärkt als moralische Anstalt gesehen; das seit langem automatisierte Wort vom »Widerstand«, das die Etablierung einer literarischen Generation ab den 1970er Jahren getragen hatte, schien konkret gefragt. Nachdem Karl-Markus Gauß am 30. Dezember 2000 im *Standard* »gesammelte Merkwürdigkeiten aus der ›Wende‹-Republik« in diesem, seinem »verkehrten Jahr« präsentiert hatte, fühlte sich die nicht genannte Elfriede Jelinek gemeint und verortete die »Diskurs-Ethik« von Gauß gleich und ohne weiteres bei der FPÖ. Dieser hatte den neuen Konformismus beklagt, der »das geistige Leben in Österreich versteppt« und gerne mit kritischer Attitüde auftrete. In der medialen Unterhaltungsgesellschaft zähle nur »die Geste der Kritik, die marktgängige Inszenierung von Widerstand, die Selbstpräsentation von Meinung«, die »Manier der Übertrumpfung«. Auf Jelineks »Mechanik einer Empörungsmaschine« antwortete Gauß, dies sei eben eine deprimierende Bestätigung eines Konformismus, »der dazu zwingt, dass alle überall immer dasselbe sagen und jene, die es unterlassen – sei es, dass sie es für falsch halten oder es ihnen zu langweilig ist, immer wieder bei der Erfindung des antifaschistischen Rades anzufangen, aus der Gemeinschaft der Aufrechten und Wissenden ausgestoßen werden«.[8]

Ins selbe Lager wurde Gauß ein paar Monate später in der Zeitschrift *Wespennest* (Nummer 123/2001, S. 4–17) gesteckt. Zuvor war er – etwa von den Mannen, die sich gegen die Übernahme von *Literatur und Kritik* wehrten – eher als Kryptokommunist oder unverdrossener linker Utopist punziert worden. Burghart Schmidt will in seinem langen *Wespennest*-Beitrag gleich eine Gruppe von rechten Komplizen erkennen, etwa Rudolf Burger und Konrad Paul Liessmann, die sich allesamt des »Neo-Chauvinismus« schuldig gemacht hätten. Bipolare Einordnungen erweisen sich oft als praktische Strategie. Im Abschnitt »Karl-Markus der Immer-Originelle« kommt Schmidt auf die Jelinek-Debatte zurück und fragt, ob sich »Gauß in den Kreis des ›Philosophen‹-Kanzlers [Wolfgang Schüssel] hineinschreiben« wolle. Die Replik »Ich gestehe. Ein Protokoll« im selben Heft (S. 18–20) gehört zu den gewitztesten, witzigsten Texten von Karl-Markus Gauß. »In Sachen Ermittlung gegen Gauß, Bucharin, Burger und andere gebe ich wie folgt zu Protokoll«, beginnt diese höchst qualitätvolle Streitliteratur und folgert zuletzt: »Anschließend an das Obige lege ich Wert auf die Aussage, dass aber Schmidt, Burghart, die revolutionäre Wachsamkeit und Aufsichtspflicht übertreibt, wenn er ein ganzes Netzwerk von Chauvinisten am Werke sieht.«

Die Kämpfe im Feld werden virulenter, wenn Ressourcen knapper zu werden oder Umschichtungen symbolischen Kapitals drohen. Eine vorgeblich moralische Position lässt sich flotter behaupten als eine ästhetische, aus der Deckung gesicherter Moralhoheit feuert es sich bequemer. Wegen einer unbequemen Passage in »Mit mir, ohne mich« fühlte sich der Regisseur Luc Bondy, wie Gauß Zsolnay-Autor, im Frühjahr 2002 nicht etwa nur persönlich angegriffen, sondern er verdächtigte Gauß gleich des Antisemitismus. Über Marcel Reich-Ranicki, der noch vor dem Eklat um Martin Walser den Antisemitismus-Vorwurf – zu Unrecht – gegenüber Thomas Hürlimann und dessen Novelle »Fräulein Stark« eingesetzt hatte, war von Karl-Markus Gauß am 6. Juni 1994 in *profil* (S. 108) zu lesen gewesen: »Machtpolitik schadet der Literatur stets, selbst wenn sie zugunsten einiger hervorragender Autoren ausgeübt wird.«

Die österreichische Situation nach der ÖVP/FPÖ-Regierungsbildung, die sowohl eine Bipolarität des Diskurses als auch moralische Gesten des »Widerstands« gefördert hat, trug wesentlich dazu bei, dass im Feld der Kunst – wo sich ein »anderes Österreich« beheimatet sehen will – Machtpositionen mittels einer Ästhetik der Selbstverständlichkeit und der moralischen Legitimierung verkleidet wurden.

Im Editorial »Zeit-Schriften« (Nummer 321/22, S. 4) hatte Gauß im Februar 1998 über den internen Streit bei *Wespennest* (dessen Herausgeber Walter Famler er auch kritisierte, als dieser in seiner Zusammenarbeit mit der Buchhandelskette Libro für die Aufhebung der Buchpreisbindung eintrat) und die dadurch ausgelöste Gründung der Zeitschrift *kolik* berichtet. Es sei eine »zerstörte Öffentlichkeit in Österreich« zu bedauern; viele Intellektuelle jedoch, »die den Zustand der Öffentlichkeit wortreich beklagen«, seien zur »kritischen Auseinandersetzung mit dem Denken und der Arbeit von Kollegen weder willens noch fähig, weil sie ihre eigene Lebenserfahrung lehrt, hinter jeder Kontroverse nicht sachliche, sondern bloß persönliche Gründe zu vermuten«.

Welche Gründe sollen wir vermuten, wenn der Verantwortliche für Besprechungen bei *Wespennest* einem Rezensenten mitteilt, dass er gerne eine Kritik über ein neues Gauß-Buch hätte, aber tunlichst keine positive? Wenn von acht Büchern keines besprochen wird, dann aber eine Rezension einer Rezension erscheint und in der Nummer 156 der Zeitschrift im August 2009 Franz Josef Czernin zwei Seiten (S. 13 f.) über ein einziges Wort in einer Kritik von Gauß (über Melitta Brezniks »Nordlicht« in *Die Presse*, 14.3.2009) »Zur Suche nach der Gauß'schen Gediegenheit« publiziert, ironisch schließt, das »gediegene Rezensionshandwerk lobt das gediegene Romanmöbel« und den Vorwurf erhebt, der Kritiker habe die Geschichte des Wortes »gediegen« nicht reflektiert? Besteht da vielleicht ein Zusammenhang mit Gaußschen Sätzen über »die Avantgarde«?

Im *Literatur-und-Kritik*-Editorial »Ins fünfzehnte Jahr« schreibt Gauß im März 2005 (Nummer 391/92, S. 4): Avantgarde »oder das, was sich heute dafür hält«, sei habituell nicht damit zufrieden, in der Zeitschrift »von Rezensenten gewürdigt zu werden, die sich ihr verpflichtet fühlen. Die Avantgarde, selbst wenn sie nicht mehr leichtfüßig trippelt, sondern ordenbehangen am Stock einherschreitet, schlägt mit diesem gerne aus, weil sie das ganze Feld für sich haben möchte und jeden, mit dem sie es teilen sollte, unberufen für einen literarischen Trottel von vorgestern hält.«

Bei den aus Österreich eingehenden Manuskripten, sagte Gunther Nickel, der Lektor des Deutschen Literaturfonds, bei einer Podiumsdiskussion in Wien Ende November 2007, falle ihm das dauernde Wiederholen einer früheren Avantgarde auf, die seit langem stets gleich weiterbetrieben werde. Die »Leute, die seit vierzig Jahren immer dasselbe machen, während dieser vierzig Jahre unverändert den Begriff Avantgardismus pachten«, seien altmodische Epigonen, meinte Daniel Kehlmann in einem »Gespräch der Dreißigjährigen« für *Literatur und Kritik* (2000, Nummer 345/346, S. 34).

Andererseits schreibt Paul Pechmann in der Zeitschrift *perspektive* (2007, Heft 54/55, S. 5f.), in »akademischen Publikationen, im Feuilleton ebenso wie in Literaturhäusern und auf Festivals verhandelt man mittlerweile Unterhaltungsliteratur«, als handle es sich um »relevante Texte«, und es sei »nicht nur eine Frage des Geschmacks, wie man zu solchen Tendenzen« stehe.

Der Markterfolg, behauptet Pechmann apodiktisch, führe zu einem »ideologischen Ausverkauf, bei dem die Literatur ihre verbleibenden Wirkungsmöglichkeiten auf dem Spielplatz der Spektakelkultur« verschleudere. In bipolarer Sicht erklärt er, »Forminnovation oder dichterischer Erkenntnisgewinn« könne nur in »marktfernen Zonen« erhoben werden. Unterhaltung zerstöre Kultur und Literatur, bedauerte Josef Winkler in einigen Interviews im Herbst 2007; ähnlich äußerten sich Julian Schutting und Anna Mitgutsch. Sie präzisieren nicht, wer eine Relevanz wie feststellen möge und was sie unter »Unterhaltung« verstehen. In der Behauptung des nötigen Erkenntniswerts der Kunst bleibt zudem ungesagt, welche Erkenntnisse sie tatsächlich hervorbringe und wie sie diese schaffen könne oder solle. Die Literatur erfährt derart eine Zweiteilung: in Autoren, die auf einem Publikumsmarkt reüssieren, und in solche, die auf dem symbolischen Markt ankommen. Ersteren wird bisweilen ihr Warenwert vorgehalten, zweiteren ihr wahrer Wert bescheinigt. Damit steht in aktuellen Debatten immer wieder Euro gegen Aura.

Jedoch: Die Produktion der vorgeblich antiökonomischen Wirtschaft der Kunst ist auf der Anerkennung der Uneigennützigkeit begründet und auf eine Anhäufung von symbolischem Kapital ausgerichtet. Der Wert des Kunstwerks wird nicht vom Künstler hervorgebracht, sondern vom Produktionsfeld als Glaubensgemeinschaft, die zu Repräsentation und Sakralisierung neigt.

In einem Interview mit Katharina Krawagna-Pfeifer hatte Karl-Markus Gauß unter dem Titel »Liederliche Einflüsterer und die Zerstörungen. Intellektuelle und Macht in Österreich« in den *Salzburger Nachrichten* vom 28. März 1992 (S. V) erklärt, »provinziell verstiegen« sei die »liederliche österreichische Variante« des Intellektuellen: »Da ist der Schriftsteller mehr oder weniger der Einflüsterer. Er übt seine Funktion nicht dadurch aus, dass er in großen Zeitungen einen scharfen Essay schreibt …, sondern er übt diese Funktion in guter alter k. u. k. Tradition eher im verborgenen als Einflüsterer aus.« In Österreich sei »man im Kulturbereich bei den Segnungen des Kapitalismus noch gar nicht angekommen, daher auch noch nicht bei dessen Verheerungen. Es gibt einfach den fortgesetzten Feudalismus.« Den letzten Satz hätte er freilich genau so gut auf das kulturelle sowie auf das akademische Feld in den reichen westlichen Ländern der Welt beziehen können.

Die aristokratisch-bürgerliche Tafelrunde herrscht aus ihrem engen Kreis heraus und begünstigt elitäre Fürstenhöfe, die mittels ihrer Ritter Offenheit und Gerechtigkeit vorspiegeln. Die Kulturverwaltung der Funktionäre tendiert dazu, dass Vereinigungen und Institutionen zu Strukturhülsen werden und Aktivität simulieren, um einer Gruppierung Ressourcen zu gewährleisten. Ihre Zirkelschlüssigkeit ähnelt jener der Tafelrunde, nur gibt sie sich betriebsumfassend und egalitär. Der bürgerlich-aristokratische Salon verleiht der Versicherung des Eigenen einen Mittelpunkt. Dem Gespräch gibt er – geistig wie kulinarisch wie sozial – einen ideellen Rahmen im Einverständnis der elementaren Regeln, die ein überschaubarer Personenkreis teilt.

Merkmale des literarischen Feldes in Österreich sind:
- Eine starke Verknüpfung mit dem gesamten deutschen Sprachraum, eine Abhängigkeit vom literarischen Feld in Deutschland, wo große Verlage den Autoren und Autorinnen aus Österreich deutlich mehr Verbreitung, mehr ökonomisches und symbolisches Kapital gewährleisten können, wo große Medien sitzen, wo die meisten renommierten Preise vergeben werden.
- Karl-Markus Gauß hat 1997 den Charles-Veillon-Preis für Europäische Essayistik sowie 2006 den Dehio-Preis erhalten, er wurde im selben Jahr mit »Die Hundeesser von Svinia« für den »Weltpreis für Reportageliteratur«, den Berliner Ulysses-

Award, nominiert und in die Deutsche Akademie für Sprache und Dichtung aufgenommen, er war 2007 in der Jury des Deutschen Buchpreises, schreibt für die *Süddeutsche Zeitung*, die *Zeit*, die *Neue Zürcher Zeitung* – und dennoch verkaufen sich seine Bücher aus dem Zsolnay Verlag (der zur Münchner Hanser-Gruppe gehört, aber in Wien residiert) unverhältnismäßig mehr in Österreich als in Deutschland. Dies gilt selbst für ein Buch wie »Die versprengten Deutschen«.
- Kleinere Strukturen in allen Bereichen des Feldes und auch in den Medien. Da es in der österreichischen Tagespresse kaum ein regelmäßiges – gediegenes? – Feuilleton gibt, brauchen Rezensenten und Rezensentinnen den Platz in deutschen und schweizerischen Blättern.
- Eine intensive Beschäftigung mit dem eigenen Land sowohl in Zeitungsbeiträgen von Schriftstellerinnen und Autoren als auch in den literarischen Werken. Von einem »austriakischen Solipsismus« der »Österreichhuberei« sprach Franz Haas 1999, er wiederholte die These 2003: »Von außen betrachtet gleicht die österreichische Kultur und die Debatte um sie oft einem wunderlichen Selbstgespräch. Besonders in der Literatur und ihrer Kritik findet die populistische Haider-Parole ›Österreich zuerst‹ ein missverständliches Echo. Was als Absage an den Heimatdünkel gemeint ist, gerät durch leiernde Wiederholung mitunter zur ungewollten Propaganda. Noch nie ist in der österreichischen Literatur so viel über eigene Politik und Gesellschaft geschrieben worden wie in den letzten Jahren.«[9]

Eine ungute Verösterreicherung beklagte die Kritikerin Sigrid Löffler im Herbst 2007, habe doch Karl-Markus Gauß als Juror dafür gesorgt, dass so viele österreichische Werke auf die Listen des Deutschen Buchpreises gekommen seien – gegen diese Einschätzung seiner Rolle in der Jury hat sich Gauß in der *Presse* vehement gewehrt. Auch in ihrer Empörung über die

Provinzialität, dass zu viele heimische Titel auf der ORF-Bestenliste zu finden seien, verkennt Löffler die der Jurystruktur entsprechenden Mechanismen: Es ist der größte gemeinsame Nenner, der sich schließlich auf der Liste findet. »Die Angst der Kritiker vor der Provinz?«, kommentierte Martin Lhotzky in der *Frankfurter Allgemeinen Zeitung* am 10. Oktober 2007.

Dieser »Österreichbezug« nimmt allerdings an Intensität ab. Nachdem 2005 Arno Geiger mit »Es geht uns gut« den zum ersten Mal vergebenen Deutschen Buchpreis erhalten, Daniel Kehlmanns »Die Vermessung der Welt« breite Anerkennung gefunden und den seit 1945 größten Verkaufserfolg eines Sprachkunstwerks aus der Feder eines österreichischen Schriftstellers erzielt hatte, lobte die *Neue Zürcher Zeitung* 2007 den »Jahrhundertherbst der österreichischen Literatur«. Felicitas von Lovenberg äußerte in der *FAZ* den »Verdacht, dass die aufregendste, eigensinnigste und vielfältigste deutschsprachige Literatur derzeit aus Österreich kommt«. In der Wintersaison 2007/08 sei eine »Flut an vielversprechenden Neuerscheinungen aus der Alpenrepublik« zu verzeichnen, »und insbesondere die neuen Romane von Michael Köhlmeier, Robert Menasse und Thomas Glavinic ließen Kritiker wie Buchhändler jubeln und *Die Presse* vom ›Gold für Österreich‹ schwärmen.« Der konzentrierte Blick betont die literarische Vielfalt: »Natürlich ist die Beschäftigung mit der ›unheimlichen Heimat‹ ... nach wie vor für viele Schriftsteller entscheidend. Dass die österreichischen Autoren im langen Schatten der Wiener Gruppe ein ausgeprägtes Form- und Sprachbewusstsein entwickelten, ist oft bemerkt worden. Auch die Lust am Erzählen, die sich erst in den letzten Jahren so richtig Bahn gebrochen haben soll, wurde bereits gefeiert. Dennoch sind es nicht in erster Linie markante thematische oder stilistische Besonderheiten, die sich als ›typisch österreichisch‹ etikettieren ließen, sondern eher das Gegenteil: eine ausgeprägte Individualität, die sich ebendarin zeigt, wie auf Traditionen geantwortet, mit ihnen gespielt oder mit ihnen gebrochen wird.« (1. März 2008).

In einem Land, das fast alles aus Deutschland importiere, meint Raoul Schrott zur *FAZ*-Journalistin, wirke »die Eigenherstellung von Literatur« identitätsstiftend. Ohne das Elias-Canetti-Stipendium der Stadt Wien, sagt Christoph Ransmayr, hätte er nie die Freiheit gehabt, drei Jahre lang an seinem Erstlingsroman »Die Schrecken des Eises und der Finsternis« zu arbeiten; auch Thomas Glavinic sieht »einen Zusammenhang zwischen der Schriftstellerdichte Österreichs und der Förderung«, bei deren Vergabe es allerdings nicht immer gerecht zugehe. Man habe sich freigeschrieben, vermerkt Karl-Markus Gauß. Die historische Vergangenheit sorge für einen wacheren Blick, auch auf die Nachbarvölker, und bewirke die Erkundung einer »unbekannten Nähe«. Felicitas von Lovenberg schließt mit der Feststellung von Norbert Gstrein, dass sich die jüngst erfolgreichen Werke eher an Vorbildern von anderswo, Faulkner oder Nabokov, Philip Roth oder Vargas Llosa, orientieren. Die neueste österreichische Literatur sei »internationaler geworden, ohne dabei etwas aufzugeben«.

- Enge Verbindungen zwischen Medien, Institutionen, Jurys und Universitätsgermanistik – dies kann sich auch darin äußern, dass Autoren wie Peter Handke, Walter Kappacher oder Karl-Markus Gauß zu Ehrendoktoren ernannt wurden.
- Eine umfassende, wenn auch immer wieder als zu gering beklagte Förderung durch die öffentliche Hand im »Gießkannenprinzip«: Bund und Länder finanzieren Autorenverbände, Zeitschriften, Institutionen, Literaturhäuser, vergeben Stipendien und Preise.

Seit Gauß 1994 mit dem Österreichischen Staatspreis für Kulturpublizistik geehrt wurde, hat er zahlreiche Preise im In- und Ausland erhalten: 1998 den Bruno-Kreisky-Preis für das politische Buch, 2001 den Ehrenpreis des Österreichischen Buchhan-

dels für Toleranz in Denken und Handeln, 2005 den Vilenica-Preis für Mitteleuropäische Literatur, 2007 den Mitteleuropa-Preis des Instituts für den Donauraum und Mitteleuropa, 2009 den Großen Kunstpreis für Literatur des Landes Salzburg.
– »Literatur? Das Letzte!«, titelte 2007 die Zeitschrift *Autorensolidarität* (3/4, S. 13) und rechnete vor, dass die Förderungen weiter gesunken seien: Statt der 10,81 Millionen Euro des Jahres 2005 gebe es nur mehr 10,61 Millionen, der Anteil der Literatur an den gesamten Kunstausgaben sei von 9,6 auf 9,1 Prozent zurückgegangen. Die IG Autorinnen/Autoren verweist zudem auf eine »aufgezwungene« nachteilige Künstlersozialversicherung, die den beruflichen Anforderungen nicht entspreche, da Künstler weder als Unternehmer oder Freiberufler noch als Arbeitnehmer gesehen werden könnten, nicht in den Genuss von medizinischer Vollversorgung kämen und keine Verdienstausfallsregelung kennten.
– Eine Vielzahl von gut subventionierten Verbänden, die dazu tendieren, als Vereinshülsen in erster Linie ihren Funktionären zu dienen.
– Starke Ämterkumulierungen, sodass nicht selten ein und dieselbe Person Kritiker, Archivdirektor, Universitätsdozent oder Autor, Verleger, Kritiker, Jurymitglied in einem ist.
– Die staatliche Subventionierung von Kunst ermöglicht einerseits den Unterstützten eine weitgehende Unabhängigkeit vom Markt, schiebt freilich dem ökonomischen einen symbolischen Markt vor und verleiht den hier Entscheidenden eine umso größere Deutungsmacht.
– Durch engere Strukturen kann eine stärkere Kanonverbindlichkeit entstehen. »Grundbücher der österreichischen Literatur« heißt eine langfristige Wiener Veranstaltungsreihe, ein »Austrokoffer« sollte einst Kanonisiertes im Paket liefern. Von Günther Nenning, der für die *Kronenzeitung* (das Boulevardblatt wird – 2006 – von 43,8 Prozent der Bevölkerung ge-

lesen und spielt seinen enormen Einfluss in der Politik aus) schrieb, war 2004 das Projekt propagiert worden, die wesentlichen österreichischen Werke seit 1945 in einem bemalten Necessaire des belesenen Patriotismus zu vereinigen. In der ersten Internetpräsentation standen als »treibende Kraft« Bundeskanzler Wolfgang Schüssel und 270 000 Euro vom Bund. Im »Gedankenjahr« 2005 – sechzig Jahre Ende des Krieges und Gründung der Zweiten Republik, fünfzig Jahre Staatsvertrag, Souveränität und Neutralität, zehn Jahre EU-Mitgliedschaft – sollte eine Selbstvergewisserung öffentlichkeitswirksam nicht zuletzt die Regierungskoalition der Konservativen mit den populistischen Rechtsaußen Jörg Haiders durch einen Kunstbonus stützen. Es folgten heftige Proteste und Debatten, viele Autoren und Autorinnen verweigerten ihre Werke der Nationalverpackung. Schließlich erschien das – laut Ankündigung des Residenz Verlags – »beispiellose Ereignis« als »Landvermessung vormals Austrokoffer«, wie ein altes Ladenschild benannt, ohne vom Publikum beachtet zu werden.

Karl-Markus Gauß unterstützte ein Manifest für diesen »Austrokoffer«, das von Marie-Thérèse Kerschbaumer, Robert Schindel und Julian Schutting publiziert worden war. Das ganze Projekt sei »wie aufgelegt dafür, dass sich an ihm aufs Neue die österreichische Verträglichkeit von Protest und Marketing erweise«, schrieb er im *Standard* am 17. September 2004. In der Mediengesellschaft bekämen »die Dinge eine Dynamik, der man sich nur schwer entziehen kann, und nach und nach wurde die Liste derer, die ihre Texte nicht in diesem Austrokoffer verpackt sehen wollten, immer länger, was unausweichlich dazu führte, dass sie anderntags noch länger geworden war. Lieber sich einem Protest anschließen, von dem man so viel auch wieder nicht hält, als sich dem Verdacht aussetzen, ein verkappter Parteigänger der Regierung, ein Opportunist oder Wendehals zu sein.«

Die Beziehungen zwischen Staat und Kunst äußern sich in Österreich sichtbarer, intensiver als in den meisten anderen europäischen Ländern und finden sowohl einen informellen als auch einen formellen Ausdruck: Alfred Gusenbauer (SPÖ) ließ sich von Dimitre Dinev zum ersten Opernball in seiner Funktion als Bundeskanzler begleiten; Bundespräsident Heinz Fischer (SPÖ) lud im selben Jahr 2007 eine kleine Runde von Autoren um Peter Turrini, der 2005 vor den steirischen Wahlen mit der ÖVP-Landeshauptfrau Waltraud Klasnic (sie hatte die ÖVP/FPÖ-Regierung im Hintergrund intensiv forciert) Lesungen mit Texten von Peter Rosegger bestritten hatte, zum Gespräch in die Hofburg, um sich der internationalen Bedeutung der heimischen Sprachkunst zu versichern. Nachdem Elfriede Jelinek am 7. Oktober 2004 der Nobelpreis für Literatur zugesprochen worden war, reagierten Medien und Politiker großteils wie bei einem Sportsieg und wollten die Ehrung als Lob der gesamten österreichischen Literatur verstanden wissen. Sogar der konservative Nationalratspräsident Andreas Khol gab sich als treuer Leser, obwohl Jelinek bisweilen aus seiner Partei, der ÖVP, als »Nestbeschmutzerin« verunglimpft worden war.

In seinen ästhetischen Voraussetzungen und Selbstverständlichkeiten bezieht sich das literarische Feld in Österreich zumindest zum Teil auf Positionen der Wiener Gruppe sowie auf Ernst Jandl und Friederike Mayröcker, insbesondere auf deren Konter gegen einen abgewirtschafteten bürgerlichen Humanismus, der etwa von Werner Schwab oder Elfriede Jelinek weitergetrieben worden sei.

In diese Perspektive passen die Stellung von Karl-Markus Gauß und seine literarischen Formen kaum. Seine annalistische Gattung lässt sich durchaus als eine zeitgemäße Mischung aus Tagebuch, Aphorismus, Reisenovelle, Essay, philosophischem Roman und Kalendergeschichte verstehen. Diese Kulturerzählung ist eine adäquate Form für seine Sprachkunst. Mit seinen

Einwänden von Salzburg aus hält er sich oft nicht an die Schlüssigkeiten der Wiener Zirkel. In »Mit mir, ohne mich« (2002), dem ersten Band seiner Journalreihe, wirft der Erzähler einen kritisch-analytischen wie auch poetischen Blick auf die nähere und fernere Umwelt; der Titel bezeichnet die Position des gesellschaftspolitischen Betrachters, der sich selbst aus seinem Beobachtungsfeld nicht ausnehmen kann. Die literarische Moderne, »die heute noch das Maß gibt«, betont er, sei »gerade nicht in den Metropolen, sondern an den Rändern entstanden« – und er relativiert ein in Österreich gängiges Kunstverständnis: »Moderne, Metropole, Avantgarde, Demokratie (bitte herunterleiern, es handelt sich um ein österreichisches Gebet) ... Zuerst gilt es etwa, die Moderne mit der Metropole zu identifizieren, daraufhin die Moderne rabiat auf die so genannte Avantgarde zu verengen; dann braucht diese, egal was sie tut und wobei sie avantgardiert, also vorausgeht, nur noch zur Bahnbrecherin der Demokratie erklärt zu werden, und schon ist die unübersichtliche Welt wieder zu verstehen.«[10] (S. 61 f.).

In »Zu früh, zu spät« erzählt er 2007 von Tücken und Lücken der Globalisierung, von der Religion des Neoliberalismus, von Lektüren, die er auf seinen Punkt bringt. Er wendet sich wider jede Art von Phrasenschleuder und gegen einen Zwang zur falschen Alternative, der ihm auch die Formel vom »anderen Österreich« problematisch erscheinen lässt. Er setzt sich mit den Methoden der Macht auseinander oder auch mit der Avantgarde. Den Sprachskeptikern, die jedwede Beschreibungsmöglichkeit so umfangreich wie wortreich veröffentlichen, setzt er seine Formulierungskunst entgegen: »Der Selbstwiderspruch, in dem sich die sprachzweifelnden Sprachabarbeiter befinden, hat noch kaum einen von ihnen mit dem Zweifel infiziert, dass er sich entweder im Irrtum über seine eigenen Voraussetzungen und sein Tun befinde oder dass, was er treibe, schlichtweg das Unsinnige sei.«[11]

In einem von der *doxa* beherrschten Feld ist der Widerstand gegen eine Objektivierung besonders stark. Die Felder der Kunst, der Philosophie, der Literatur finden sich von der Anbetung all jener geschützt, die in ihrer Sozialisation die sakramentalen Riten der kulturellen Devotion gelernt haben. Deshalb treten in den Debatten weniger die Inhalte in den Vordergrund als vielmehr die Gefühle der Transgression und der Verletztheit.

Das Kunst-Spiel verläuft nach dem Vorbild des sozialen Feldes Religion, führt – in Anlehnung an Bourdieu – Nathalie Heinich aus. Die »Illusion von der Freiheit des Künstlers« lasse vergessen, dass spezifische Regeln gelten. Die Elite der Kultivierten gewähre durch ihre Anerkennung dem Künstler seine Existenz, der wiederum an der Existenz dieser Elite mitarbeite: Dies werde von der »Illusion von der Inkohärenz des Publikums« verdeckt. Zudem vermöge die »Illusion von der Willkürlichkeit der Institutionen« einerseits die Vorstellung zu stützen, dass Gegenwartskunst beliebig sei, und andererseits den naiven Glauben an einen »inneren Wert« der Werke.[12]

Österreich und seine Probleme, betonte Wendelin Schmidt-Dengler in seiner Laudatio 2006, stellen wohl »einen zentralen Aspekt dieser Leistung« von Karl-Markus Gauß dar. Immer wieder sei ja auf jene hingewiesen worden, »die sich im Kanon des Österreichischen festgesetzt hatten«. Gauß jedoch habe sich »mit einer stupenden Konstanz gefragt, was denn außerhalb dieses so eng abgegrenzten Feldes noch zu finden wäre«. Seine Widersetzlichkeit sei »nicht der Justament-Standpunkt des Enttäuschten«, sondern verdanke sich »dem Blick des Kritikers, der den Durchblick hat und weiß, welchen Interessen sich die geltenden Normen, auf die sich die Ritter des Zeitgeistes einschwören, verdanken«.[13]

Anmerkungen

1 Wendelin Schmidt-Dengler: Fortgesetzte Widersetzlichkeit. In: *Der Standard*, 18.3.2006, S. A4.
2 Karl-Markus Gauß: Stimmvieh und Quotenprovinzler? In: *Der Standard*, 20.10.2001, S. A7.
3 Vgl. Pierre Bourdieu: Les règles de l'art. Genèse et structure du champ littéraire. Paris 1992, bes. S. 259 ff.
4 Karl-Markus Gauß: Erbe und Absage. In: *Literatur und Kritik* 251/52, März 1991, S. 2.
5 Karl-Markus Gauß: Einstweilen verfügt. In: *Literatur und Kritik* 253/54, Mai 1991, S. 2.
6 Karl-Markus Gauß: Das erste Jahr. In: *Literatur und Kritik* 259/60, Dezember 1991, S. 2.
7 Renate Langer: 30 Jahre »Literatur und Kritik«. Salzburg 1996, S. 21. (Friedrich Heer: Dankesrede für den Österreichischen Staatspreis 1972. In: *Literatur und Kritik* 8/1973, Heft 71, S. 4–6, hier S. 4.)
8 Karl-Markus Gauß: Alpenkönigin und Menschenfeind. In: *Der Standard*, 9.1.2001, S. 31. Am nächsten Tag brachte die Zeitung eine Reihe von Leserbriefen, die Rubrik trug den Untertitel mit dem (Freudschen?) Druckfehler »Reaktionen auf eine Kotroverse«.
9 Franz Haas: Österreichischer Solipsismus. In: Franz Haas, Hermann Schlösser, Klaus Zeyringer: Blicke von außen. Österreichische Literatur im internationalen Kontext. Innsbruck 2003, S. 38–41, hier S. 38.
10 Karl-Markus Gauß: Mit mir, ohne mich. Ein Journal. Wien 2002, S. 61f.
11 Karl-Markus Gauß: Zu früh, zu spät. Zwei Jahre. Wien 2007, S. 280.
12 Vgl. Nathalie Heinich: Le triple jeu de l'art contemporain. Sociologie des arts plastiques. Paris 1998.
13 Schmidt-Dengler, Anm. 1.

Drago Jančar

Das Leben ist auch anderswo

Karl-Markus Gauß ist einer der wenigen europäischen Schriftsteller und Essayisten, dessen Bücher und Artikel ohne besondere Schwierigkeiten die unsichtbare Grenze zwischen Ost und West überschreiten; jene Grenze, die weder der Fall der Berliner Mauer noch der Urknall der EU-Osterweiterung bisher haben auslöschen können. Sein Denken und Schreiben überschritten sie schon, als die Idee eines vereinten Ost- und Westeuropa noch literarischer Wunschtraum und politische Utopie war. Und zwar deshalb, weil seine Welt nicht auf Salzburg, wo er lebt, schreibt und die Zeitschrift *Literatur und Kritik* herausgibt, beschränkt war und ist, auch nicht nur auf Österreich, wo er aufgrund seiner kritischen und ironischen Schriften von den einen gehasst und von den anderen geliebt wird (von beiden Seiten mit derselben Leidenschaft), und auch nicht auf die Welt der europäischen Großstädte, wo seine Essays und Artikel in den wichtigsten Zeitungen veröffentlicht werden.

Seine Bücher »Tinte ist bitter. Literarische Porträts aus Barbaropa« und »Die Vernichtung Mitteleuropas« haben ihn schon längst als Autor ausgewiesen, der sich um geographische und historische, ideologische und kulturelle Beschränkungen nicht kümmert, den ungeachtet der Grenzen und Unterschiede literarische Qualität und Aufregungspotenzial interessieren, historische und soziale Paradoxa, die Fülle der Geschichte und des einzelnen Menschenlebens in ihr. Karl-Markus Gauß ist mit seinem publizistischen Werk – in letzter Zeit vor allem mit seinen Reisebüchern – gleichermaßen im Osten wie im Westen zu Hause, gleichermaßen in den großen Zentren des Wohlstandes und der

Kulturindustrie wie an den europäischen Rändern, wo nicht nur übersehene und ausgegrenzte ethnische und kulturelle Gruppen leben, sondern auch Erniedrigte und Beleidigte, die ins Hintertreffen geraten sind. Die Bücher »Die sterbenden Europäer« und »Die Hundeesser von Svinia« sind weit mehr als Reisebeschreibungen; ihr Verfasser konfrontiert uns mit der Frage nach der Sinnhaftigkeit des so genannten Europäertums, seiner kulturellen Selbstgenügsamkeit inklusive paneuropäischem Geplapper. Karl-Markus Gauß nimmt das Recht auf Vielfalt ernst, vor unseren Augen laufen wahre Geschichten ab, die Irrungen und Wirrungen der europäischen Geschichte und ihrer Folgen bis in die heutige Zeit; sein Sensorium für ethnische Gruppen, die von der kulturellen Europakarte verschwinden, und seine Sensibilität für das Leben aller an den Rand Gedrängten machen wenigstens in der Literatur Europa zu dem, was es sein müsste. Es ist kein Zufall, dass Gauß als Herausgeber schon in den achtziger Jahren eine Anthologie mit Texten aus Mittel- und Osteuropa als »Das Buch der Ränder« betitelte.

Viel Aufmerksamkeit in ganz Europa und auch in Slowenien erregte sein Buch »Das Europäische Alphabet«, das Ludwig Hartinger als Handbuch für skeptische Europäer bezeichnet. Wohlgemerkt: nicht für Euroskeptiker, die aufgrund enger nationaler Horizonte oder selbstsüchtiger Neigungen und Vorurteile gegen die europäische Einigung auftreten, sondern Skeptiker, die gerade durch ihre Skepsis zu Europäern, das heißt zu europäischen Intellektuellen werden. Europa spricht viele Sprachen, doch was dabei zutage tritt, ist häufig bloßes Gerede – wohlgesetztes Kauderwelsch, hochgestochenes Geschwätz von Kulturauftrag und humanistischen Werten. Karl-Markus Gauß, so sein Freund Ludwig Hartinger, geht den Wurzeln der Wörter und Begriffe nach, überprüft ihren doppelten Boden und sondiert ihre Tragweite. Europa ist für Karl-Markus Gauß fremder und widersprüchlicher als jene ahnen, die es ständig im Mund führen.

Sein Skeptizismus (der meines Erachtens kein Kulturpessimismus ist, wie einige meinen) ist nichts weiter als intellektuelle Schärfe, die keine Rücksicht auf Vorurteile und kulturelle Stereotype nimmt. In ihm stecken die Schärfe des Betroffenseins und der Offenheit, auch Ironie und manchmal Sarkasmus – literarische Qualitäten, die von jeher in Mitteleuropa zu Hause waren. Karl-Markus Gauß ist ein Autor voller Skepsis und Ironie gegenüber beschränkten und überheblichen Menschen, die in ihre eigene Selbstgenügsamkeit versponnen sind; er ist spöttisch, seine Paradoxa prägen Witz, manchmal auch Humor. Und dennoch ist er auch sachlich: Das Europa, das er beschreibt, ist keine Literaturlandschaft, sondern eine Welt realer Konflikte und Widersprüche. Eine Welt, in der die Ideologien des zwanzigsten Jahrhunderts tiefe Spuren und Sedimente im Denken der zeitgenössischen Europäer hinterlassen haben. Seine bekannte Mahnung anlässlich der Osterweiterung, dass wir uns in zwei Klassen zu dieser Reise aufmachen, bezeugt eine tiefe Einsicht in die wirtschaftliche, politische und kulturelle Wirklichkeit Europas, jedenfalls eine weit tiefere und wahrhaftigere als die hochtrabenden Worte der Politiker über das Alte und das Neue Europa. Seine Reiseberichte von den europäischen Rändern, wo Menschen fernab der gleißenden Metropolen leben, häufig in Mangel, häufig mit den Traumata der Vergangenheit und den Ängsten der Gegenwart, mit ihrer archaischen Weltsicht, noch häufiger in einer konfliktbeladenen Beziehung zu ihrer Umwelt – diese Reiseberichte sind Werke eines sensiblen Autors, der sich bewusst ist, dass, um Milan Kundera zu paraphrasieren, das Leben anderswo oder, besser gesagt, auch anderswo ist. Auch an der Peripherie, im Hinterhof Europas, wohin der Blick Wiens oder Brüssels nicht reicht, sehr wohl aber der literarische und menschliche Sensor eines empfindenden Betrachters und Protokollanten wie Karl-Markus Gauß.

Trotz aller großen Deklarationen und Minderheitenorganisationen musste ein Schriftsteller, Reisender und Essayist kommen, um die europäische Öffentlichkeit auf die aussterbenden Minderheiten aufmerksam zu machen, von denen die Mehrheit überhaupt noch nie etwas gehört hatte, die Aromunen, die Lausitzer Sorben, die Sarajevoer Sephardim und die Gottscheer Deutschen. Ja, er hat auch uns Slowenen aufmerksam machen müssen – uns, die wir meinen, ein Gespür für Minderheiten zu haben, wenn von den Slowenen in Triest, in Kärnten und an der Raab die Rede ist, und uns gerne damit brüsten, »unsere« Italiener und Ungarn hätten bessere Voraussetzungen für ihre kulturelle Entwicklung –, uns musste Karl-Markus Gauß darauf aufmerksam machen, dass hierzulande die alte Ethnie der Gottscheer mit ihrer Sprache, ihrem Brauchtum und dem jahrhundertelangen Miteinander mit der slowenischen Mehrheitsbevölkerung verschwunden ist. Zuerst waren sie die Opfer der kulturellen Umschichtungen der Nationalsozialisten, der Umsiedlungen in dieser Weltgegend, dann der jugoslawischen Diktatur, der es an Gespür für alles Andersartige fehlte. Der Großteil der Gottscheer galt in Slowenien als schuldig, ohne sich mit Schuld beladen zu haben.

Karl-Markus Gauß meinte anlässlich seines Fünfzehn-Jahr-Jubiläums als Herausgeber von *Literatur und Kritik*, die Zeitschrift sei nicht seine *Fackel* (und dachte dabei natürlich an Karl Kraus). Und selbst wenn *Literatur und Kritik* tatsächlich keine *Fackel* sein sollte, so kann man sich doch angesichts des Opus von Karl-Markus Gauß schwer der Erinnerung an den unruhigen und sarkastischen Schreiber entziehen, der durch seine Satire und seine *Fackel* die letzten Tage jener Welt erleuchtete, in der unsere Vorfahren im Guten wie im Schlechten zusammenlebten. An der Wende des neuen Jahrhunderts, in dem wir wieder zusammenzuleben beginnen, hat dieser Teil Europas einen neuen Denker und Schriftsteller bekommen, der vielleicht nicht so bissig ist wie Karl Kraus, dafür entlarven die Scharfsicht seines Geistes und die luzide Ironie seines literarischen Stils unter den veränderten Vorzeichen mit der gleichen Vehemenz den Pragmatismus der neuen Zeiten, ihre Scheinheiligkeit und ihre Selbstgenügsamkeit. In seiner Einleitung zu den ausgewählten Werken von Karl Kraus schrieb Karl-Markus Gauß: »So soll hundert Jahre, nachdem ihr Schein Wien erleuchtet hat, *Die Fackel* auch auf Slowenisch leuchten. Und wir wollen sagen: So möge am Anfang des neuen Jahrhunderts durch die Laudatio seiner slowenischen Schriftstellerkollegen das skeptische Denken und die literarische Brillanz von Karl-Markus Gauß aus dem Untergrund von Vilenica ausstrahlen.«

Aus dem Slowenischen von Klaus Detlef Olof

Hermann Schreiber

Der Phönix aus dem Glasscherbenviertel

Fernseher aus dem südlichen Deutschland können – eine gewisse linguistische Elastizität und gute Nerven vorausgesetzt – zwei Programme des Österreichischen Fernsehens empfangen und allabendlich die beinahe zum zoologischen Phänomen gewordenen *Seitenblicke* genießen, auch spannende Lokalnachrichten, die für den Münchner Raum aus jenem Salzburg kommen, wo Karl-Markus Gauß zur Schule ging und Thomas Bernhard aus einem Gemüsekeller aufblickend die Welt kennen lernte.

Fester Bestandteil der Salzburger Lokalnachrichten ist eine Rundfrage, und man ließ sich auch nicht von der Frage nach dem Metier des Befragten abbringen, als eine wunderhübsche Person unbefangen antwortete: »Ich bin iich Prostituiertä aus Litauen.«

Es gibt also einen Escort-Service in Salzburg, Karl-Markus Gauß aber, nicht selten von der ORF-Kamera eingefangen, walkt allein über jene Salzachbrücke, an der die Reporter auf der Lauer liegen. Er trägt dabei meist eine Lederjacke mit dickem Pelzkragen, und wenn ich annehmen dürfte, dass noch irgendjemand weiß, wer Karl Skraup war, würde ich sagen: So, wie er da verbissen und allein durch die Stadt marschiert, ähnelt er dem stets etwas unwirschen großen Schauspieler. Dabei hat Gauß auf diesen Wegen gar keinen Grund, unwirsch zu sein, denn er bewegt sich auf das ORF-Studio Salzburg zu, wo man ihn vor eine Kamera stellen und zu einem neuen Literaturpreis beglückwünschen wird. Zum Unterschied von Thomas Bernhard nimmt Gauß nämlich auch im vorgeschrittenen Stadium seiner Berühmtheit noch Preise an und grummelt sogar unzufrieden, wenn er an einer hochdotierten Auszeichnung knapp vorbeigeschrammt ist. Seine soliden und zum Teil sensationellen Bücher nämlich haben (noch) nicht die Auflagen erreicht, die sie verdienen.

»Als ich noch in die Schule ging«, schreibt Gauß im Moldawien-Heft seiner Zeitschrift, »hatte die Bessarabierstraße im Salzburger Stadtteil Liefering einen schlechten Ruf ... (sie) war eines der sogenannten Glasscherbenviertel ... und wurde von einem bunten Völkergemisch bewohnt«. Man darf vermuten, dass der Mikrokosmos dieses Viertels Gaußens Interesse für die Völker-Trümmer aus dem Nachlass der großen hinabgegangenen Monarchie begründete. Und da es heute ein schlecht gehütetes Geheimnis des Verlagswesens ist, Chancen nur noch in den so genannten Nischen-Themen zu erhoffen, wurde Gauß im Alleingang, aber durch eine stattliche Anzahl von Publikationen zu einer Art Alexander von Humboldt, nur dass sein Arbeitsfeld nicht vom Orinoco gekennzeichnet ist, sondern von den inzwischen auch politisch an uns herangerückten ethnischen Bereichen zwischen Donau, Save und Adria.

Gauß steht damit in der Mitte von Milieus, die seine einsame Arbeit auf ihre Art seit Jahren erfolgreich flankieren. Das eine ist die Universität Klagenfurt, wo Klaus Amann in seinem gnadenlosen Raster nachgewiesen hat, dass sich nur der Freiherr von Gagern und der Möchtegernfreiherr Lernet-Holenia von der NS-Katastrophe der Jahre nach 1938 distanziert haben. Das andere ist die Theodor-Kramer-Gesellschaft mit der Zeitschrift *Zwischenwelt*, die zu den autochthonen Völkern der Monarchie ihr von Galizien bis Triest allgegenwärtiges Judentum als Hauptarbeitsgegenstand erwählt hat.

Blicke ich vom Nanga Parbat meiner neunzig Lebensjahre auf diesen emsigen Betrieb zurück, so frage ich mich, was ich dort wohl zu suchen hatte, ja mehr noch: warum ich mich in der freundschaftlichen Gemeinschaft mit gerade diesen Geistesarbeitern so wohl gefühlt habe, ich, Sohn eines Schönerer-Anhängers und Fuchsmajors einer schlagenden Verbindung, mütterlicherseits aus jenem Industriepatriziat der Stadt Wien stammend, das etwa mit der Begründung des Deutschen Volkstheaters den jüdischen Autoren an der Burg Konkurrenz machen wollte. Ich las als Halbwüchsiger Müller-Guttenbrunn, der wie einer meiner Vorväter jenes Theater mitbegründete; ich wurde ein Lieblingsschüler von Josef Nadler, der auch nach seiner Entpflichtung mit mir in Verbindung blieb, und ich hatte meinen ersten echten Bestseller mit einem Buch über die 1919 und 1945 verlorengegangenen deutschen Ostgebiete.

Mit eben diesem Buch aber hatte ich bei rechtslastigen Historikern so wütenden Widerspruch geerntet – wegen der Vernichtung der Pruzzen durch den Deutschen Orden, wegen der Methoden der Ritter, wegen des Untergangs der Ostseeslawen zur See und in ihren alten Handelsstädten –, dass mein Verleger in Panik einen Gutachter beauftragte, der mein Buch »Land im Osten« auf Fehler untersuchen sollte. Jener eminente Fachmann, letzter Archivar der Stadt Königsberg, hieß nicht Gauß, sondern Gause, beanstandete einen einzigen Vergleich und schrieb mir, er möchte nach München kommen und mir die Hand schütteln. Amerika und England machten das Buch zum Erfolg, der Historiker der Universität Posen beschrieb das Buch sieben Seiten lang in den Pariser *Cahiers de Pologne*. Ich wusste, dass es im kommenden Europa nicht nur um die Großmächte gehen würde, die längst keine mehr waren, sondern um das geheime, aber unablässig weiterstrahlende Erbe der Splitterstämme, der Altvölker, der vergessenen und abgeschnittenen Siedler, denen, ungleich erfolgreicher, sich nun Karl-Markus Gauß widmet.

Dennoch waren es nicht Pruzzen oder Kaschuben, die uns zueinander führten, sondern eine absolut isolierte menschliche Nischengestalt, der uneheliche Sohn eines großen Dichters, und da muss ich nun ein wenig ausholen. Meine kostbare und kostspielige Freundin, die ich als längst Geschiedener in einem benachbarten Hochhaus untergebracht hatte, war zu einem früheren Galan zurückgekehrt, einem Weinbauern, den sie über seinen Glykolärger trösten sollte. Als Hauptmieter jenes dank grüner Teppichfliesen besonders appetitlichen Appartements bot ich dem heimatlosen Sohn des Dichters Gerhart Hauptmann und der Schauspielerin Ida Orloff eine Unterkunft an, in der er sich vor der Steuer sicher fühlen durfte, die er, wie alle, die fast nichts verdienen, wie die Pest fürchtete. Aus einer kurzen Schein-Ehe seiner Mutter trug er den Namen Satter; er holte seine Koffer aus einem Hotelkeller und konnte nun – er war inzwischen sechzig Jahre alt – auch größere Arbeiten in Angriff nehmen. Wir blieben einander täglich sprechende, gute Freunde, bis seine Pflegerin, nachdem sie endlich sein verstecktes Geld gefunden hatte, bei mir anrief und mir seinen Tod mitteilte.

Der Nachruf auf Heinrich Satter musste zur Kurzbiographie werden, weil ja niemand von ihm etwas gewusst hatte, weil selbst sein jüngerer Halbbruder, der amerikanische Germanist Wolfgang Leppmann, mich einmal mit tiefem Freundesblick fragte: »Ehrlich, was glaubst du – ist er der Sohn?« Erst als die Tagebücher des Jahres 1908 vollständig publiziert wurden, hatten wir den gewünschten Nachweis; Gauß aber hatte meine ausführliche Biographie dieses einzigartigen Nischenmenschen in ganzer Länge gedruckt und seither noch viele Arbeiten, in denen ich mich mit halb und ganz Vergessenen beschäftigte: mit Adelbert Muhr, mit Karl Bruckner, mit Reinhard Federmann, mit Wilhelm Muster. Für meine großen Essays, meine Leibthemen, hatte Gauß keinen Platz: Über den Chevalier des Brosses, Samuel Pepys, die Brüder Goncourt oder James Boswell musste ich in deutschen Zeitschriften schreiben, und als ich Gauß einmal, nach einer Touraine-Reise, einen Bericht über den Landsitz von George Sand vorschlug, sagte er mir am Telefon: »Ich muss Ihnen gestehen, bei uns wusste niemand, wer George Sand ist.«

Das waren und sind unsere Grenzen. Mein kurzer Bericht über einen Besuch auf dem burgundischen Schloss des Malers Balthus lag drei Jahre lang, mein Aufsatz über die Liebesbeziehung zwischen Yvan Goll und Paula Ludwig wurde von der Redaktrice Christa Gürtler zweimal aus dem fertigen Heft genommen, eine Aktion Genre Claire Goll.

Die George-Sand-Anekdote ist aufs Ganze gesehen natürlich bedeutungslos, sie kennzeichnet nur die Folgen von Personal- und Geldknappheit in einer unbarmherzig werdenden Bücherwelt. Bedenken wir, dass Thomas Bernhard mit zwei Gedichtbänden Otto-Müller-Autor, also Verlags-Bruder von Gauß war, ehe er seinen ersten Roman bei Insel unterbrachte, dann hätte man dem tapferen Salzburger Verlag einen neuen Guareschi gewünscht, damit er Thomas Bernhard halten kann, zu dem ein paar Jahre später Siegfried Unseld mit 50 000 Schweizerfranken in druckfrischen Banknoten reiste, um ihn für ein Gespräch in Maria Plain milde zu stimmen. Ich konnte bei Otto Müller nicht einmal erreichen, dass man mit Remittenden der Zeitschrift Versuche im deutschen Bahnhofsbuchhandel machte. Die leistungsfähigste deutsche Großbuchhandlung, Hugendubel, kann das Heft aus Salzburg, Morawa in Wien kann ein Heft des *Brenner* aus Innsbruck nicht beschaffen. Sende ich österreichischen Freunden eines meiner Autorenexemplare, so kostet mich das 4,50 Euro Porto.

Es ist weder Gauß noch mir gelungen, diesen für den ganzen deutschen Sprachbereich skandalösen Zustand erschöpfend zu diskutieren; es fehlte allenthalben an Interesse. Kam ich nach Wien, so sah ich am Graben oder in der Opernpassage Bücher, von denen ich, täglicher Leser der *Frankfurter Allgemeinen* und der *Süddeutschen Zeitung*, nie gehört hatte. Kamen meine Freunde zu Prachner seligen Angedenkens, um ein neues Buch von mir zu bestellen, erhielten sie die Auskunft »Vergriffen!«, nur weil man sich nicht die Mühe des Bestellverfahrens machen wollte. Ich beschrieb in *Literatur und Kritik* die Zusammenarbeit der DDR-Verlage mit westdeutschen Partnern etwa in der großartigen *Bibliothek des 18. Jahrhunderts*. Die anspruchsvollen Texte wurden von den Ostverlagen erarbeitet, die ja bis zu 70 Lektoren beschäftigten, dann wurde der erste Bogen verändert, und etwa »Goethes Leben in Anekdoten«, zwei herrliche, fabelhaft kommentierte Bände, konnte als Großleistung eines Westverlages passieren. Als der inzwischen verstorbene Goethe-Fachmann Jörg Drews in seiner Rezension auf die Täuschung hereinfiel und von mir zu einer Berichtigung aufgefordert wurde, erklärte er mir kaltschnäuzig, keinesfalls Propaganda für die DDR machen zu wollen, und gehe es auch um einen Lapsus. Im letzten Jahr vor dem Mauerfall gab es im dicken Messe-Börsenblatt der DDR-Verlage keine einzige aussichtsreiche freie Lizenz, alle Westverlage hatten sich bedient, als ahnten sie, dass es um die letzte Gelegenheit ging.

Gauß gab mir Raum, nicht nur die Bücher, sondern auch die dahinter stehende Verlagsarbeit zu besprechen, was Platz brauchte bei 1200 Seiten über Rilke, die von Fehlern strotzten; der Insel Verlag scheint die unrettbare Friedländer-Biographie unseres großen Lyrikers auf meine Fehlerliste hin vom Markt genommen zu haben. Albert Knaus, in hohem Alter verstorben und nun eine Verleger-Legende, brachte eine Biographie von Saint-Exupéry, deren Verfasserin offensichtlich nie in Paris gewesen war, die letzte Lebensstation des Fliegerdichters, die Insel Korsika, nicht kannte, und die ins Deutsche von einer Dame übersetzt worden war, die beide Defizite ebenfalls aufwies.

Nach dem Mauerfall wurde offenbar, mit welchen Mitteln die repräsentativen Westverlage ihre Fassaden gerettet hatten, und es wurde eng. In den geheimen Superrabatt- also Ausverkaufslisten von Insel und Suhrkamp konnte man die Bitte lesen, bei diesen Billigposten die Verlagsnamen nicht herauszustellen. Das gute alte Restposten-Antiquariat, das wir mit dem legendären Namen Richard Lanyi verbinden, ergänzte sich durch Billigauflagen, die speziell für die Antiquariatslisten hergestellt wurden, das so genannte Moderne Antiquariat, von großen Buchhandlungen sorgfältig gegen die neuen Bücher zu Originalladenpreisen getrennt. Gauß gestand mir, dass man von all dem in Salzburg nichts gewusst habe; er druckte Autoren aus Moldawien, aber die Entwicklung im großen Nachbarland blieb für ihn ein rein merkantiles Faktum. In dem MGM-Film *Logan's Run* von 1976 sehen Michael York und die schöne Jenny Agutter das letzte Buch der Menschheit in den Händen von Peter Ustinov in Staub zerfallen, in einer Zukunftsvision, die uns in den letzten Jahren mit bestürzender Schnelligkeit überwältigt hat. Eine Epoche, in der Gustave Flaubert auf Eisenbahn-Holzbänken quer durch die Touraine zu George Sand reiste, erscheint Einsichtigen schon heute als paradiesisch, und wenn ich meine zwei Fächer Lederbände der *Bibliothèque de la Pléiade* anschaue, dann nehme ich mir vor, meine beiden Enkelinnen wenigstens an den Einbänden schnuppern zu lassen, wenn sie schon nicht Französisch können.

Das Fernsehen versichert mir allabendlich, dass eigentlich alles wichtiger sei als das Buch; dann tauche ich wieder in eine Zehnminutensendung wie *Seitenblicke* ein, wo Damen von einiger Lebenserfahrung wie etwa Dagmar Koller oder Herren von unbestreitbarer Intelligenz wie der erfolgreiche Sohn meines alten Freundes Mischa Kehlmann so tun, als habe sich nichts verändert. Ich ahne, dass Karl-Markus Gauß, um weiterarbeiten zu können, sich selbst betrügt. Im November 1999, also am Vorabend des neuen Jahrtausends, schrieb er in seinem Editorial: »Für Resignation ist gerade heute kein Anlaß, aber manchmal faßt mich schlichte Traurigkeit an.« Sehen wir einmal davon ab, dass Schopenhauer hier das »für« gerügt hätte, so kommen wir zu einem Restchen Hoffnung. Gauß glaubt, in seinen vielen fruchtbaren Nischen überleben zu können. Er meidet auffällig die großen Themen der deutschen Diskutanten – Celan, Thomas Bernhard, Walter Benjamin. Er baut sich in immer neuen Ansätzen seine Welt, weil Verborgenes Chancen hat, die sich auf der großen Bühne nicht bieten. Wer es darf, der sollte ihm folgen.

Ludwig Hartinger

K-M. G.
zveni so otroku rasli
glasovi obrazi in
tuje   ko meje skrivajo
v spomin se piše veje

hodečemu raste list za
listom nemir v nemir
kako val obale nosi
DALJE NE VE VE PERÓ

TOMAJ 3.II.2010

K-M. G.
klänge wuchsen dem kinde
zu stimmen gesichter und
fremde   wie grenzen bergen
ins erinnern wehn schreiben

dem wandelnden wächst blatt
um blatt von unruh zu unruh
wie wellen ufer tragen
weiß er nicht weiß die feder

Aus dem Slowenischen von L. H.

Andrea Grill
Vieraugengespräch

Der Vorhang geht auf. Ein Herr tritt auf die Bühne.
Eine Beschreibung des Herrn folgt. Er ist soundso groß, hat soundso ein Gesicht, hat soundso einen Schnurrbart oder keinen, seine Augen haben die und die Farbe und seine Haare eine andere. Er ist soundsodünn oder dick, hat diese und jene Schuhgröße. Und er hat einen Mantel an.
He's a writer: a man who tells the truth by lying.[*]

Auf dem Podium steht ein Tisch.
Auf dem Tisch liegt ein hellgrüner Zettel (den ich jetzt als Lesezeichen verwende).
Auf dem Zettel steht geschrieben, in Handschrift und mit Bleistift:
Ca. 19.30
Fr. (morgen)

Dieser Zettel ist eine Einladung zum Essen.

Das Essen war phantastisch, drei Gänge (mindestens) und in ausgezeichneter Gesellschaft. Im Buch, für das ich den Zettel als Lesezeichen verwende, steht noch etwas, abgesehen von dem Hineingedruckten, auf einer der ersten Seiten des Buches unter dem Titel und über dem Namen des Verlags:
Ca. 400 000 Zeichen
für Andrea

[*] Zadie Smith

Wer das glaubt, der irrt. Die vierhunderttausend Zeichen haben außer mir noch vierzigtausend andere Leute gelesen (und wer nicht, der sollte es schleunigst nachholen).

Das sind die einzigen Handschriften, die ich von dem Herrn habe. Eines Tages werden sie, wie alle Handschriften – das hat er mir erklärt –, sehr viel wert sein, und ich würde sie um teures Geld an ein Museum oder eine Kulturinstitution, die Handschriften sammelt und hinter Glas ausstellt, verkaufen können und reich werden. Das werde ich natürlich niemals tun. Seit er mir aber das Potenzial der Handschriften erklärt hat, bitte ich jeden Schriftsteller, dessen ich habhaft werden kann, um ein Autogramm. (Und von meinen eigenen Notizen schmeiße ich nur mehr die Hälfte weg.)

Eine Telefonzelle wird auf die Bühne getragen. Ich gehe hinein, wähle eine Nummer. Der Herr hat sich inzwischen an einen von drei oder vier ebenfalls auf der Bühne stehenden Schreibtischen gesetzt. Wie der Sessel aussieht, auf dem er sitzt, kann man vom Publikum aus nicht gut sehen. Ein Schatten fällt darauf. Ein Telefon klingelt, es gehört dem Herrn. Der Herr tut, als hörte er es nicht. Das Telefon klingelt, bis sich der Anrufbeantworter einschaltet. Ich fange zu sprechen an, will eine Nachricht hinterlassen, da beginnt direkt neben der Telefonzelle eine Maschine die Straße aufzureißen; ich spreche etwas lauter, der Anrufbeantworter nimmt den Lärm der Baumaschine auf. (Das Publikum – *Sie!* – lacht.)

Der Herr geht zu dem kleinen Kästchen, auf dem sich das Telefon befindet, drückt eine Taste des Anrufbeantworters und hört sich die Nachricht an. Dann nickt er.

Der Scheinwerfer richtet sich auf den hinteren Teil der Bühne. Dort taucht eine mit mannshohen blühenden Kakteen bewachsene Straße auf. Die Kakteen tragen zum Teil schon essbare Früchte. Der größten der Kakteen gegenüber befindet sich ein Hauseingang mit einem Briefkasten. Sobald der Briefkasten ins Licht kommt, eile ich darauf zu und hole einen Brief heraus. Noch auf der Straße reiße ich ihn auf und bin entzückt. Der Herr winkt mir zu und nickt wieder. Diesmal heftiger.

Er wisse nicht, ob ich ich sei, steht in dem Brief. Aber in jedem Fall würde er den Text, den derjenige, der sich als ich ausgibt, geschrieben hat, gerne veröffentlichen.

Ich mache Freudensprünge und denke, dass es jetzt nicht mehr so schlimm wäre, falls mich Marsmännchen entführten und ich nie mehr auf die Erde zurück dürfte. Etwas bis dahin völlig unmöglich Erscheinendes ist wahr geworden: Ein von mir verfasster Text wird in einer berühmten (ja!) Literaturzeitschrift veröffentlicht.

Der Vorhang geht kurz zu. Bühnenarbeiter kommen und tragen die Telefonzelle und die drei oder vier Schreibtische vom Podium. Die Straße mit den Kakteen lassen sie stehen, die ist ihnen zu schwer. Das Publikum – *Sie!* – murmelt und munkelt. Der Vorhang geht wieder auf. Man sieht uns, den Herrn und mich, in einem Büro sitzen. An den Wänden hängen ein paar vergrößerte Fotos von Leuten, die in den fünfziger Jahren berühmt waren. Überall in dem Büro stapeln sich Manuskripte und Bücher, und die Möbel sehen aus wie aus einem Film, in dem jeden Moment Derrick hereinkommen könnte, um in salbungsvollem Ton zu verkünden, mein Beileid, gnädige Frau, aber jetzt müssen Sie uns behilflich sein. Harry, schließ bitte das Fenster.

Hier sitzen aber nur wir beide, wie gesagt, der Herr und ich.

Der Herr greift zum Telefon. (Das Telefon scheint in dieser Geschichte eine gewisse Rolle zu spielen.)

Sie haben es gelesen? (Sagt er ins Telefon)
 Aha. Und? (Er lauscht)
 Aha, wiedaschaun.
 (Zu mir gewandt) De vastehn des nit.

Ich nehme eines der Manuskripte vom Bürotisch zwischen uns und verabschiede mich, glücklich, obwohl der Verlag meinen Roman abgelehnt hat; denn immerhin hat der Herr ihn gelesen und zwar, während er krank im Bett lag. Und während man krank ist, liest man nichts, was einem unangenehm ist, nicht wahr? (Hat der Herr nach beendeter Lektüre gesagt.)

Warte, sagt der Herr und nimmt seinen Mantel vom Ständer.
 Wir tun, als würden wir die Bühne verlassen, in Wirklichkeit gehen wir aber nur ein paar Stufen hinunter und dieselben Stufen gleich wieder zurück hinauf. In der Zwischenzeit hat ein emsiger Helfer die Büromöbel mit dem Dekor eines Gasthauses vertauscht. Dort sitzen bereits einige andere Menschen, die uns beiden überhaupt nicht ähneln. Es sind vorwiegend graue Leute, ab und zu sieht man einen gelben Schal oder ein rotes Tuch.
 Neben einen mit einem roten Tuch setz ma uns aber nicht, gelt, sagt der Herr, und ich bin ganz seiner Meinung.
 Wir setzen uns zögernd zwischen zwei mit gelben Schals, und das Gespräch mit den Nachbarn wird tatsächlich ganz nett. Der Herr neigt sich zu mir, um mir was ins Ohr zu flüstern. Das sind alles Verleger, flüstert er, vor denen brauchst keine Angst zu haben. Er deutet auf seine Tasche, die neben ihm auf der Bank steht. Erinnerst du mich bitte daran, dass ich die mitnehme? Er deutet auf den Mantel, der an der Garderobe hängt. Erinnerst du mich daran, dass ich den mitnehme?
 Auf jeden Fall, antworte ich.

Als wir das Gasthaus verlassen, steht auf der Bühne plötzlich die Sonne hoch am Himmel. Eine Glocke schlägt sieben. Ein Hahn kräht. (Den bekommt man aber nicht zu Gesicht. Der kommt vom Tonband.)

Der Herr nimmt seine Tasche und seinen Mantel (ohne dass ich ihn daran zu erinnern brauche). Ich suche meinen Schirm, aber der ist weg.

*

Jetzt gibt es eine Pause von zwanzig Minuten. Für das Publikum – *Sie!* – werden Erfrischungsgetränke (= Weißwein) und Knabbereien (= Salzstangerl) serviert. Der Herr und ich ziehen uns kurz zurück. (Wir haben auch Dinge zu besprechen, die nicht für jederpublikums Ohren bestimmt sind.)

*

Nach der Pause, wenn der Vorhang wieder aufgeht, werden Sie uns in einem Boot sitzen sehen, den Herrn, seine Tochter, seine reizende Gattin und mich. Wir sind viel seetauglicher, als wir ausschauen, stundenlang fahren wir frohgemut durch die Grachten der holländischen Stadt Amsterdam, die Tochter – sie ist vierzehn – erklärt uns die wichtigsten Sehenswürdigkeiten der Stadt, des Landes, der Welt, erklärt uns überhaupt allerhand. Endlich weiß ich, woher der Vater das hat.

Wir steigen aus dem Boot. Das Wasser, das die Bühne kurzfristig überflutet hat, wird abgepumpt. Die Familie winkt. Ich bleibe zurück, mit einem Stapel Bücher im Arm.

Nach monatelangem Lesen wähle ich wieder die Nummer. Der Anrufbeantworter schaltet sich ein. Ich fange an zu sprechen.

Hallo, ruft der Herr ins Telefon, hallo, wie geht's.

Können wir etwas besprechen? Ich bitte ihn um eine Audienz.

Gerne, sagt er, sehr gerne. Aber kochen tu ich nichts.

Ich läute bei der Adresse, die auf dem ersten grünen Zettel stand, der Adresse, die auch im Telefonbuch stand, aus dem ich die Nummer gesucht hatte, und denke daran, wie ich mich damals gewundert habe, dass so ein berühmter Mann seine Adresse nicht verbirgt, dass man den einfach so anrufen kann und eine Nachricht aufs Band sprechen, dass *jeder* ihn einfach anrufen könnte.

Oben steht er am Stiegenabsatz übers Geländer gebeugt. Ich strecke ihm einen Strauß Tulpen hin, den ich mitgebracht habe. Dankend nimmt er ihn entgegen und führt mich ins Wohnzimmer. Dort darf ich in einem Armsessel Platz nehmen und bekomme grünen Tee eingeschenkt. Während ich es mir bequem mache, werden die Tulpen in allen Vasen der Wohnung verteilt, je eine pro Vase, weil sich keine Vase findet, in die mehr als eine hineinpasst. Meine Frau ist nicht da, sagt der berühmte Herr.

Ich könnte auch bald kurz berühmt sein, sage ich, soll ich das machen? Soll ich mich das trauen? Warum nicht, sagt der Herr, wenn du Lust hast. Eineinhalb Stunden später werde ich mit einem Stapel Bücher im Arm die Stiege hinuntergehen. Die meisten der Bücher hat er verfasst.

Machst du denn nie Pause?, frage ich, bevor ich gehe.

Gewiss, zwischen drei und halb vier.

Was tust du in den Pausen?

Ich esse ein Wurstbrot.

Nach diesem Besuch fühle ich mich, auch ohne Wurstbrot, sehr hoffnungsfroh.

Hoppla, da finde ich noch eine Handschrift, fast ein Gedicht, aber das bleibt jetzt unter uns. Mein Reichtum wächst stetig an! In einem Band aus dem Jahr 1991 mit einem giftgrünen Foto des Autors auf dem Umschlag (der Verleger war offenbar ein Fan der 80er Jahre) stehen ein paar Worte. Über den Umschlag des Buches ist ein halb durchsichtiges Butterbrotpapier gefaltet. Das war eine Notlösung, sagt der Herr und steht von seinem Schreibtisch auf, schreitet langsam über die Bühne. Eine Notlösung, weil er dem Verleger das Buch quer durch den Raum vor die Füße geschmissen hat, als er es zum ersten Mal sah, sagt seine Frau, die immer da ist, auch wenn sie nicht da ist. Wenn ich so eine Frau hätte, denke ich mir und schleiche in den Bühnenhintergrund, wo noch immer die italienische Straße mit dem Briefkasten aufgebaut ist; wenn ich so eine Frau hätte.

Ich will mich im Hintergrund halten, er macht sich wirklich gut auf der Bühne, hat die richtige Präsenz. Jeder muss ihm zuhören. Aber er lässt mich nicht im Hintergrund. Du bist der Star des Abends, sagt er. Das stimmt natürlich nicht. Es geht um ihn. Aber er hat mich wieder zum Lachen gebracht. Während wir ein Weilchen auf der Bühne lachen, sich das Publikum – *Sie* nicht! – langsam zurückzieht, weil die Leute allmählich Hunger bekommen, sind kaum merklich zehn Jahre vergangen.

Seltsamerweise sehen wir beide noch genau so aus wie am Anfang. Mit soundso Haaren und soundso Gesichtern und Augen und Schuhen. Aber obwohl wir noch genau gleich ausschauen – sogar die gleichen Mäntel haben wir an, es scheint wieder Winter zu sein (nur mein Regenschirm ist weg) –, sind wir uns ähnlicher geworden. Als wären wir verwandt. Oder sind wir uns schon von Anfang an ähnlich gewesen, in aller Unähnlichkeit?

Auf der Bühne dreht man die Sonne stärker auf, es wird Mittag; man will uns an zwei Schreibtische setzen, wir hängen matt auf den blitzblauen Drehsesseln, die der emsige Gehilfe herbeibringt. Es wird Nachmittag. Das ist eine Frage des Kreislaufs, sagst du und isst dein Wurstbrot. Ich werde etwas verfassen, sagst du, in dem die Zeit belanglos geworden ist, die Reihenfolge keine Rolle mehr spielt. Es wird Abend. Wir haben die ganze Zeit unermüdlich in vielem geblättert, unzählige E-Mails getippt, unser Tippen klingt wie sanftpfotige Regentropfen auf einer Dachrinne. Nein, dieser Vergleich hinkt, sagst du, ohne von deiner Lektüre aufzublicken. Und: Beistrichsetzung wirst du nie lernen, gib dir gar keine Mühe. Wir sollten mehr Gedichte bringen, sage ich. Gedichte sind schön, sagst du, nur leider so kurz.

Unser Tippen ist, als würden tausend Maikäfer auf den Blättern Beifall klatschen, schlage ich vor. Du wiegst den Kopf ein bisschen, überlegst; blätterst weiter in deinen Unterlagen. Endlich wird es wieder dunkel auf der Bühne. Ein Mond wird aufgedreht und über die Straße mit den fruchtenden Kakteen gehängt. Unsere Schreibtische werden von den Bühnenarbeitern auf Rollen gesetzt und dreitausend Kilometer voneinander weggezogen, im nächsten Moment wieder zusammengeschoben, kaum zwei Meter trennen uns jetzt. Das Telefon läutet. Um diese Zeit?, sagst du, und wartest, bis der Anrufer die Nachricht aufs Band gesprochen hat.

Das war für dich, sagst du.

Für mich?

Aber sie haben ausdrücklich deinen Namen genannt.

Nein, es ging um Albanien, das war für dich.

Der Mond ist höher gestiegen. Es muss nach Mitternacht sein. Wir reden nichts mehr. Endlich sind wir in unsere Arbeit vertieft. Jeder in seine. Wir schreiben und das Schreiben macht kein Geräusch mehr.

Bist du zufrieden?
Niemals.

Während die Bühnenarbeiter den Mond mit einer Sonne vertauschen und langsam diverse Arten zwitschernder Vögel aufdrehen, bringt der emsige Gehilfe eine Trafik aufs Podium, mit schnellen, geschickten Handgriffen baut er sie zusammen. Aus der hinteren Tasche seines Overalls zieht er die Hülle eines alten Mannes heraus und bläst sie auf.

A-e-i-a, sagt der Mann langsam, als seine Backen voller Luft sind, und meint damit: Ach so, ich bin auch gemeint.

Haben Sie noch Wünsche?, fragt der Bühnenarbeiter.

Wünsche haben wir immer, sagt der Mann, blättert scheinbar achtlos die Zeitungen im Ständer durch, findet einen Artikel, an dem er hängen bleibt, hält ihn in die Höhe, ein großes Foto von dir ist zu sehen. Der Mann dreht sich um und schaut mich fragend an.

Ja, sage ich vorsichtshalber.

Ein paar gehen aber auch in Erfüllung, sagt der Mann, nicht wahr.

Der Vorhang (roter, dicker Samt) geht zu.
(Wir verbeugen uns dahinter.)

Dževad Karahasan

*Die Grenze ist der eigentlich fruchtbare Ort
der Erkenntnis* (Paul Tillich)

Karl-Markus Gauß ist einer der recht wenigen Schriftsteller, die ich betont dialogisch gelesen habe. Das heißt, ich habe seine Bücher nicht als abgeschlossene, in sich eingeschlossene Äußerungen erlebt, die eine endgültige Wahrheit des Autors über einen Gegenstand aussprechen sollen, sondern als Repliken eines Partners im Dialog, als Äußerung, die darauf angelegt ist, eine Seite des Gegenstandes, von dem sie spricht, zu beleuchten und auszudrücken, und das auch deutlich zeigt. Meine Lektüre der Gaußschen Bücher war also immer ein Gespräch, darauf gerichtet, seinen Gegenstand von mindestens zwei Seiten zu beleuchten und dazu beizutragen, dass ich die subjektiven Wahrheiten der beiden Gesprächspartner im Raum zwischen ihnen, also dort, wo sich vermutlich der Gesprächsgegenstand befindet, gegenseitig ergänzen, durchdringen, relativieren, in Frage stellen oder bestätigen. Ich will sagen, dass ich, während ich die Lektüre der Gaußschen Bücher genoss, unzählige Male über das, was ich las, nachdachte und sprach, indem ich auf eine konkrete Äußerung reagierte, mich mit einer konkreten Stelle in dem jeweiligen Buch auseinandersetzte, bei mir selbst überprüfte, wieweit ich einem Teil oder einer Schlussfolgerung des Textes, den ich las, zustimmte oder nicht zustimmte. Ich habe das oft und gern getan.

Es fällt mir gar nicht so leicht, anderen jene Freude zu erklären, die mir seine Bücher machen. Um meiner Verpflichtung zu entsprechen, muss ich die Bücher von Gauß als Ganzheit betrachten, die Form dieser Ganzheit definieren, ihre Charakteristiken benennen, kurzum, ich muss das Werk von Gauß aus der Außenperspektive betrachten, nachdem ich es jahrelang aus einer inneren betrachtet habe wie einer der Partner in dem Gespräch, das von diesem Werk nicht nur ermöglicht, sondern auch initiiert wird. Bereits die technischen Gründe, die als erstes ins Auge springen, zeugen von der Schwere meiner Aufgabe: Das Werk von Gauß ist umfangreich, und schon deshalb ist es schwer, es mit einem Blick zu umfassen, seine Grenze, seine Form zu beschreiben, in den Klassifizierungsschemata einen Platz dafür zu finden und es zu klassifizieren.

Versuchen wir eine kurze Inventur: Karl-Markus Gauß schreibt Literaturkritiken für angesehene deutschsprachige Blätter wie *Die Zeit*, die *Süddeutsche Zeitung*, die *Neue Zürcher Zeitung*, *Die Presse*. Seine Kritiken sind oft neuen Büchern von Autoren aus Ost- und Südosteuropa gewidmet, können aber keineswegs auf diesen Kreis beschränkt werden. Diese Kritiken zeigen eine beneidenswerte Vertrautheit mit dem kulturellen und literarischen Kontext, aus dem die einzelnen Autoren kommen, demonstrieren eine maximale Kompetenz in Fragen der literarischen Technik und der formalen Analyse, aber kein einziger Gaußscher Text über ein Buch beschränkt sich auf einen ruhigen, neutralen Bericht über die technischen und formalen Eigenheiten des Buches, den kulturellen und literarischen Kontext, aus dem der Autor kommt, und die allgemeine Bewertung, wie es sich gehört, wenn es sich um Literaturkritik handelt. Seine Kritik ist nie neutral, sie schreibt sich in das Buch ein und bemüht sich, Gründe für seine Lektüre zu entdecken, deshalb ist die Kritik von Gauß immer auch ein Gespräch mit dem Buch ebenso wie ein Selbstgespräch anlässlich des betreffenden Buchs. Darin weist die Kritik der aktuellen Literaturproduktion Berührungspunkte mit einem anderen Segment der Arbeit von Gauß auf, das man in Buchform genießen kann, mit der literarischen Essayistik wie in seinen Büchern »Tinte ist bitter – Literarische

Porträts aus Barbaropa« und »Die Vernichtung Mitteleuropas«. Gauß' Essays über Miroslav Krleža und Ciril Kosmač, Prežihov Voranc und Bruno Schulz, Theodor Kramer und Albert Ehrenstein, Danilo Kiš und Hermann Ungar, Fulvio Tomizza und Ismail Kadare wie auch eine Reihe anderer Autoren, die ich vielleicht weniger kenne oder weniger mag als die erwähnten, die aber wahrscheinlich nicht weniger bedeutend sind, korrespondieren in gewisser Weise mit seinen Kritiken der aktuellen Literaturproduktion. Die einen wie die anderen erforschen einen kulturellen und geistigen Raum, die einen wie die anderen verzichten dem Einschreiben in den betreffenden Text zuliebe auf Neutralität, die einen wie die anderen sind Gespräche mit Büchern oder einem Werk, mit einem Gegenstand oder einer Frage, aber die ganze Zeit auch Selbstgespräche, die offen nach einer Antwort auf die Grundfrage jeder Lektüre suchen – »Warum sollte ich das lesen?«, das heißt, »Warum lese ich das?« Ich gebe zu, dass ich diese Gaußschen Bücher, das heißt, das ganze literarisch-essayistische Segment seines Opus, außerordentlich mag, nicht nur weil ich in Gauß' literarischer Essayistik luzide Überlegungen und geistreiche Analysen einer Reihe von Autoren finde, die ich selbst schätze und von denen ich lerne, sondern vielleicht noch mehr, weil Gauß' Essay eigentlich ein Dialog mit dem Werk ist, über das er spricht, mit der Epoche und Kultur, der er sich zuwendet, eine aufregende Gegenüberstellung des Subjekts, das spricht, und des Gegenstandes, über den das Subjekt spricht und dem es, entgegen der traurigen Praxis unserer Zeit, erlaubt, sein Subjekt zu sein und sich als solches zu verhalten. Ja, genau so: Gauß' Essay ist ein Dialog zweier Subjekte, die sich in ihrer vollen Konkretheit gegenüberstehen.

Ein anderes umfangreiches Segment der Arbeit von Gauß ist die so genannte kulturpolitische Publizistik (die Bücher »Der wohlwollende Despot«, »Ritter, Tod und Teufel«, »Ins unentdeckte Österreich«, »Das Europäische Alphabet«), die ich lieber

Prosa über kulturelle Identität und ihre eminent grenzhafte Natur nennen würde. Karl-Markus Gauß befasst sich geistreich und hartnäckig mit den Fragen der österreichischen kulturellen Identität und dem Diskurs darüber, der europäischen kulturellen Identität und dem Diskurs über Europa, die kulturelle Identität und ihre konstitutiven Elemente, über die Natur der Identität und die Möglichkeiten, sie zu verstehen, zu benennen, zu beschreiben ... In diesem Segment von Gauß' Opus sind schon auf den ersten Blick, sowohl thematisch als auch methodologisch, Ähnlichkeiten mit den oben erwähnten Segmenten zu erkennen, um nicht zu sagen, Elemente der Kontinuität in seiner Arbeit. Auch in diesen Schriften sucht Gauß nach der Grenze als Ort, an dem die Form entdeckt und erkannt wird, auch in diesen Texten entdeckt er sich dem Gegenstand, über den er spricht, und lässt den Gegenstand sich ihm entdecken/offenbaren, sich dessen bewusst werden, dass einzig in der Gegenüberstellung zweier Subjekte, im Prozess des gegenseitigen Entdeckens/Offenbarens ein dialogischer Text entstehen kann, der offensichtlich eine Grundforderung seiner Poetik ist. Gauß offenbart uns Österreich als dichtes Netz von Grenzen und dann Europa als erweitertes Österreich, und er offenbart uns dabei, dass Österreich und Europa vor allem wegen ihrer »Grenzhaftigkeit« aufregend und anziehend sind, das heißt wegen der Tatsache, dass sie sozusagen aus einer unüberschaubaren Reihe kultureller Grenzen bestehen. Sind Österreich und Europa deshalb, wegen dieses dichten Netzes von Grenzen, Orte starker Identitäten und betonter »Eifersucht der kleinen Unterschiede«?

Ein besonderes Segment des Gaußschen Werkes bildet, bedingt gesprochen, die Reiseprosa, eigentlich ein Genre, das sich einer Klassifizierung und einer eindeutigen Definition entzieht, weil es Reportage, Reisebeschreibung, Essay und Erzählprosa in sich vereinigt (hier ist mir der Titel »Die sterbenden Europäer« am nächsten und am liebsten). Diese Bücher sind Minderheiten gewidmet, kulturellen und ethnischen Randgruppen, Ethnien, die aussterben, kulturellen Identitäten, denen das Verschwinden droht ... Also wieder die Grenze, dieses Mal eine neue Art Grenze und eine neue Perspektive, aber die alte, aus den früheren Büchern von Gauß bekannte Methode, die Methode des Kennenlernens des Gegenstandes, die eine dialogische Rede über ihn ermöglicht.

Ein besonderes Segment bilden die »Albumblätter«, die in dem Buch »Der Mann, der ins Gefrierfach wollte« gesammelt sind. Dabei handelt es sich um Texte, die Essays und Erzählungen, Anekdoten und ironische Kommentare in einem sind. Nicht vergessen will ich den Anthologen (zum Beispiel »Das Buch der Ränder«) und den Herausgeber Gauß, der, zumindest im Fall seiner Zeitschrift *Literatur und Kritik*, durchaus eine Autorentätigkeit ausübt ...

Wie also ein Werk, das aus Reisebeschreibungen und Reportagen, Essays, Kritiken, Chroniken, Erzählprosa und Skizzen, Polemiken, Überlegungen zur Kulturpolitik, Anthologien und Aufzeichnungen über das Verschwinden besteht, beschreiben und definieren? Wie sich und anderen die Vollständigkeit dieses Werks erklären, wie die Linien der Kontinuität in diesem Werk sichtbar machen und die Elemente der Einheit, die dem Leser vollkommen klar sind, weil man sie bei der Lektüre spürt, die aber für einen Betrachter von außen weniger sichtbar sind?

Dieses schwierige Problem löste wie viele andere mein großer Lehrer Miroslav Krleža für mich. Er war ein leidenschaftlicher Jugoslawe und den »professionellen Jugoslawen« deshalb immer ausgesprochen suspekt, weil er sein ganzes Leben lang leidenschaftlich über das Jugoslawentum nachdachte. Er war ein überzeugter Linker, und deshalb schrieb er eine der ersten und die bis heute überzeugendste Polemik gegen die parteiliche, dogmatische und ideologische Auffassung von Literatur. Er war so sehr Bürger und kulturelles Kind Mitteleuropas, wie man es überhaupt sein kann, und schrieb deshalb ein Leben lang seine Fragen, Zweifel, Verzweiflungen und Einwände hinsichtlich dieses kulturellen und politischen Raums auf. Schon in meiner Jugend verwendete ich, für mich selbst, für das gesamte gewaltige Werk Krležas den Titel seiner polemischen Schrift »Der dialektische Antibarbarus«. So hat Krleža seine Polemik gegen die ideologischen Deutungen der Literatur genannt, in der er sich ihren Vereinfachungen entgegensetzte und gleichzeitig auf seinen großen Lehrer Erasmus von Rotterdam verwies, der seinerzeit auch selbst mit einem Antibarbarus gegen Vereinfachungen anderer Art, aber gleichermaßen gefährliche, gekämpft hatte. Wenn ich traurig war, weil man Krleža angriff, und es griffen ihn immer Nationalisten und Antinationalisten, Kommunisten und Antikommunisten, Linke und Rechte an, erinnerte ich mich an die Tatsache, dass er sein ganzes Leben lang an einem gewaltigen Antibarbarus schrieb, an einer unendlichen und nicht zu vollendenden Schrift gegen Vereinfachungen und gegen den Verlust von Maß. Die Grundeigenschaften der Barbaren sind die Neigung zu Vereinfachungen, die Überzeugung, sie hätten immer Recht, sie besäßen eigentlich die einzige, letzte, einfache Wahrheit, und das Fehlen des Gefühls für Maß. Gegen diese Eigenschaften in sich selbst und in seiner Kultur, in der Gesellschaft, in der er lebte, und in seiner politischen Bewegung, in seinem Volk und in seinem Staat, also in sich und um sich herum, kämpfte Krleža leidenschaftlich und beharrlich.

Mein großer Lehrer fiel mir immer wieder ein, als ich jetzt über Karl-Markus Gauß nachdachte. Ich habe gezeigt, dass seine Denkweise seine Schriften zu einer Ganzheit verbindet, habe seine Besessenheit von der Grenze und von Grenzphänomenen gezeigt, habe gezeigt, wie gekonnt er den aktuellen Augenblick mit der tiefen Vergangenheit verbindet, indem er demonstriert, wie sich das eine im anderen widerspiegelt, ich habe also den wohlmeinenden Gesprächspartner auf Elemente der Einheit in

Gauß' Arbeit aufmerksam gemacht. Aber das ganze Unterfangen ist vergebens, wenn ich nicht mir und den Gesprächspartnern helfe, das Wichtigste zu begreifen – die Freude, die die Lektüre der Texte von Karl-Markus Gauß mit sich bringt. Hier ist mir Krleža beigesprungen und hat mir durch sein Beispiel geholfen, eine der Quellen für die mit der Lektüre der Bücher von Gauß einhergehende Freude zu erkennen. Wie mein Lehrer schreibt auch Gauß an einem großen, nicht zu vollendenden Antibarbarus und kämpft gegen alle Vereinfachungen in sich und um sich herum. Und wer gegen Vereinfachungen kämpft, ist darauf angewiesen, Nuancen aufzudecken, andere darauf hinzuweisen, an die Schönheit der kleinen Unterschiede und ihre Wichtigkeit für das Leben zu erinnern. Indem er das tut, zieht er den Leser ständig in seinen Text hinein, als unterhalte er sich mit ihm. Und was gibt es Schöneres, Heiligeres und Wichtigeres als ein Gespräch mit einem klugen Menschen?!

Aus dem Bosnischen von Katharina Wolf-Grießhaber

MARGIT SCHREINER

Alles erfunden

Ich persönlich habe ja das Theater um den Unterschied zwischen Fiction und Faction nie verstanden. Für mich ist auch Faction Fiction. Alles erfunden, auch das am besten Recherchierte. Und besonders wir selbst: eine Erfindung. Die Frage ist nur: Wie gut ist etwas erfunden? Und was wird erfunden? Ehrlich gesagt, mich interessiert ein erfundener Zahnarzt und seine erfundenen Affären mit der erfundenen Frau eines anderen erfundenen Zahnarztes wenig. Mir sind die Selbsterfindungen am liebsten. Karl-Markus Gauß ist selbsterfundener Zahnarzt und schaut der Gesellschaft ins Maul. Kein besonders angenehmer Beruf, wenn Sie nur an den vielen Mundgeruch denken, dem Sie bei der Arbeit ausgesetzt sind. An die Zahnfäule, die Zahnfleischentzündungen, Zahntaschen und -abszesse. Will ein Zahnarzt nicht verbittern, braucht er Optimismus und Humor. Karl-Markus Gauß hat beides. Ihm schwebt nicht das perfekte Gebiss mit strahlend weißem Lächeln amerikanischer Prägung vor, aber ich glaube, er denkt an eine solide Zahnsanierung. Da muss viel gebohrt werden. Manche Füllungen schmerzen höllisch. Der Mann in Weiß lächelt und bohrt.

»Fünfzehn Tropfen Psychopax, und der Flugzeugabsturz wird zum Klacks« hat mir Karl-Markus einmal als Tipp gegen meine Flugangst auf den Weg nach Japan mitgegeben. So etwas tröstet einen doch! Besonders wenn man ahnt: Der Mann weiß, wovon er spricht. Und genau das spürt man auch in Gaußens Literatur überall. Ob in der Reportage, in der Fiktion oder im Journal. Alles Abenteuer, und die sind nicht nur im Kopf. Jeder große Abenteurer ist ein ängstlicher Mensch. Wenn ich da an

Redmond O'Hanlons Dschungelexpeditionen denke. Der Mann bricht nie aus Jux und Tollerei zu den weißen Flecken der Erde auf, eher aus innerem Zwang, und er scheint, sich durch den insektenreichen Urwald schleppend, auch ununterbrochen zu denken: Warum habe ich mich nur darauf eingelassen? So stelle ich mir Karl-Markus in der Ukraine, in Litauen, Lettland, Estland vor. In Odessa, der desolaten Schönen, in Tallin, im geteilten Narwa (Russland/Estland), der Stadt mit der höchsten Aidsrate Europas, oder in Svinia, der Schlammigen, oder in dem unaussprechbaren Kudrjawka. Der ängstliche Mensch ist auf seine genaue Wahrnehmung angewiesen. Wo der Draufgänger durchstapft, schaut er sich ununterbrochen um. Und da sieht er natürlich viel: Hundeesser, Poetinnen mit Zehen wie Kinderarme (ja, ein Denkmal), Fanatiker, Gebildete wie Ungebildete, Musikbesessene und Kleingeister, Intriganten und Humanisten, Wolfskinder, zerstörte, verfallene, desolate Städte am östlichen Rand Europas. »Und dann begann Alexej Wassiliwitsch zu weinen. Er stand auf dem von riesigen Schlaglöchern aufgerissenen Dorfplatz, hatte sich über den Lenker seines Fahrrads gebeugt und weinte, von einer wachsenden Freundesgruppe bedauert.«

Worauf unsere Fiktionsbesessenheit beruht, ist mir ein Rätsel. Tatsache ist, dass unser Feuilleton, soweit es dieses überhaupt noch unabhängig von der Werbung gibt, nur der Fiktion die Weihe der schönen (hohen) Literatur verleiht. Warum? Vielleicht wollen wir ja nur flüchten vor dem, worauf Karl-Markus Gauß sein Hauptaugenmerk richtet: vor der Geschichte unseres heutigen Europa, der Völker und aussterbenden Völker, der Splittergruppen und Randständigen, vor dem Weinen des Alexej Wassiliwitsch und dem eigenen täglichen Kampf gegen die Zahnfäule. Da lesen wir lieber von den historisch gescheiterten Versuchen, die Welt zu vermessen, oder dem lieblosen Alltag eines Schriftstellers, der hauptsächlich daraus besteht, auf langweilige Partys zu gehen und dort zu saufen. Das Gaußsche Gesamtwerk ist ein Netz, gesponnen aus Wissen, Erfahrung, genauer Beobachtung und Selbstbeobachtung. Und das ist hohe Literatur. Denn da gehen das Wissen, die Erfahrung, die genaue Beobachtung und Selbstbeobachtung eine Symbiose ein, die eine eigene Welt schafft. Da korrespondiert der Roman mit der Reportage und mit dem Journal. Alles zusammen ergibt ein Bild unserer Zeit: Die persönlichsten Erfahrungen mit den politischen, die Lektüre mit der Begegnung mit Freunden, die Nachrichten, das Fernsehen und die Natur. Alles Erfindungen, alles Tatsachen. Gauß braucht keinen Krimi für seine Gesellschaftskritik. Er schreibt sie direkt. Und beweist, dass das nach wie vor möglich ist. Dabei erspart man sich als Leser die endlosen Mord- und Mordverdächtigenkonstrukte.

Man macht uns das Lesen von Tagebüchern oder Journalen nur von so genannten Stars schmackhaft: Dieter Bohlen oder Goethe, Hildegard Knef oder Reich-Ranicki. Aber da muss ich einmal mit R-R. (»Was interessieren mich die Eskimos?«) sagen: Was interessiert mich Goethe?

Wir haben keine Tradition, was die großen Reportagen betrifft. Ich kenne im deutschsprachigen Raum eigentlich nur die von Martin Pollack herausgegebenen Reportagen, der uns auch mit der (in diesem Fall großen) Tradition der polnischen Reportage bekannt gemacht hat, und Marie-Luise Scherer im *Spiegel* (und das scheint auch vorbei zu sein).

Die Anregungen in den Journalen sind zahllos: Ich werde mir Canettis »Party im Blitz« kaufen, dessen trotzigen Kampf gegen das Unvermeidliche, den Tod, ich nie verstanden habe, und Aleksandar Tišmas Tagebücher, die laut Karl-Markus Gauß 12 000 Seiten umfassen und mit und ohne Krieg hauptsächlich von seiner Jagd nach Frauen handeln.

Und auch die Gesamtausgabe und die Autobiographie Jean Amérys, der die Folter nicht überlebte und sich zwanzig Jahre danach selbst tötete. Und der darunter litt, dass seine großartigen Essays nicht der Literatur zugeordnet wurden.

Folgendes unpassendes Bild wird mir immer in Erinnerung bleiben: Vor vielen Jahren haben Karl-Markus Gauß und seine Familie und meine Tochter und ich zufällig gleichzeitig Alf Schneditz und seine Familie in Cinque Terre besucht. Der dortige Badestrand war nicht ganz nach unserem Geschmack: Unbequeme riesige Felsbrocken am Hafenbecken, in dem wir badeten, bedroht von zahllosen Seeigeln und bei bestimmter Strömung auch von Feuerquallen. Wir saßen meist alle dicht gedrängt auf einem der letzten unbesetzten Felsbrocken im trüben Hafenbecken wie gestrandete Boat People. Und doch! Niemand – und da bin ich wieder bei meinem Fiction/Faction-Thema –, niemand, der nicht irgendwann selbst verloren gegangen und dann irgendwo wieder gestrandet ist, kann, ob in der Reportage, dem Roman oder dem Journal, wirklich über die Verlorengegangenen und Gestrandeten schreiben. Und insofern hat das Bild doch wieder gepasst.

Andržej Stasiuk

Fahren mit Gauß

»Tornal'a war menschenverlassen, als hätte die Bevölkerung ihre eigene Stadt geräumt. Schnurgerade zog die staubige Hauptstraße, die die fünfzehn Kilometer nach Ungarn, vielleicht aber auch bis in die Steppen der Mongolei führte, durch den Ort, in dem an diesem Vormittag um zehn alle Geschäfte, Imbissbuden, Ämter geschlossen hatten.«

So beginnen die »Hundeesser von Svinia« von Karl-Markus Gauß. Eines Tages las ich die beiden Sätze, und seit damals ließen sie mir keine Ruhe mehr. So ist das manches Mal mit Sätzen. Scheinbar neutral und kühl, gelingt es ihnen, in unserem Denken Bilder von unwiderstehlicher Kraft zu erzeugen. Die in einer Phrase enthaltenen Länder Slowakei, Ungarn und Mongolei, miteinander verbunden durch dieselbe »staubige Straße«, beherrschten meine Vorstellung. Tornal'a erschien darin wie eine Art Grenzsiedlung, hinter der es nur mehr die Steppe und die Tataren gab, oder vielleicht sogar mongolische Reiterhorden von Dschingis Khan selber.

Ich kenne die Slowakei recht gut – ich wohne seit vielen Jahren in der Nähe der slowakischen Grenze –, doch der von Gauß beschworene Staub und die Leere erwiesen sich als stärker. Eines Tages machte ich mich einfach dorthin auf: ungefähr zweihundert Kilometer über gewundene Bergstraßen nach Südwesten und dann durch die menschenleere Kalkhochebene des slowakischen Karstes. Tornal'a präsentierte sich als gewöhnliches, ein wenig verschlafenes Städtchen. Auf dem schattigen Hauptplatz saßen junge Leute auf Bänken. Die Schule war schon aus. Ich musste eine Runde um den Platz fahren, bis ich einen Parkplatz fand. In der Ferne waren die schweren Lastwagen auf der Fernstraße E571 zu hören, die von Bratislava nach Košice führt. Ich spazierte um den Platz herum. Die Menschen erkannten in mir den Fremden. Das Leben ging seinen normalen Gang. Staub gab es nicht mehr als anderswo, und keine Spur von Tatarenhorden.

Langsam fuhr ich in Richtung der ungarischen Grenze. Auf der anderen Seite gab es einen Nationalpark mit großen Karsthöhlen inmitten märchenhafter Berge. Neben dem Eingang ins Innere der Erde parkten Hunderte Autos und drängten sich massenhaft Touristen.

So ist das Schreiben von Gauß. Es bringt uns dazu, unser Haus und unsere eigene Vorstellungskraft zu verlassen und uns auf den Weg zu machen. Seinen essayistischen Reportagen, ob über die slowakischen Zigeuner oder die versprengten Deutschen in Europa oder schließlich über die »Sterbenden Europäer«, wohnt die Kraft der besten Epik inne. Wir glauben an ihre Wahrhaftigkeit, und gleichzeitig schüren sie unsere Vorstellung. Intellekt und Phantasie werden durch diese Lektüre gleichermaßen zufrieden gestellt. Der Diskurs und das Bild von der Welt vermischen sich darin in denselben Proportionen, wie sich der reine Alkohol und reines Wasser im Wodka vermengen. Und das alles, um Verwirrung, ein angenehmes Gefühl und eine spezifische Klarheit des Sehens mit auf den Weg zu bekommen. Gauß steigt einem einfach zu Kopf.

Jedenfalls dermaßen, dass wir den Wunsch verspürten, in Durrës eine Fähre zu besteigen und nach Bari überzusetzen.

Meine Frau und ich reisen seit Jahren nach Albanien, doch erst nach der Lektüre der »Sterbenden Europäer« und des Kapitels über die Arbëreshe beschlossen wir, die Adria zu überqueren. Wir wollten jenen vergessenen albanischen Stamm finden, der vor fünfhundert Jahren auf der Flucht vor den Türken seine Heimat verließ, um sich in Süditalien niederzulassen. Wir wollten die versunkene Vergangenheit Albaniens ergründen – eines unbekannten, schönen Landes mit einer etwas angekratzten Reputation. Wir hofften, in kalabresischen Dörfern und Städtchen die fehlenden Glieder zu finden, die uns helfen würden, das Geheimnis des Albanertums zu verstehen. Mit einem Wort, wir wollten, so wie Gauß, ein wenig die dekadente Atmosphäre von Civita, Lungro und anderen kalabresischen Städtchen spüren, wo Intellektuelle, Denker und Geistliche der Arbëreshe das fünfhundertjährige Erbe ihrer Sprache, Kultur und Religion zu bewahren suchen. Auf der einen Seite drohen ihnen eine Italianisierung, auf der anderen eine weltweite globalisierte Unifizierung, und auf der dritten drohen schließlich die Albaner selber, die massenhaft aus der alten Heimat zu ihnen strömen. Diese Albaner sind, nach Ansicht der Arbëreshe, nichts weiter als von Geldgier getriebene Barbaren, entwurzelte Wilde, deren neue Heimat in gedankenlosem Konsum besteht. Das wollten wir begreifen, diese Zwiespältigkeit von Albanern und Arbëreshe.

Es waren die letzten Augusttage. Die Ferien gingen zu Ende. Der Fährhafen in Durrës glich einer Hölle. Tausende Albaner kehrten nach Westeuropa zur Arbeit zurück. Tausend, zweitausend Menschen standen schweigend in einer blechernen Halle zusammengedrängt und warteten auf die Passabfertigung. Es war so eng, dass Leute, die ohnmächtig wurden, nicht umkippten, sondern weiter stehen blieben oder höchstens in die Knie sanken. Tausend, zweitausend Menschen mit Gepäcksstücken, mit Kindern auf den Armen, in völligem Schweigen. Den Zollbeamten floss der Schweiß in Strömen herab, aber in ihren gläsernen Hütten konnten sie sich zumindest frei bewegen. Das Warten dauerte viele Stunden. Wir waren vermutlich die einzigen Nicht-Albaner in dieser stoischen, verzweifelten, schweigenden Masse. Körper an Körper, Atem an Atem. Vier, vielleicht fünf Stunden lang.

Wir standen an der Schwelle zur reichen Welt und warteten demütig darauf, eingelassen zu werden. Das Bild dieser schwach erleuchteten Halle voller Schweiß und wie Rindvieh zusammengedrängter Menschen, die nichts anderes im Sinn hatten als eine Verbesserung ihres Schicksals, schien eine düstere Metapher auszudrücken. Ich stellte mir vor, dass genau so das satte, zufriedene Europa aussah: Von außerhalb wird es von denen bedrängt, die nichts weiter als ihre eigenen Körper zum Verkauf anzubieten haben. So schaut die Welt aus.

Endlich gelangten wir auf die Fähre. Wir hatten eine Kabine. Die meisten Leute campierten an Deck, in den Bars, in den Gängen. Bei Tagesanbruch sahen wir im großen Fenster die azurblaue Küste Italiens.

Zwei oder drei Stunden später wurden wir beraubt. Das erste Mal im Leben. In der Wiege der europäischen Zivilisation. Eine kleine städtische Ratte – oder vielleicht bloß ein Mensch, der sich in einer momentanen Notlage befand – riss meiner Frau die Handtasche von der Schulter. Ich rannte hinter ihm her, doch er war jünger, schneller und kannte das Winkelwerk seiner Stadt. Wir alarmierten die ganze Umgebung. Ich hatte den Eindruck, dass die halbe Stadt zusammenlief. Am Ende halfen uns gute Italiener – vermutlich Cousins und Bekannte unseres Diebes –, alles wieder zurückzubekommen. Alles, außer das Geld. Aber das war auch so schon viel.

Es ist gut, mit Gauß zu fahren. Wir brauchen ihm nur zu vertrauen, und unmerklich begeben wir uns ins Innere der Erzählung. Aus gewöhnlichen Lesern verwandeln wir uns mit einem Mal in literarische Helden. Mehr kann man meines Erachtens von der Literatur nicht erwarten.

Aus dem Polnischen von Martin Pollack

GERHARD ZEILLINGER

Zu entdecken.
Reiseerinnerungen aus Europa

Reiseliteratur hat mich immer schon fasziniert, viel mehr als das Reisen. Das Bordbuch von Kolumbus, Johann Georg Forsters »Reise um die Welt« oder J. A. Schultes' »Reisen durch Oberösterreich« (Tübingen 1809). Natürlich viel früher schon die klassischen Landschaften der griechischen Sagen, oder Geschichten aus 1001 Nacht. Karl May dagegen hat mich nie interessiert, ich weiß nicht warum. Vielleicht weil ich in dem Alter, in dem man gewöhnlich Karl May liest – oder besser: gelesen hat –, nicht gerade zu den Lesefreudigen gezählt habe. Ich bin auch heute noch kein großer Leser und noch weniger ein leidenschaftlicher Reisender, aber ich kann mich nächtelang in Schilderungen wie Payers »Nordpol-Expedition« oder die »Orientreise« des Kronprinzen Rudolf vertiefen. Und überhaupt erst das »Kronprinzenwerk«, jene 24-bändige, mit so viel Leidenschaft geschriebene Enzyklopädie der österreichisch-ungarischen Kronländer »in Wort und Bild«, ein wahrhaft buntes Gemälde verschiedenartiger Land- und Völkerschaften, Sprachen und Kulturen, die einmal einen sehr großen geistigen Raum gebildet haben. Der Reiz dieses Gemäldes liegt vielleicht darin, dass es nichts davon mehr gibt. Oder zumindest kleine Reste im Unsichtbaren oder Unscheinbaren, vor unserer Wahrnehmung fast versteckt.

Bevor Karl-Markus Gauß über die Jahre quer durch Europa gereist ist, am Balkan die Aromunen, in Sarajevo die Sephardim, die letzten Gottscheer in Slowenien oder die Sorben in Deutschland besucht hat, bevor er sich auf Erkundungsfahrten zu den

»versprengten Deutschen« ins Baltikum, in die Zips und ans Schwarze Meer begeben hat, bevor er in die Slowakei reiste, um die Kultur der Roma zu studieren, durch Osteuropa fuhr, um die neuen Völker der Europäischen Union kennen zu lernen, und zuletzt eine Reise zu den »fröhlichen Untergehern von Roana« unternommen hat, um im Norden Europas den Orient zu finden, bevor Gauß all diesen untergehenden Völkerschaften und Kulturen, den Zimbern in Italien oder den Karaimen in Litauen, nachging, hat er 1998 eine Reise »Ins unentdeckte Österreich« gemacht. Das klang exotisch, als hätte jemand die Innere Mongolei bereist und schicke sich nun an, uns von fremden Dingen zu berichten.

In der Tat, ein wenig war es so. Das Österreich, das Karl-Markus Gauß zu entdecken versucht hat, war wie ein verborgener Teil unseres Landes. Es handelt sich nämlich um das europäische Österreich. Ein scheinbar untergegangenes, vergessenes, fremd gewordenes Land. In dem Buch hat Gauß keine Reise in ein festumschlossenes Territorium beschrieben, vielmehr eine Entdeckungsfahrt in einen geistig viel größeren Raum, über die eigenen engen Grenzen hinaus in das, was einmal »Österreich« außerhalb von Österreich war. Dass es dieses Land auch als Bewusstsein nicht mehr gibt, hat nichts mit einem verlorenen Weltkrieg zu tun, sondern mit jener »Geschichtslosigkeit«, die sich erst die Instanzen der Republik und dann die Gesellschaft so fundamental zu eigen gemacht haben.

Damit ist nicht nur ein politisches Defizit vermerkt. Die Bücher von Karl-Markus Gauß beschreiben auch den Verlust von »Lebensgefühl«; dahinter stehen das verlorene Land, die verlorene Landschaft, das verlorene Sehen. In diesem Zusammenhang sind seine Reportagen eigentlich Reiseerzählungen. Also Literatur. Ob Gauß farbenreich Landschaften des Balkans schildert, Städtebilder aus dem Osten zeichnet oder immer wieder von der Donau schreibt, die all das durchzieht und verbindet, es geschieht in einem wunderbar erzählenden Ton und erinnert an jene Reiseliteratur, die einmal eine eigene Literaturgattung gewesen ist. Die Ästhetik präziser Landschafts- und Städtebeschreibungen.

Die alten Eisenbahnführer und die Baedeker um 1900 pflegen diesen Ton noch auf wundervolle Weise. Die Informationen, die sie bereit halten und die man heute aufgrund verlorener Wirklichkeiten nicht mehr in die Hand bekommt, kann man wie gute Literatur lesen. In ihnen findet man so schöne Sätze wie: »Die Bahn verläßt die Traun und tritt in das Tal der Ager«, »Nach Norden flachen sich die Ufer allmählich ab«, oder »Sehr malerisch liegt Volosca vor den Blicken der Ankommenden.« Manchmal findet man in solchen Reiseführern alte Eisenbahnfahrscheine eingelegt oder gepresste Alpenblumen. Sie sind dem, der darin blättert, wie ein ferner Gruß durch die Zeiten. Genau so die Kupferstiche und Lithographien in den topographischen Werken des 19. Jahrhunderts, die dem betrachtenden Leser die damals noch reichlich vorhandenen Naturschönheiten so eindringlich vor Augen führten.

Zum Beispiel »Reiseerinnerungen aus Krain« von Heinrich Costa, Laibach 1848. Ein »Wegweiser« durch ein »wundererfülltes, aber viel zu wenig bekanntes Land«, wie es im Vorwort heißt. Ich blättere gern in dem Buch, umso mehr, weil ich ein wenig von seiner Herkunft weiß. Es trägt hinten eine kleine Buchhändlermarke: »Zu haben bei F. W. Resch Buchbinder in Krainburg.« Ebendieser hat auch eine Widmung auf das Vorsatzblatt geschrieben, sechs lange Strophen eines Gedichtes, darunter hat er hinzugefügt: »Den 5. July 1880, von Ihrem alten Freund und Lehrmeister F. W. Resch sen., Krainburg.« Er hat das Buch seinem ehemaligen Lehrling Adalbert Queiser zum Andenken geschenkt. Der war mittlerweile selbst Buchhändler und obendrein Buchdruckereibesitzer geworden, in Amstetten, im fernen Kronland Österreich unter der Enns. Damals, anlässlich eines Besuches in der alten Heimat – man hat einander viele Jahre nicht mehr gesehen –, hat der alte Buchbindermeister und Buchhändler ins Regal gegriffen und in den über dreißig Jahre alten, in rotbraunes Leder gebundenen Band diese Widmung geschrieben – damals, in einer weniger schnelllebigen Zeit, waren »Ladenhüter« noch eine gute Ware.

Adalbert Queiser, sein ehemaliger Buchbinderlehrling, war 1837 als Sohn des städtischen Grundbuchführers in Krainburg, slowenisch Kranj, geboren worden. Aber eigentlich stammten die Queiser aus Böhmen, aus der Gegend um Reichenberg. Generationen lang waren sie erst Feldgärtner in Engelsberg, dann Schullehrer in Brims (Brniš) gewesen. Nikolaus Queiser, geboren 1762, besuchte die Normalschule in Prag und ging nach Brims zurück. Seinen Sohn Augustin zog es nach dem Süden, in die Untersteiermark und die Krain. Dort heiratete er die Tochter eines Webers aus Sellaberg im Cillier Kreis, zeugte mit ihr fünf Kinder und starb schließlich als »jubilierter k. k. Aktuar« in Cilli.

Seinen einzigen Sohn Adalbert trieb es wieder nordwärts. Nachdem er die Lehre bei Franz Wilhelm Resch beendet hatte, zog er acht Jahre lang als Handwerksbursch durch die österreichisch-ungarische Monarchie, er kam auch nach Deutschland und sogar bis Russland. Er sah viel, er lernte viel. Als er 1863 in den niederösterreichischen Marktflecken Amstetten kam, hatte er gerade so viel Geld in der Tasche, um sich eine Gipspfeife, ein Päckchen Tabak und eine Schachtel Schwefelhölzchen zu kaufen, alles zusammen für sieben Kreuzer. Gewiss kein Startkapital für ein neues Leben an einem fremden Ort. Doch der junge Queiser war eine typische Existenz der Gründerzeit, betriebsam und allen Neuerungen aufgeschlossen. In dem kleinen, aufstrebenden Markt hat er es schnell zu etwas gebracht. Er gründete eine Familie, eine Buchdruckerei, später eine Wochenzeitung, und er schrieb sogar die erste Chronik von Amstetten, wo er nun zu Hause war. Damals, 1898, war Amstetten gerade vom Kaiser zur Stadt erhoben worden und galt als einer der modernsten Orte in der Monarchie.

Queiser war Mitglied der Gemeindevorstehung, Mitbegründer der Feuerwehr und des Elektrizitätswerks, er war umtriebig in Vereinen. Zu Ehren des Kaisers wollte er zuletzt noch eine Kirche bauen. Zumindest den Rohbau des Kirchenschiffes hat er noch erlebt. 1908 starb er, von einer plötzlichen Schwäche ergriffen, in dem unvollendeten Bau, in einem Bett, das er erst wenige Tage vorher in der Sakristei hatte aufstellen lassen, für den Fall, dass einer der Arbeiter einen Unfall erleiden sollte. Am Ende legte man ihn selbst hinein, und da nichts anderes zur Hand war als schwarz-gelber Fahnenstoff, breitete man diesen schnell wie ein Laken über das einfache, mit Holzwolle gefüllte Bett. Er starb unter den Augen des Kaisers, dessen Bild in einem schmucken goldenen Rahmen über ihm hing. Weitab von der Heimat hatte sich der Kreis seines Lebens geschlossen.

Vielleicht lag der Wandertrieb in der Familie. Aber es war nicht ungewöhnlich in dieser Zeit. Gewiss ein Zufall, dass er damals nach Amstetten gekommen war und mit den ihm verbliebenen sieben Kreuzern beschlossen hatte, hier zu bleiben. Es hätte auch Graz oder Preßburg oder Pest sein können. In der großen österreichisch-ungarischen Monarchie hat man sich bald da, bald dort niedergelassen. Man ist zwar wenig »gereist« zu dieser Zeit und ist manchmal dennoch weit herumgekommen, seinen endgültigen Lebensort hat man oft meilenweit von jenem entfernt gefunden, von dem man einst aufgebrochen war.

Einwandern und Auswandern war ein dynamischer Fluss quer durch Europa, durch benachbarte Kulturen und fremde Sprachen, in die man eingetaucht ist und in denen man sich bald zu Hause fand. Als 1890 Adalbert Queisers jüngste Schwester, Vergoldersgattin in Cilli, starb, druckte der Bruder im fernen Amstetten die Totenbilder auf Deutsch und Slowenisch, auf dem einen steht Christine Kraschowitz, auf dem anderen Kristine Krašovic. Überhaupt hatte sich die Familie einmal so und einmal so geschrieben, sie war schließlich in beiden Sprachen beheimatet.

Auf den alten Ansichtskarten, die ich unlängst wieder in die Hand nahm, steht gerne »Pozdrav iz Kranja« gedruckt, Grüße aus Krainburg. In die alte Heimat ist Queiser, auch als von seiner Familie niemand mehr dort am Leben war, noch einige Male gekommen. Mittlerweile führte er den Titel eines k. u. k. Hofbuchdruckers und Hofbuchbinders, aber an der Einfachheit seines Lebens hatte das nichts geändert, schon gar nichts an der Einfachheit des Reisens, der Staub der Straße und die Beschwerlichkeit des Weges gehörten dazu. Im Juli 1900 schreibt er auf einer Postkarte aus Kranj: »müde, doch ganz glücklich hier angekommen, habe viele Bekannte angetroffen.« Er hatte wahrscheinlich in der »Alten« oder in der »Neuen Post« Quartier genommen, von dem rechts der Save liegenden Bahnhof vielleicht eine Viertelstunde entfernt. Die Buchhandlung Resch hat es damals immer noch gegeben. Ob auch sein alter Lehrmeister noch gelebt hat? Auf der Karte wird der Name erwähnt, aber damit war wohl schon Resch jun. gemeint, die nächste Generation. Als im Jahr darauf Queisers Sohn heiratete, machte das junge Paar eine zweiwöchige Hochzeitsreise: von Aussee nach Salzburg, München, Augsburg, Rosenheim, Kufstein, Innsbruck, Bozen, Brixen, Verona, Venedig, Triest, Laibach – und zuletzt Krainburg. Von jedem Ort wurde eine Karte nach Hause geschickt.

Beim Herumkramen habe ich auch eine Postkarte aus Buenos Aires entdeckt, datiert 28. 11. 1932, auf der Francisco Krašovic seiner Cousine in Amstetten, der Buchhändlerin Bertha Queiser, ein »Prosit Neujahr 1933« schickte. Die Tochter des Hoflieferanten Adalbert Queiser und der Sohn der Vergoldersgattin aus Cilli, den es auch in die Ferne gezogen hat. Im Jänner 1898 war er noch in Amstetten zu Besuch gewesen. Der Cousine schrieb er damals zum Abschied ein paar Zeilen ins Poesiealbum: »Das Glück ist eine leichte Dirne, / Es weilt nicht gern an einem Ort, / Es drückt dir einen Kuß auf die Stirne, / Und lächelt süß, und flattert fort.« Der unstete Fluss des Lebens. Andere schrieben: »Du wandelst in die Welt hinaus / auf dir noch fremden Wegen ...« Oder bloß: »Gedenke mein in der Ferne.«

Franz Kraschowitz hat sein Glück in der Fremde versucht. Irgendwann zu Beginn des neuen Jahrhunderts war er mit seiner Frau und seinen vier Töchtern nach Südamerika ausgewandert. Aus Franz, der in Celje wahrscheinlich auch Franc geschrieben wurde, war in Südamerika Francisco geworden. Unter diesem Namen lebte er nun als Kaufmann oder Unternehmer in Lanús, im südlichen Ballungsraum von Buenos Aires. Es gibt noch ein paar Karten aus Argentinien – sie sind alle in makellosem Deutsch geschrieben –, und zuletzt eine aus Montevideo, »von unserer Hochzeitsreise quer durch die Republik Uruguay«, Anton und Olga Sarorguan, geb. Krašovic. Das war im April 1937. Dann ist der Kontakt offenbar abgerissen. Eine von vielen europäischen Geschichten, die irgendwann zwischen den Kontinenten und zwischen den Zeiten verloren gingen.

Bis 1939 fanden auch noch jährlich »Queiser-Tage« statt, in Böhmisch-Leipa, in Reichenberg, zuletzt in Kratzau. Aus den deutsch-böhmischen »Ahnen« des 1837 in der Krain geborenen Adalbert Queiser waren mittlerweile »Sudetendeutsche« geworden, die »ins Reich heimgeholt« wurden. Der Rest der Geschichte ist bekannt.

Wenn man die »Reiseerinnerungen aus Krain« durchgeblättert hat, entdeckt man auf der Innenseite des hinteren Einbanddeckels noch ein paar mit Bleistift hinzugefügte Zeilen: »Bela Ljubljana, / Črn je Kranj, / Pisana Loka, / Kamnik je vsran.« Das heißt auf Deutsch: Weißes Laibach, schwarz ist Krainburg, bunte Loka, Kamnik ist dreckig. Die Zeilen, die sich auf Slowenisch reimen, sind heute kaum mehr verständlich, vielleicht eine persönliche Reisenotiz oder ein damals in der Krain geläufiges Sprichwort, das vier Orte unterschiedlich qualifiziert und das vielleicht ironisch abgewandelt wurde. Denn das auf Kamnik bezogene »dreckig«, habe ich mir sagen lassen, wäre in diesem Fall eher mit »beschissen« zu übersetzen, ein Spottvers also. Armes Kamnik. Dabei ist die Stadt, die auf Deutsch Stein heißt, ein sehr alter und eigentlich schöner Ort in der Oberkrain, an der Straße zwischen Laibach und Cilli gelegen, vor dem malerischen Hintergrund der Steiner Alpen. In den »Reiseerinnerungen aus Krain« wird die Ebene gegen Kamnik als lieblich und reizvoll beschrieben, und auch sonst wird nur Gutes über das »freundliche Städtchen« berichtet. Nur sein slowenischer Name wird darin nicht erwähnt.

Adalbert Queiser muss das Buch gern in der Hand gehabt haben, man sieht ihm an, dass es oft durchgeblättert wurde. Dabei wird Krainburg, seine Geburtsstadt, nur am Rande berührt, in dem Kapitel »Eine Ferienreise nach Oberkrain«, in welchem der wandernde Autor nach Veldes und in die Wochein gelangt, bis zum Ursprung der Save. An dem schnell fließenden Fluss, an dessen linkem Ufer auf einer Anhöhe, die einen weiten Rundblick auf die oberkrainische Gebirgswelt eröffnet, liegt auch Krainburg, hingebettet in einen weiten Talkessel. Warum das kleine Städtchen, das damals rund 2000 Einwohner zählte, in dem merkwürdigen Vers als schwarz bezeichnet wurde? Črn je Kranj ... Reiseerinnerungen auf Deutsch, aber am Ende steht die satirische Kurzfassung in der eigentlichen Landessprache, sie war Adalbert Queiser nur allzu vertraut.

Wenn ich hin und wieder in den »Sterbenden Europäern« von Karl-Markus Gauß lese und gleichsam durch die heruntergekommenen Straßen Sarajevos mit seinen zerstörten Häusern gehe, muss ich an meinen ehemaligen Turnprofessor im Amstettner Gymnasium denken. Er war 1912 in Sarajevo zur Welt gekommen und dort auch noch anfänglich in die Schule gegangen. Doch nach dem verlorenen Weltkrieg war eine »deutsche« Familie im ehemaligen Kronland Bosnien-Herzegowina nicht mehr willkommen. In Amstetten wurde eine neue Heimat gefunden, die alte wurde nie vergessen. Als mein ehemaliger Turnlehrer schon weit über neunzig war, ging er noch täglich in die Stadt, um am Bahnhofskiosk von den bosnischen Zeitungen die Überschriften zu lesen. Er war neugierig, was in der Sprache seiner Kindheit Neues vermeldet wurde. Ich muss gestehen, dass ich gar nicht gewusst habe, dass es bosnische Zeitungen überhaupt bei uns gibt, das muss wahrscheinlich erst seit dem jugoslawischen Bürgerkrieg so sein. Und ob es sie immer noch gibt, kann ich auch nicht sagen, die Zeitschriftenhandlung hat vor wenigen Jahren geschlossen, seither befindet sich darin eine Imbissstube.

Die Buchhandlung Queiser, in der ich so oft aus und ein gegangen bin, hat es bis zum Jahr 1982 in Amstetten gegeben, sie war bis zuletzt eigentlich so eingerichtet, wie sie auch in k. u. k. Zeiten bestanden hat. Ein merkwürdiger Anachronismus, wie die ganze österreichisch-ungarische Monarchie damals. Das hat seinen Reiz gehabt, aber irgendwann, natürlich, war die Zeit gnadenlos darüber hinweggegangen, und am Ende hat sie die Spuren, die von weither geführt haben, ausgelöscht.

Karl-Markus Gauß hat mich einmal gefragt, woher mein Interesse an solchen Spuren rührt. Ich weiß nicht, was ich ihm damals geantwortet habe, vielleicht würde ich heute sagen, dass das alles auch mit dem Herrn Schwerin zu tun hat, Otto Schwerin, in dessen Schneiderwerkstatt ich als Kind oft mit meiner Großmutter gekommen war. Sie war übrigens in dem Haus gleich neben der Buchhandlung Queiser untergebracht. Man musste dazu durch einen kleinen Hof gehen und dann außen die hölzerne, schon ziemlich ausgetretene Stiege hinaufsteigen. Eine Klingel gab es nicht, die Tür stand ohnehin immer offen, und kaum dass man sie aufgezogen hatte, kam einem dieser typische Geruch einer Schneiderei entgegen, der offenbar entsteht, wenn grobe, filzige Stoffe aufgedünstet werden. Der Herr Schwerin hatte immer ein Maßband umgehängt, er trug ausgebeulte Hosen und machte auf mich einen eher schwerfälligen, fast unbeholfenen Eindruck, aber immer freundlich und gut aufgelegt. In der Erinnerung steht er als Sechzigjähriger vor mir, ein wenig dicklich, mit immer leicht verschwitztem Gesicht, man hat ihn eigentlich nur in seiner kleinen Schneiderwerkstatt und nie auf der Straße angetroffen.

Die paar Räume seiner Schneiderei waren gleichzeitig seine Wohnung, er teilte sie mit seiner alten Mutter, eine weißhaarige Frau, die eine runde, schwarz gefasste Brille und immer ein schwarzes Kopftuch trug. Der Herr Schwerin und seine Mutter waren so genannte Rumäniendeutsche, die irgendwann während des Krieges nach Amstetten gekommen waren, ich weiß nicht mehr, ob sie aus dem Banat oder aus Siebenbürgen stammten, sie sprachen jedenfalls ein für mich sonderbares Deutsch, das mich irgendwie fasziniert hat. Überhaupt habe ich mich in der Schneiderei sehr wohl gefühlt, ich bin immer sehr gerne zum Herrn Schwerin und seiner Mutter mitgegangen. Meist stand er vor dem großen Zuschneidetisch oder hatte ein dampfendes Bügeleisen in der Hand, in meiner Erinnerung sehe ich es in der Schneiderei eigentlich immer dampfen, ich habe diesen rauchig-feuchten Geruch noch heute in der Nase. Und ich spüre noch die übermäßige Wärme, die dem kleinen Kanonenofen mit dem langen, quer durch das halbe Zimmer laufenden Ofenrohr entströmte.

Eines Tages hat die Frau Schwerin, die eigentlich Hicke geheißen hat, ihren Sohn tot im Bett gefunden. Das hat auf mich als Kind einen enormen Eindruck gemacht, dass jemand einfach so im Schlaf sterben konnte. Ich stellte mir den Herrn Schwerin schlafend und doch tot in seinem Bett vor, und darüber sah ich das Bild von einem fernen Land, das einen so schönen Namen wie Siebenbürgen trug oder Banat hieß und das in meiner Vorstellung so weit weg lag, dass der arme Herr Schwerin und seine Mutter dorthin nicht mehr zurückkonnten. Es muss wie ein urtümliches Paradies gewesen sein, in dem alles interessant und aufregend war. Während der Herr Schwerin ein Stück Stoff durchschnitt oder mit dem dampfenden Bügeleisen darüberfuhr und meist irgendeine witzige Bemerkung machte, saß seine Mutter daneben und erzählte immer irgendwelche Geschichten aus ihrer Heimat.

Die Frau Hicke ist sehr alt geworden, noch viel älter, als sie damals schon war, sie hat ihren Sohn lange überlebt. Sie ist mit 96 Jahren im Altersheim von Amstetten gestorben, weit weg von dem Ort und den Menschen, unter denen sie zuhause war. (Kürzlich habe ich in der alten Meldekartei nachgesehen und ihr Blatt in die Hand genommen: Anna Hicke, verw. Schwerin, geb. Szabo, 29.6.1888 Rusca Montana, Rumänien. Damals, als Anna Szabo dort zur Welt gekommen ist, hat das donauschwäbische Dorf im Banater Bergland Russberg geheißen, auf Ungarisch Ruszkabánya. Ein paar Stunden Fahrzeit weiter, in östlicher Richtung, liegt Vulkany, in den siebenbürgischen Karpaten, dort wurde Otto Schwerin 1910 geboren.)

Wenn man heute davon erzählt und die Namen nennt, die auf keiner Landkarte mehr verzeichnet sind, dann mutet das alles vielleicht wirklich exotisch an. Es ist auch ein wenig unverständlich. Wer die Reise »Ins unentdeckte Österreich« von Karl-Markus Gauß gelesen hat, wer seine »Sterbenden Europäer« kennt, der begreift, wie klein und eng alles in Europa geworden ist und wie wenig von dem Geist geblieben ist, der uns – ausgerechnet uns, die wir in der »Mitte«, in einem unvergleichlichen Schnittpunkt, lagen – einmal durchweht hat.

Mit Nostalgie hat das nichts zu tun, auch nichts mit dem vielbeschworenen habsburgischen Mythos. Ich weiß gar nicht, ob es ihn wirklich gibt. Man müsste sich fragen, warum Verklärungen im nachhinein überhaupt entstehen. Denn die gute alte Zeit hat es auch damals nicht gegeben, und man findet sie auch gewiss nicht, wenn man sich auf Reisen durchs »alte Österreich« begibt. Man müsste sich nämlich in eine Fiktion begeben. Wer Joseph Roth aufmerksam liest, der bekommt in Wahrheit die ganze Armseligkeit dieses Reiches vor Augen geführt. Sein soziales Elend und seinen kulturellen Reichtum, die Vielfalt seiner Sprachen und Landschaften, der miteinander lebenden und doch nicht verbundenen Kulturen, dieses große unverstandene Gemisch, das offenbar nicht funktionieren konnte. Aber das einzigartig war und irgendwie »unendlich« schien. (Das slowenische Kamnik, zu dem die Deutschen Stein sagten, ob es nun »freundlich« oder »beschissen« war, gehörte dazu.)

Aber mit Geschichte ist das so eine Sache, sie interessiert heute kaum jemanden mehr. Umso mehr sollten die Reisebücher von Karl-Markus Gauß, wenn man sie so nennen mag, eigentlich moralische Pflichtlektüre in dem sehr, sehr klein gewordenen Österreich sein und wenn notwendig sogar ein Fingerzeig, damit die, wer auch immer verantwortlich ist, wissen, wo dieses Österreich liegt: in Europa, und was dieses Österreich eigentlich ist. Ich glaube nämlich, dass die Politiker, die ständig von der Zukunft des Landes sprechen, es nicht wissen. Und allein dass sie von der Zukunft sprechen, ist kühn genug, da ihnen die Vergangenheit doch völlig fremd ist und sie die eigene Geschichte – die eine europäische Geschichte ist! – auch gar nicht interessiert.

»Die Entsorgung der Geschichte«, schreibt Gauß, »ist in Österreich eine gründliche.« Damit ist nicht nur die unrühmliche und schnell wieder vergessene Teilhabe am Dritten Reich gemeint, es meint vor allem die multikulturelle Wurzel des Landes, die offensichtlich ausgerissen und entsorgt werden musste, um sich zu bestätigen, dass man in einem »modernen« Österreich lebe. So »modern«, wie heute das ehemalige Kronland Kärnten ist.

Seltsamerweise unterhält dieses Österreich mit seinen Nachbarn, mit denen es einst jahrhundertelang unter einem gemeinsamen Dach gelebt hat, nur das notwendige Mindestmaß an diplomatischen Beziehungen, und das geradezu beharrlich. Die Infrastruktur an den Grenzen ist auch zwanzig Jahre nach dem Fall des Eisernen Vorhangs schlecht, die Verkehrswege sind schlecht ausgebaut, es gibt seither nicht einmal neue Grenzübergänge. Warum das so ist? Noch schwerer aber wiegt das kulturelle Versäumnis, dessen sich die Politik ganz ungeniert jeden Tag schuldig macht. Oder funktioniert das Miteinander ohnehin, wenn man die Trachtenmusikkapellen diesseits und jenseits der Grenze mindestens einmal im Jahr länderüberschreitend auftreten lässt?

Österreich ist ein sehr kleines Land, territorial, politisch, geistig. Aber als Land der Gleichgültigkeit und der Ignoranz sind wir sehr groß. Vor ein paar Jahren habe ich gemeinsam mit einem Museumsgestalter und einem Historiker den Auftrag übernommen, in Neuhofen an der Ybbs eine Dauerausstellung über die Geschichte und Bedeutung Österreichs einzurichten. Neuhofen an der Ybbs im südwestlichen Niederösterreich ist der Anlass jener Urkunde aus dem Jahr 996, in der der Name Österreichs – »Ostarrichi« – zum ersten Mal genannt wird. Ein Zufall eigentlich, denn genauso gut hätte es auch jeder beliebige andere Ort in dem damals noch viel kleineren Österreich sein können. Aber es war nun einmal dieses Neuhofen. Und da die österreichische Politik nach 1945 plötzlich ein Heimatbewusstsein und vor allem so etwas wie eine Identität gebraucht hat, hat sie Neuhofen an der Ybbs zur »Wiege Österreichs« erklärt, als wäre das ganze heutige und das einst noch viel größere Österreich aus diesem kleinen Ort entstanden. Neuhofen zählt heute etwas mehr als zweieinhalbtausend Einwohner.

Das Missverständnis von der »Wiege Österreichs« hält sich bis zum heutigen Tag in den Sonntagsreden der Landespolitiker, und man muss sagen, es hält sich sehr gut, soll es doch den Tourismus, die Wirtschaft und vielleicht auch immer noch ein Heimatbewusstsein stärken, das irgendwer dann und wann immer noch braucht. Seither gibt es Ostarrichihüte, Ostarrichikrawatten, sogar einen Ostarrichiwein, obwohl es hier weit und breit keine Weingärten gibt, im nicht weit davon entfernten Amstetten gibt es dafür ein Ostarrichigymnasium und ein Ostarrichiklinikum. Wenn Politiker und Touristiker eine Idee haben, dann ist sie meist »nachhaltig«, denn das Wichtigste an der Idee ist ihre Vermarktung. Und wenn man schon die eigene Identität nicht kennt und einen die eigene Geschichte nicht interessiert, so lassen sich Identität und Geschichte immerhin gut und gerne für handfestere Dinge gebrauchen.

Ich weiß nicht, haben wir damals, als wir den Auftrag übernommen hatten, die mehr als tausendjährige Geschichte Österreichs in wenigen Schritten darzustellen, wirklich geglaubt, damit endlich etwas begreifbar machen zu können? Wir haben dieser Ausstellung, einer Reise durch die Zeiten, einer Reise auch durch viele Länder, ein Zitat von Karl-Markus Gauß vorangestellt und haben sie »Entdecke Österreich« genannt. Das war natürlich programmatisch, von mir aus auch pädagogisch. Im schlimmsten Fall war es gut gemeint.

Am Beginn der Ausstellung findet tatsächlich eine Reise im Zeitraffer statt. In einer Projektion fährt der Blick auf die anfangs noch kleine Weltkugel zu. Man nimmt bald bekannte Konturen aus, entdeckt die Kontinente und Meere, vor allem den Kontinent Europa, der immer größer wird, bis man darauf das kleine Österreich zu sehen beginnt und am Ende der bekannte Umriss des Landes groß vor einem steht. In einem zweiten Schritt blenden sich unter den noch langsamen Klängen des Donauwalzers die wichtigsten Bilder aus Gegenwart und Geschichte ein, während eine digitale Uhr rückwärts läuft und gleichsam ein Jahr nach dem anderen abgezählt wird, bis man am Anfang der Geschichte angelangt ist. Am Ende der Animation leuchtet als Kurzzitat jener Satz auf, den Karl-Markus Gauß seinem Buch vom »unentdeckten Österreich« vorangestellt hat: »Die längste Zeit wurde Österreich gepriesen und verdammt, aber es kommt darauf an, es zu entdecken.«

Die Mühe, die wir für die Ausstellung aufgewendet haben, blieb mehr oder weniger unbelohnt. Ich bin mir sicher, dass die Ausstellungsbetreiber bis zum heutigen Tag gar nicht begreifen, was wir ihnen da in den öffentlichen Raum gestellt haben. Diese fremde Geschichte. Von den Auftraggebern haben wir jedenfalls nie irgendeine Rückmeldung erhalten. Auch nicht von den verantwortlichen Personen in der niederösterreichischen Landesregierung und jenen im Bundeskanzleramt in Wien. Ich glaube nicht, dass sie Österreich schon entdeckt haben, dass sie es überhaupt entdecken wollen. Da die Ausstellung auch nie richtig beworben wurde, haben sich bis heute auch nicht allzu viele Besucher nach Neuhofen verirrt. Was eigentlich schade ist, denn es ist das einzige Museum auf der Welt, das die gesamte Geschichte Österreichs zeigt.

Vielleicht aber schreiben wir eines Tages Ansichtskarten von Neuhofen und schicken sie nach Prag, nach Krakau und Lemberg, nach Czernowitz, Sibiu, Temesvár, nach Russberg im Banat und Vulkany in Siebenbürgen, nach Sarajevo, Zagreb, Triest und Laibach. Und natürlich nach Kranj, dem ehemaligen Krainburg. Pozdrav iz Avstrije! Zum Beispiel.

Antonio Fian

Salzburg im Umbruch

(Salzburg zur Festspielzeit. Kaffeehaus.
An einem der Tische ein Ehepaar mittleren Alters, alteingesessene Salzburger Oberschicht.
Die Frau liest in einem Buch, der Mann betrachtet die Umgebung.
Ein – durch das Tragen einer Pelzmütze, einer Wodkaflasche und eines dicken Pakets Euro-Scheine dem Publikum als solcher kenntlich zu machender – reicher Russe betritt das Lokal, gefolgt von einer um vieles jüngeren, schmuckbehängten Frau. Sie setzen sich und bestellen Champagner.)

DER MANN *(zu seiner Gattin)*: Hast du das gesehen?

DIE FRAU *(ohne von ihrem Buch aufzublicken)*: Ja. Furchtbar.

DER MANN: Nicht genug, dass sie uns die Olympischen Spiele versauen, versitzen sie uns auch noch die Festspielplätze.

DIE FRAU: Furchtbar, ja.

DER MANN *(Die Russen betrachtend)*: Und alles nur, weil unsere so aufs Geld sind. Als hätten wir selber zu wenig. *(Er wendet sich seiner Gattin zu, die noch immer in ihr Buch vertieft ist.)* Du hörst ja gar nicht zu. Was liest du da so Spannendes?

DIE FRAU *(hält das Buch hoch)*

DER MANN *(vom Umschlag ablesend)*: Karl-Markus Gauß – Das Lächeln der Wacholdereule – Drei nächtliche Reisen zu den Zirben, Suetschen und Flaumen? *(Verwirrt:)* Zirben, Suetschen und Flaumen?

DIE FRAU: Das sind bedrohte deutschsprachige Minderheiten in der ehemaligen Sowjetunion.

DER MANN: Bist du sicher?

DIE FRAU: Wenn er's sagt …

DER MANN: Ich meine: Bist du sicher, dass er die nicht erfindet?

DIE FRAU: Wenn schon … Besser, es findet einer unsere Kultur bei den Russen, als er kniet bei uns vor ihrem Geld, oder?

DER MANN: Stimmt. Diese Unterwürfigkeit ist grauslich. Es ist ja das ganze Festspielprogramm nur mehr ausgerichtet auf die Russen. Der Bernhard hat an die tausend Stücke geschrieben, aber welches spielen sie? »Ein Fest für Boris«.

DIE FRAU: Ja. Und »Eugen Onegin«. Furchtbar.

(Vorhang)

Thomas Glavinic

Der kein Schnitzel isst

Als junger Autor, der am Anfang steht, versucht man sich zu orientieren. Es gibt ja nicht nur Bücher, die auf geheimnisvolle Weise in die Buchhandlungen kommen und gekauft werden wollen, es gibt nicht nur gesichtslose Menschen, die diese Bücher mit nach Hause nehmen sollen, es gibt nicht nur Autoren, nicht nur Verlage, sondern auch viele andere Menschen auf diesem großen Feld, auf dem Verlage und Buchhändler die wichtigste Rolle spielen. Mal haben sie eine offizielle Aufgabe, sind Herausgeber von Zeitschriften, Leiter von Literaturhäusern, Literaturchefs von Tageszeitungen, mal sind sie von allem ein bisschen, und ihre Verbindungen können dem jungen Autor nützlich sein und ihr Ratschlag interessant und hilfreich.

Als Neuling auf diesem Feld in Österreich wird man früher oder später sein blaues Wunder erleben.

Nicht dass viele dieser Menschen einem Böses wollten. Im Gegenteil, sie sind einfach nur Menschen. Und zwar solche, die selbst schreiben oder es gern würden. Diese Menschen wollen hören, dass sie selbst gut sind, wollen lesen, was ihnen vertraut ist, und am Abend essen sie gern ihr Schnitzerl und trinken dazu einen Veltliner. Und die Welt ist einigermaßen in Ordnung, wenn das Schnitzerl und der Wein von irgendeinem Veranstalter bezahlt werden.

Was sie nicht besonders schätzen, sind Unordnung und Ungerechtigkeit. Sie wünschen sich Ordnung in ihrer Welt, und sie haben eine sehr klare Vorstellung von Ungerechtigkeit. Dass etwa ein dreißigjähriger Autor öfter und größer in den Zeitungen auftaucht als ein fünfundvierzigjähriger, ist ungerecht.

Ebenso verhält es sich mit dem Geld: Ein junger Autor, der mehr verdient als ein altgedienter, der schon viele Male mit ihnen Schnitzerl gegessen und Wein getrunken hat, stört eine gottgegebene Ordnung, nicht anders übrigens ein junger Kritiker, der vielleicht häufiger ins Radio oder Fernsehen eingeladen wird, so jemand stört diese Ordnung ebenso und zieht Unmut auf sich.

Nicht viel weniger stören die Ordnung natürlich Autorinnen und Autoren, die anders schreiben als ihre Vorgänger. Die Schnitzerlesser lieben Epigonen, nicht zuletzt, weil von ihnen nicht zu erwarten ist, dass sie es einmal besser haben werden als ihre Förderer.

Um in diesem Betrieb gut zu funktionieren, ist es von vordringlicher Notwendigkeit, österreichisch zu sein. Österreichisch in der Tendenz zur Verhaberung, österreichisch im Ressentiment, österreichisch im Vernichtungswillen, österreichisch im Mangel an Objektivität, österreichisch in der Verlogenheit, österreichisch in der Anpassungsfähigkeit. Denn wer einmal mit vom Schnitzerl aß, ist, zumindest für eine Weile, kein Feind mehr. Es gibt viele in Österreich, Redakteure, Herausgeber, Kritiker, die in diesem Sinn wunderbar in diesen Betrieb passen und einem jungen Autor nützlich sein können.

Karl-Markus Gauß passt nicht in diesen Betrieb. Er ist fast ein Solitär, nicht nur ehrlich, mutig, nicht nur selbst ein glänzender Schriftsteller, der seine eigene literarische Arbeit oft hinter sein Bemühen um andere zurückstellt; nicht nur brillant in seiner Analyse und Totalverweigerer, wenn es darum geht, mit den anderen das Schnitzerl zu brechen, hat er sich vor allem etwas Wesentliches erhalten: seinen Zorn. Er ist ein zorniger Kerl, der schon einmal von einer Reise zurückkommt und fünfhundert E-Mails, die in der Zwischenzeit eingegangen sind, ungelesen löscht, weil ihm manchmal die ganze Welt den Buckel hinunterrutschen kann. Ich verehre ihn sehr.

Bibliographie

Primärliteratur

1) Selbständige Werke

Wann endet die Nacht. Über Albert Ehrenstein. Zürich: Edition Moderne 1986.
Tinte ist bitter. Literarische Porträts aus Barbaropa. Klagenfurt: Wieser 1988.
Der wohlwollende Despot. Über die Staats-Schattengewächse. Klagenfurt: Wieser 1989.
Die Vernichtung Mitteleuropas. Klagenfurt: Wieser 1991.
Ausgabe im Schuber mit »Tinte ist bitter«. Klagenfurt: Wieser 1996.
Übersetzungen:
Ins Bulgarische von Emilia Draganova. Plovdiv: Pygmalion Press 1994.
Ins Kroatische von Truda Stamac. Zagreb: Durieux 1994.
Ins Italienische von Carlo Bontempelli. Milano: Marcos y Marcos 1997.
Ins Ungarische von Julianna Wernitzer u. a. Pécs: Jelenkor 1997.
Ritter, Tod und Teufel. Klagenfurt: Wieser 1994.
Das Europäische Alphabet. Wien: Zsolnay 1997.
Taschenbuchausgabe München: dtv 2000.
Übersetzungen:
Ins Bulgarische von Emilia Draganova. Plovdiv: Pygmalion Press 1998.
Ins Kroatische von Marijan Bobinac. Zagreb: Durieux 2001.
Ins Slowenische von Mira Miladinović-Zalaznik. Ljubljana: Slovenska Matica 2001.
Ins Slowakische von Zdenka Becker. Bratislava: Kalligram 2004.
Ins Serbische von Zlatko Krasni. Belgrad: Zepter 2006.
Ins Polnische von Alicja Rosenau. Wolowiec: Czarne 2008.
Ins unentdeckte Österreich. Nachrufe und Attacken. Wien: Zsolnay 1998.
Taschenbuchausgabe München: Heyne 2001.
Übersetzung:
Ins Französische von Valerie de Daran. Paris: L'esprit des péninsules 2000.

Der Mann, der ins Gefrierfach wollte. Albumblätter. Wien: Zsolnay 1999.
Taschenbuchausgabe München: dtv 2004.
Hörbuch gelesen von Peter Simonischek. Wien: Preiser Records 2004.
Übersetzung:
Ins Hindi von Amrit Mehta. New Delhi: Krishna Publishers 2003.
Die sterbenden Europäer. Unterwegs zu den Sepharden von Sarajevo, Gottscheer Deutschen, Arbëreshe, Sorben und Aromunen. Wien: Zsolnay 2001.
Taschenbuchausgabe München: dtv 2002.
Übersetzungen:
Ins Spanische von Inka Marti. Barcelona: Poliedro 2003.
Ins Tschechische von Zlata Kufnerová. Prag: Vitalis 2003.
Ins Französische von Valerie de Daran. Paris: L'esprit des péninsules 2003.
Ins Slowenische von Mira Miladinović-Zalaznik. Ljubljana: Cankarjeva zalozba 2006.
Ins Polnische von Alicja Rosenau. Wolowiec: Czarne 2006.
Ins Rumänische von Larisa Cercel. Bukarest: Humanitas 2006.
Ins Katalanische von Meritxell Serra. Moia: Simbol Editors 2007.
Ins Schwedische von Per Nilson. Hässleholm: Bökforlaget perenn 2008.
Ins Kroatische von Boris Perić. Zaprešić: Fraktura 2010
Mit mir, ohne mich. Ein Journal. Wien: Zsolnay 2002.
Von nah, von fern. Ein Jahresbuch. Wien: Zsolnay 2003.
Die Hundeesser von Svinia. Wien: Zsolnay 2004.
Taschenbuchausgabe München: dtv 2006.
Übersetzungen:
Ins Französische von Valerie de Daran. Paris: L'esprit des péninsules 2005.
Ins Polnische von Alicja Buras. Wolowiec: Czarne 2005.
Ins Italienische von Vizenzo Gallico. Napoli: L'ancora del Mediterraneo 2008.
Ins Hindi von Amrit Mehta. New Delhi: Saar Sansaar 2008.
Ins Schwedische von Per Nilson. Hässleholm: Bökforlaget perenn 2009.
Ins Slowenische von Mira Miladinović-Zalaznik. Ljubljana: Slovenska matica 2010.
Wirtshausgespräche in der Erweiterungszone. Mit beiliegender CD. Salzburg: Otto Müller 2005.
Die versprengten Deutschen. Unterwegs in Litauen, durch die Zips und am Schwarzen Meer. Wien: Zsolnay 2005.
Ausgabe der Bundeszentrale für politische Bildung. Bonn: 2005.

Taschenbuchausgabe München: dtv 2008.
Übersetzung:
Ins Polnische von Sława Lisiecka. Wolowiec: Czarne 2008.
Zu früh, zu spät. Zwei Jahre. Wien: Zsolnay 2007
Taschenbuchausgabe München: dtv 2010.
Die fröhlichen Untergeher von Roana. Unterwegs zu den Assyrern, Zimbern und Karaimen. Wien: Zsolnay 2009.
Taschenbuchausgabe München: dtv 2011
Übersetzung: Ins Polnische von Sława Lisiecka. Wolowiec: Czarne 2010.
Im Wald der Metropolen. Wien: Zsolnay 2010.

2) Werke in Zusammenarbeit mit Fotografen und bildenden Künstlern (Auswahl)

Inge Morath: Donau. Salzburg: Edition Fotohof im Otto Müller Verlag 1995.
Herbert Breiter: Momente der Dauer. Salzburg: Galerie Welz 1997.
Vom Abkratzen. Zwei Dichter. Mit Holzschnitten von Christian Thanhäuser. Ottensheim: Edition Thanhäuser 1999.
Kurt Kaindl: Die unbekannten Europäer. Salzburg: Edition Fotohof im Otto Müller Verlag 2002.
Ein Florilegium. Gemeinsam mit Paul Flora. Salzburg: Otto Müller 2002.
Vom Erröten. Mit Offsetlithographien von Hermann Kremsmayer. Horn: Edition Thurnhof 2003.
Inge Morath: Durch Österreich. Salzburg: Edition Fotohof im Otto Müller Verlag 2005.
Kurt Kaindl: Der Rand der Mitte. Salzburg: Edition Fotohof im Otto Müller Verlag 2006.
Christian Thanhäuser/Karl-Markus Gauß: Die Donau hinab. Innsbruck: Haymon 2009.
Zusätzlich zirka zwanzig Vorworte und Begleittexte für Bücher von Fotografen (u. a. Reinhard Mlineritsch, Frank Gaudlitz, Joyce Rohrmoser, Trude Lukacsek, Kurt Kaindl) und bildenden Künstlern (u. a. Herbert Breiter, Paul Flora, Clemens Andel, Toni Drioli, Wolfgang Günther, Peter Karlhuber, Hermann Kremsmayer, Günther Nußbaumer).

3) Herausgeberschaften (Auswahl)

Werkausgabe Ernst Fischer in acht Bänden. Unter Mitarbeit von Ludwig Hartinger. Frankfurt/Main: Sendler (ab Band 7 Vervuert Verlag) 1984 bis 1991.

Hugo Sonnenschein: Die Fesseln meiner Brüder. Gemeinsam mit Josef Haslinger. München: Hanser 1984.

Ernst Waldinger: Noch vor dem Jüngsten Tag. Ausgewählte Gedichte und Essays. Salzburg: Otto Müller 1990.

Ödön von Horváth: Vecni filister. Klagenfurt: Wieser 1990. (Erste slowenische Ausgabe von »Der ewige Spießer«)

Ingeborg Bachmann: Tri poti k jezero. Klagenfurt: Wieser 1990. (Erste slowenische Ausgabe von »Drei Wege zum See«)

Herausgeber (mit Arno Kleibel) und Chefredakteur der Zeitschrift *Literatur und Kritik* seit 1991. Salzburg: Otto Müller.

Das Buch der Ränder. Prosa. Klagenfurt: Wieser 1992.

Das reiche Land der armen Leute. Literarische Wanderungen durch Galizien. Gemeinsam mit Martin Pollack. Wien: Jugend & Volk 1992. Neuauflage: Wieser 2008.

Theo Waldinger: Zwischen Ottakring und Chicago. Stationen. Salzburg: Otto Müller 1993.

Das Buch der Ränder. Lyrik. Gemeinsam mit Ludwig Hartinger. Klagenfurt: Wieser 1995.

Der unruhige Geist. Rudolf Geist, eine Collage. Gemeinsam mit Till Geist. Salzburg: Otto Müller 2000.

Karl Kraus: Poslednji dnevi človeštva. Izbrano delo. Gemeinsam mit Ludwig Hartinger. Ljubljana: Slovenska matica 2001. (Erstes slowenisches Lesebuch von Karl Kraus).

Ivo Andrić: Die verschlossene Tür. Erzählungen. Wien: Zsolnay 2003.

Dazu zirka zwanzig Vorworte für literarische, kunsthistorische und politische Bücher sowie etwa achtzig Beiträge in Anthologien.

Sekundärliteratur

a) Übersichtsdarstellungen, wissenschaftliche Abhandlungen und Interviews

Bieringer, Ingo: »Das Potenzial zur Veränderung ist groß«. Gespräch. In: Kranich. Zeitung des Salzburger Friedensbüros. Sommer 2006.

Bontempelli, Pier Carlo: Karl-Markus Gauß »Literatur und Kritik« e il nuovo sguardo letterario verso est. Annali dell' università degli studi di Napoli »L'orientale«. N. s. XIV, 1–2, 63–75.

Borkiewicz, Agnieszka: Przypominając zapomniane regiony. Europa środkowa w relacjach z podróży Karla-Markusa Gaußa i Andrżeja Stasiuka. Próba porównania. (Erinnerung an vergessene Regionen. Mitteleuropa in den Reisebüchern von Karl-Markus Gauß und Andrżej Stasiuk. Versuch eines Vergleichs.) Universität Warschau: Dissertation 2009.

Breitenstein, Andreas: Europa und die Mathematik des Herzens. Laudatio zum Prix Charles Veillon. *Der Standard* 5.12.1997.

Breschar, Ulrike: Karl-Markus Gauß: »Zu früh, zu spät«. Modelle eines diarischen Romans. Universität Salzburg: Diplomarbeit 2008.

Federmair, Leopold: Über die Grenzen. Gespräch. *Der Standard* 14.4.2001.

Flora, Paul: »Bitter notwendige Geschichten.« Laudatio zum Ehrenpreis des österreichischen Buchhandels für Toleranz. In: *Salz* 107/ 2002.

Grabovski, Ernst: »Die Subjektivität soll man nicht pausenlos ausstellen.« Gespräch. In: *Anzeiger – Fachzeitschrift des österreichischen Buchhandels* 23/2001.

Hadler, Simon: »Gauß' Unbehagen in der Kultur«. Ein Gespräch mit Karl-Markus Gauß. http://orf.at/070302-9771/index.html

Hell, Cornelius: Karl-Markus Gauß. In: *Quart* 4/2003.

Hoffmann-Ostenhof, Georg: Rebellisch in Salzburg. In: *profil* 47/1998.

Huemer, Peter: Lieber Karl-Markus Gauß. In: Heimat. Lügen. Literatur. Wien: Verlag der Apfel 2006, S. 134–144.

Käfer, Wolf: Der Polarisierer. Karl-Markus Gauß, ein schreibender Ritter von der fröhlichen Gestalt. In: *Morgen* 122/1998, S. 12–16.

Kaindlstorfer, Günter: »Der Fluch des Neoliberalismus«. Interview. Schweizer Radio DRS 2/Reflexe 23.3.2007.

Kerschbaumer, Marie-Thérèse: An gewissen Zeichen. In: Gerald Leitner (Hrsg.): »Was wird das Ausland dazu sagen?« Literatur und Politik in Österreich nach 1945. Wien: Picus 1995, S. 69–82.

Klauhs, Harald/Mayr, Norbert: Das Geheime an der Weltgeschichte. Interview über Handkes Zorn, die Liebe zu Europa, Neonazis im Wald und sein neues Buch. *Die Presse* 6.3.2007.

Kondrić-Horvat, Vesna: »Die Ränder brechen auf und sie brechen herein.« Ein interkultureller Blick auf Ilma Rakusa und Karl-Markus Gauß. In: *Modern Austrian Literature* Vol. 41, No. 3/2008, S. 55–78.

Kopeinig, Margaretha: Assyrer im Norden. Interview. *Kurier* 31.1.2009.

Krawagna-Pfeifer, Katharina: Landstreicher der Ränder. In: *Datum* 4/2007.

Kreissler, Felix: Von Despoten und Rittern, von Tod und Teufel. In: Kultur als subversiver Widerstand. Wien: edition kappa 1996, S. 261–264.

Magenschab, Hans: Die Jungen haben Neugier auf Europa. Karl-Markus Gauß im Gespräch über gefallene und neue Grenzen, Minderheiten und Intellektuelle, über Euroskepsis und Antiamerikanismus. In: *Morgen* 6/2007, S. 22–27.

Matzner, Egon: Zweierlei Österreichkritik. In: Die vergeudete Republik. Wien: Edition va bene 2001, S.105–118.

Mayr, Norbert: Europa, auch das Imaginäre. Interview: Karl-Markus Gauß über seine Erforschung untergehender Kulturen. *Die Presse* 14.2.2009.

Nüchtern, Klaus: »Österreich ist mein Land.« Interview. In: *Falter* 47/2003

o. N. (= Tobias Hierl): Der Grenzgänger. Gespräch zum Toleranzpreis des österreichischen Buchhandels. In: *Buchkultur*. Sonderheft Buchwoche 2001, S. 8 f.

o. N. »Integration muss ein Prozess sein, der von beiden Seiten angegangen wird ...« Gespräch. In: *Uni-Press Salzburg* 635/2004.

Poenaru, Vasile: »Immer mittendrin und ganz am Rand.« www.buchkritik.at. Auch in: *Zeitschrift der Germanisten Rumäniens* 2010.

Poenaru, Vasile: A continent with Qualities: The Austrian Moment of the Union in Karl-Markus Gauß' Essays. First Ontario Workshop in German Studies. International Studies at the University of Toronto, March 2006.

Pollak, Anita: Der Westen im Osten. Karl-Markus Gauß über soziale Verrohung, europäische Werte und die Hoffnung auf eine neue Generation. *Kurier* 12.3.2007.

Pruckner, Othmar: »Es gibt einen neuen Zerfall in Europa.« Interview. In: *trend* 8/2004.

Reif, Adelbert: »Europa verliert rapide an Substanz.« Gespräch. In: *Universitas* 669/2004, S. 961–972.

Riess, Erwin: Momente eines zeitgenössischen Kulturpessimismus.

Bemerkungen zu Karl-Markus Gauß' Essayistik. In: *Wespennest* 119/2000, S. 73–76.

Rodriguez, Javier: Mangeurs de chien, voyage chez les Tziganes de Slovaquie. Université Genève: Diplomarbeit 2008.

Ruthner, Clemens: Habsburgischer Mythos versus k.(u.)k. (Post-)Kolonialismus. In: Germanistische Mitteilungen. Brüssel 49/1999, S. 95–104.

Schmidt-Dengler, Wendelin: Fortgesetzte Widersetzlichkeit. Für jene sprechen, die keine Stimme haben. Laudatio für den Manès-Sperber-Preis. *Der Standard* 18.3.2006.

Wendelin Schmidt-Dengler und Karl-Markus Gauß: Podiumsgespräch. In: Marcus G. Patka (Hrsg.): Manès Sperber. Ein politischer Moralist (Wiener Jahrbuch für jüdische Geschichte, Kultur und Museumswesen, Band 7/2006), S. 24–28.

Spielmann, Walter: Wider den Zwang zur falschen Alternative oder: Nachhaltigkeit als tägliche Form des Schreibens. In: Walter Spielmann: Die Einübung des anderen Blicks. Gespräche über Kunst und Nachhaltigkeit. Salzburg: Robert-Jungk-Bibliothek für Zukunftsfragen 2009, S. 95–110.

Steinwendtner, Britta: Porträt Karl-Markus Gauß. Laudatio zum Preis der Salzburger Wirtschaft. In: *Salz* 95/1999.

Strigl, Daniela: Karl-Markus Gauß. Kritisches Lexikon der Gegenwartsliteratur (KLG) 10/2009.

Tanzer, Christian: Im Vergessen das Gedächtnis sein. Der Essayist Karl-Markus Gauß. Universität Salzburg: Dissertation. 2004. – Buchfassung Stuttgart: Akademischer Verlag Heinz 2007 (Stuttgarter Arbeiten zur Germanistik 433/ Salzburger Beiträge 45).

Tichy, Frank: Der Widersprüchliche. *Salzburger Nachrichten* 22.11.1997.

Tichy, Frank: Wo jetzt noch Rand ist, mag bald schon Mitte sein. Der Salzburger Essayist Karl-Markus Gauß. In: *Parnass* 3/1998, S. 112–116.

Vierthaler, Bernhard: Die Idee Mitteleuropa im Lichte der Arbeiten von Karl-Markus Gauß. Universität Salzburg: Diplomarbeit 2001.

Winkler, Stefan: Warum schreiben Sie über die sterbenden Europäer, Karl-Markus Gauß? *Kleine Zeitung* 4.3.2007.

Zeillinger, Gerhard: »Der Geistsüchtigen Schriftsteller.« Über Karl-Markus Gauß. In: *manuskripte* 184/2000, S. 105–112.

Zeyringer, Klaus: Österreichische Literatur seit 1945. Überblicke, Einschnitte, Wegmarken. Innsbruck: Studienverlag 2008, S. 460–464.

Karl-Markus Gauß und Martin Walser im Gespräch: »Eine bestürzende Nähe.« Moderiert von Klaus Zeyringer und Stefan Gmünder. *Der Standard* 31.6.2004.

b) Rezensionen zu den Büchern (Auswahl)

»Wann endet die Nacht. Über Albert Ehrenstein« (1986)
Hahnl, Hans Heinz: Karl-Markus Gauß erinnert an Albert Ehrenstein.
 Engagement für vergessenen Autor. *AZ/Tagblatt* 23.1.1987.
Ohrlinger, Herbert: Erlebnisse im Lande Ehrenstein. *Falter* 12/1987.
Wallas, Armin A.: »Von der Nacht beschienen«. Neue Literatur über
 Albert Ehrenstein. In: *Sprachkunst*. Beiträge zur Literaturwissenschaft.
 Jahrgang XIX/1988. 1. Halbband.

»Tinte ist bitter. Literarische Porträts aus Barbaropa« (1988)
Cejpek, Lukas: Nostalgie und Realität der Literatur. *Der Standard* 2.1.1989
Hackl, Erich: Tinte ist bitter. *Die Zeit* 1.9.1988.
Ohrlinger, Herbert: Barbaropa kakaniensis. *Neues Forum*. Heft 420/422
 1988.
Pfoser, Alfred: Mitteleuropa – Barbaropa. *Salzburger Nachrichten*
 7.5.1988.
Pollack, Ilse: Lektionen für Deutschlehrer und Kongressschwadroneure.
 Wiener Tagebuch 6/1988.
Rakusa, Ilma: Mitteleuropa als Barbaropa. Essays von Karl-Markus Gauß.
 Neue Zürcher Zeitung 31.12.1988.

»Der wohlwollende Despot. Über die Staats-Schattengewächse« (1989)
Ernst, Gustav: Karl-Markus Gauß – Der wohlwollende Despot. In:
 Wespennest 80/1990.
Kaindlstorfer, Günter: Gottvater Kreisky, hilf uns in der Not! *AZ/Tagblatt*
 13.1.1990.
Kaiser, Konstantin: Die Intelligenz als Schattengewächs des Staates.
 Falter 5/1990.
Ohrlinger, Herbert: Zu Tode geküsst. Über Karl-Markus Gauß und seine
 Polemik wider die mäzenatische Kulturpolitik. *Die Presse/Spectrum*
 7.7.1990.
Reichensperger, Richard: Im Faulbett der Macht. *Der Standard/Album*
 28.4.1990.
Gerhard Scheit: Wohlwollende Despoten und literarische Untertanen.
 In: *Monatszeitung* 7/8 1990.

»Die Vernichtung Mitteleuropas« (1991)
Dalos, György: Karl-Markus Gauß. Die Vernichtung Mitteleuropas. In: Frankfurter Hefte 7/1991.
Hirschmann, Christoph: Traum eines Metzgers. *AZ/Tagblatt* 7.9.1991.
Klauhs, Harald: Die Anrufung Mitteleuropas. *Die Furche* 31.10.1991.
Medicus, Thomas: Spannungen im Königreich des Geistes. *Der Tagesspiegel* 9.10.1991.
Schwarz, Karl-Peter: Lieber Gauß, halten Sie Pavel Kohout für einen Trottel? *Die Presse/Spectrum* 14.9.1991.

»Ritter, Tod und Teufel« (1994)
Haas, Franz: Herr Österreicher. *Neue Zürcher Zeitung* 30.11.1994.
Holzer, Stefanie: Deutsch, deutschsprachig oder österreichisch? In: *Gegenwart* 24.
Klauhs, Harald: Schönes neues Europa. *Die Furche* 24.11.1994.
Matz, Wolfgang: Felix Austria! *Frankfurter Rundschau* 31.12.1994.
Schmidt-Dengler, Wendelin: Die Macht und die Mittel. *Die Presse/Spectrum* 24.12.1994.

»Das Europäische Alphabet« (1997)
Diecks, Thomas: Wohin treibt Europa? *Neue Zürcher Zeitung* 14.8.1997.
Ivanji, Ivan: Listige Lustigkeit. *Die Furche* 10.4.1997.
Köllerer, Christian: Literatur zu Krieg und Frieden. In: *Zivilcourage* 3/1997.
Oberembt, Gert: Ein Grenzgänger sortiert den Wortmüll eines Kontinents. *Deutsche Tagespost* 13.9.1997.
Pittler, Andreas: Ach, Europa: Hier »Heimat«, dort »Fremde«. *Die Presse/Spectrum* 15.3.1997.
Straub, Wolfgang: Eurosnack statt Kaiserloge. Gegen die Geschichtslosigkeit eines Kontinents. *Wiener Zeitung* 23.5.1997.
Swartz, Richard: Höllenspeise für Eurokraten. *Frankfurter Allgemeine Zeitung* 12.7.1997.
Wilczek, Bernd: Traktat gegen Gedächtnislosigkeit. *Frankfurter Rundschau* 30.8.1997.
Winter, Balduin: Das Wanderherz Europas. Von »Auswanderung« bis »Zwei Europa«: Eine lexikalische Reise. *taz* 5.7.1997.
Zobl, Susanne: Blicke durch Brüsseler Spitzen. *Der Standard/Album* 4.4.1997.

»Ins unentdeckte Österreich« (1998)
Hackl, Erich: Mit dem Herzen gedacht. *Frankfurter Rundschau* 1.8.1998.
Klüger, Ruth: Eine Entdeckung: Österreich. *Süddeutsche Zeitung* 24.11.1998.
Liessmann, Konrad Paul: Hinein in die Bigotterie. *Der Standard/Album* 29.5.1998.
Scharang, Michael: Über die sieben Berge. *Die Presse/Spectrum* 2.5.1998.
Schomann, Stefan: Von Ketzern und Krakeelern. *Deutsches Allgemeines Sonntagsblatt* 7.8.1998.
Strobl, Ernst: Brillantes aus der Geschichte Austrias. *Salzburger Volkszeitung* 8.6.1998.
Thurnher, Armin: Unter Österreichern. *Falter* 30/1998.
Tichy, Frank: Die Fibel für das andere Österreich. *Salzburger Nachrichten* 11.4.1998.
Weinzierl, Ulrich: Kopfsprünge ins Unentdeckte. Einmal altes Österreich und zurück. *Frankfurter Allgemeine Zeitung* 28.4.1998.
Winter, Balduin: Ein Glück, daß Österreich noch nicht verschwunden ist! In: *Kommune* 9/1998.

»Der Mann, der ins Gefrierfach wollte« (1999)
Federmair, Leopold: Karl-Markus Gauß. Der Mann, der ins Gefrierfach wollte. Albumblätter. In: *Kolik* 12/2000.
Hartung, Harald: Die Echtzeit in den Vermischten Nachrichten. *Frankfurter Allgemeine Zeitung* 15.1.2000.
Hochgatterer, Paulus: Samenspende, Wachkoma. *Falter* 51–52/1999.
Löhndorf, Marion: Der Schrecken im Detail. Eine literarische Wunderkammer. *Neue Zürcher Zeitung* 10.2.2000.
Merz, Klaus: Immer eine Umkehrrolle im Kopf parat. *Die Presse/Spectrum* 11.9.1999.
Parin, Paul: Karl-Markus Gauß' Albumblätter. In: *WOZ* 30.3.2000.
Scharang, Michael: Das Lachen der Welt über sich selbst. *Süddeutsche Zeitung* 4.12.1999.
Straub, Wolfgang: Von Jenny bis Elton John. *Wiener Zeitung* 29.10.1999.
Streibel, Robert: Kerzenschein des Moralisten. *Die Furche* 23.12.1999.
Willmann, Urs: Karl-Markus Gauß: Der Mann, der ins Gefrierfach wollte. *Die Zeit* 24.2.2000.
Zeilinger, Gerhard: Vom Nicht-sterben-Wollen bis zum Superlativ des Alltags. In: *Zeit-Schrift* 6/1999.

»Die sterbenden Europäer« (2001)

Kastberger, Klaus: Auf Verdreng und Verderb. *Falter* 26/2001.

Kunisch, Hans-Peter: Das Abenteuer Melancholie. *Süddeutsche Zeitung* 18. 4. 2001.

Nentwich, Andreas: Welten ohne Zukunft. Ein bewegendes Buch: Karl-Markus Gauß spürt dem Eigensinn ethnischer Minderheiten in Europa nach. *Die Zeit* 26. 7. 2001.

Schlögel, Karl: Die letzten Eingeborenen Europas. *Frankfurter Allgemeine Zeitung* 12. 5. 2001.

Setzwein, Bernhard: »Ein Stück unbekanntes Europa«. In: *Signum – Blätter für Literatur und Kritik*. Jg. 3.

Streibel, Robert: Europas schwindende Vielfalt. *Die Furche* 5. 4. 2001.

Strigl Daniela: Auf Verdreng und Verderb. *Wiener Journal* 9/2001.

Stütz, Carsten: Sind so kleine Völker. Karl-Markus Gauß über den kulturellen Reichtum Europas. In: *Merkur* 1/2002.

Toth, Barbara: Die letzten ihrer Art. *Format* 11/2001.

Wiggershaus, Renate: Sephardim, Sorben, Aromunen. Ein Epitaph auf die »sterbenden Europäer«. *Neue Zürcher Zeitung* 14. 4. 2001.

Woldan, Alois: Wo nun wieder Wald ist. *Die Presse/Spectrum* 7. 4. 2001.

»Mit mir, ohne mich« (2002)

Bartl, Alexander: Randstreifen der Europastraße. Gedanken auf der Überholspur: *Frankfurter Allgemeine Zeitung* 15. 4. 2002.

Bartmann, Christoph: Spurenlese. *Süddeutsche Zeitung* 28. 5. 2002.

Klaus, Thorsten: Sinnieren mit Verve. In: *SAX Dresdner Stadtmagazin* 5/2003.

Leitgeb, Christoph: Werkstatt zur Fertigung von Gedanken. *Der Standard/Album* 20. 4. 2002.

Stocker, Günther: Trostbuch für denkende Zeitgenossen. *Neue Zürcher Zeitung* 6. 4. 2002.

Streibel, Robert: Der Gaußsche Unterschied. *Die Furche* 18. 4. 2002.

Strigl, Daniela: Ein kritischer Liebhaber der Welt. *Wiener Journal* 2/2002.

Weinzierl, Ulrich: Der Glossator leistet Widerstand am Rand. *Die Literarische Welt* 23. 2. 2002.

Wippersberg, Walter: Die Flucht ins Schreiben. *Die Presse/Spectrum* 13. 4. 2002.

Wirthensohn, Andreas: Klarheit durch Schreiben. *Wiener Zeitung* 26. 4. 2002.

»Von nah, von fern« (2003)
Achermann, Erika: Erkundungen in Europa. *St. Galler Tagblatt* 6.1.2004.
Axmann, David: In einem nahen, fernen Land. *Wiener Zeitung* 24.10.2003.
Breidecker, Volker: Warum tragen die Nibelungen heute schwarze Hüte? *Süddeutsche Zeitung* 5.12.2003.
Haas, Franz: Der Prosaist neben dem Weltkritiker. *Neue Zürcher Zeitung* 7.10.2003.
Hindemith, Wilhelm: Was vom Tage übrig bleibt. *Badische Zeitung* 29.11.2003.
Holzer, Johann: Wider den Zynismus. *Die Furche* 15.1.2004.
Kaindlstorfer, Günter: Ein Polemiker gegen die Eitelkeit. Deutschlandradio Berlin/Fazit 26.8.2003.
Kühner, Claudia: Von den maßlos Über- und Unterschätzern. *Tages-Anzeiger* 11.10.2003.
Thuswaldner, Anton: Alles, was bewegt. *Die Presse/Spectrum* 6.9.2003.
Zeyringer, Klaus: In Literatur-Form. In: *Volltext* 5/2003.

»Die Hundeesser von Svinia« (2004)
Achermann, Erika: Die einzige Stimme der Roma. *Tages-Anzeiger Zürich* 27.2.2004.
Bodrožić, Marica: In der Halbzeit hat es geregnet. *Frankfurter Rundschau* 23.2.2004.
Braunsperger, Gudrun: Aus der Zeit gefallen. *Die Presse/Spectrum* 20.3.2004.
Freund, Michael: Das Vergessen der eigenen Geschichte. *Der Standard/Album* 28.2.2004.
Gampert, Christian: Die Stille der Schweigenden. *Freitag* 6.8.2004.
Jauch, Ursula Pia: Europa, am Rand. *Neue Zürcher Zeitung* 6.4.2004.
Nüchtern, Klaus: »Wie die letzten Indianer«. *Falter* 9/2004.
Schmidt-Häuer, Christian: Ghettos, Pogrome, Hass – die alten Dämonen. *Die Zeit* 25.3.2004.
Schnitzler, Matthias: Hongkong Zigeuner. Literaturkritik.de 7/2004.
Schütte, Wolfram: Im europäischen Herz der Finsternis. *Titelmagazin* 5.7.2004.
Sperr, Franziska: Erdmittelpunkt der Ereignislosigkeit. *Süddeutsche Zeitung* 20.3.2004.
Vogel, Sabine: Reisen ins Abgelegene. *Berliner Zeitung* 29.4.2004.
Zöller, Renate: Im Osten, wo die Menschen Hunde fressen. *Prager Zeitung* 18.3.2004.

»Wirtshausgespräche in der Erweiterungszone« (2005)
Fischer, Stefan: Hier ist die Grenze. *Süddeutsche Zeitung* 15. 3. 2005.
Koneffke, Jan: Bockwurst und Bürokratie. Die *Presse/Spectrum* 26. 3. 2005.
Poenaru, Vasile: EU: Wie weiter? Wo geht's lang? In: *Die Brücke* (Saarbrücken), 142/2006
Rakusa, Ilma: Im Spiegelblick. *Neue Zürcher Zeitung* 9. 6. 2005.
Schneider, Jürgen: Super to have you here. *Junge Welt* 15. 6. 2005.
Thomsen, Astrid: Was hat der Osten, was wir nicht haben. In: *Titelmagazin* 23. 6. 2005.
Thumann, Michael: Im Grenzland. *Die Zeit* 3/2005.

»Die versprengten Deutschen« (2005)
Berking, Sabine: Stenograph des Peripheren. *Frankfurter Allgemeine Zeitung* 31. 1. 2006.
Döbler, Katharina: Von wegen national. *Die Zeit* 10. 11. 2005.
Droschke, Martin: Versprengte Deutsche. In: *Kommune* 6/2005.
Fischer, Eva-Elisabeth: Chor der Trostlosigkeit. *Süddeutsche Zeitung* 18. 10. 2005.
Krug, Dietmar: Was ein Wolfskind träumt. *Die Presse/Spectrum* 22. 10. 2005.
Landerl, Peter: »Wolfskinder« und Spätaussiedler. *Wiener Zeitung* 9. 9. 2005.
Moser, Wolfgang: Gauß, der Schicksalsarchäologe. Sandammeer – Die virtuelle Literaturzeitschrift 8/2005.
Ruthner, Clemens: Dicht(erisch)e Beschreibung. In: Kakanien revisited 8/2008.
Schnitzler, Mathias: Karl-Markus Gauß hat »Die versprengten Deutschen« in Vilnius, Odessa und der slowakischen Zips besucht. *Berliner Zeitung* 6. 4. 2006.
Thuswaldner, Anton: Verlierer der Geschichte. *Salzburger Nachrichten* 25. 8. 2005.
Wagner, Richard: In den Karaoke-Kirchen. *Neue Zürcher Zeitung* 3. 9. 2005.
Zeyringer, Klaus: Dorf Elsass in der Ukraine. *Der Standard/Album* 27. 8. 2005.

»Zu früh, zu spät« (2007)
Achenbach, Marina: Das Schwerste ist zu warten. *Freitag* 23. 3. 2007.
Haas, Franz: Das treffende Wort zur rechten Zeit. *Neue Zürcher Zeitung* 18. 4. 2007.
Hanimann, Joseph: Beiläufiges Beben. *Süddeutsche Zeitung* 1. 8. 2007.

Lützeler, Paul Michael: Der neue Vandalismus. *Frankfurter Rundschau* 26. 9. 2007.
Paterno, Wolfgang: Gewaltiger Plopp. *profil* 26. 2. 2007.
Schacherreiter, Christoph: Gauß für Fortgeschrittene. *Oberösterreichische Nachrichten* 25. 4. 2007.
Schlösser, Hermann: Ein aufmerksamer Zeitgenosse. *Wiener Zeitung* 24. 3. 2007.
Schneider, Winfried: Zuflucht vor der Welt bei der Welt. *Die Presse/ Spectrum* 31. 3. 2007.
Steiner, Stephan: Das Ich und die anderen. *Falter* 16. 3. 2007.
Strigl, Daniela: Ein Hinschauer, kein Zuschauer. *Die Furche* 22. 3. 2007.
Thuswaldner, Anton: In den Händen von Toren. *Salzburger Nachrichten* 6. 3. 2007.
Weinzierl, Ulrich: Das Wichtige ohne das Nichtige. *Die Literarische Welt* 17. 3. 2007.
Zeyringer, Klaus: Stil und Kunst. *Der Standard/Album* 24. 2. 2007.

»Die fröhlichen Untergeher von Roana« (2009)
Aschenbrenner, Cord: »Ihr braucht nicht traurig sein, dass wir nur mehr so wenige sind«. *Neue Zürcher Zeitung* 23. 6. 2009.
Bartmann, Christoph: Vom Irrtum der Herkunft. *Die Presse/Spectrum* 11. 4. 2009.
Berking, Sabine: Die Frau als Wörterbuch. *Frankfurter Allgemeine Zeitung* 28. 3. 2009.
Braitenthaller, Florian: Milch der Alten. *Die Furche* 2. 4. 2009.
Kainberger, Hedwig: Neue Reisen zu den sterbenden Europäern. *Salzburger Nachrichten* 12. 2. 2009.
Kaindlstorfer, Günter: Ein Bruce Chatwin der europäischen Peripherie. ORF/Ö1/Kontext 20. 3. 2009.
Medicus, Thomas: Woher stammt nur meine Sympathie? *Süddeutsche Zeitung* 10. 3. 2009.
Overath, Angelika: Wer wir sind, wenn niemand uns kennt. *Die Zeit* 14. 1. 2010.
Tichy, Frank: Steine auf einem Mühlbrett. Der *Standard/Album* 18. 7. 2009.
Winkler, Stefan: Jedes Mal stirbt eine eigene Welt. *Kleine Zeitung* 21. 12. 2009.
Wirthensohn, Andreas: Ethnographien. Anders Reisen mit Karl-Markus Gauß. *Wiener Zeitung* 4. 4. 2009.

Autorinnen und Autoren

MAX BLAEULICH
geboren 1952, von 1991 bis 2000 Redaktionsmitglied von *Literatur und Kritik*, Schriftsteller, Antiquar und Herausgeber der Edition Tartin. Bücher u. a.: »Kilimandscharo zweimeteracht« (2005); »Gatterbauerzwei oder Europa überleben« (2006); »Stackler oder die Maschinerie der Nacht« (2008).

ANDREAS BREITENSTEIN
geboren 1961, seit 1992 Redakteur im Feuilleton der *Neuen Zürcher Zeitung*. 1996 gab er ein Buch zum Thema »Kulturbetrieb« heraus.

ANTONIO FIAN
geboren 1956, Kommentare zu Kultur und Politik in Dramolettform in *Der Standard* und *Falter*. Zuletzt erschienen »Bohrende Fragen« (2007) und »Im Schlaf. Erzählungen nach Träumen« (2009). Der hier abgedruckte Text erschien zuerst im *Standard* vom 18. August 2007.

THOMAS GLAVINIC
geboren 1972, schreibt Romane, Essays, Erzählungen, Hörspiele und Reportagen. Zuletzt erschienen die Romane »Die Arbeit der Nacht« (2006), »Das bin doch ich« (2007) und »Das Leben der Wünsche« (2009).

ANDREA GRILL
geboren 1975, Biologin, Schriftstellerin, Übersetzerin. Im Redaktionsbeirat von *Literatur und Kritik*. Bücher u. a.: »Tränenlachen« (2008); »Das Schöne und das Notwendige« (2010).

FRANZ HAAS
geboren 1955, Professor für neue Germanistik an der Universität Mailand, Literaturkritiker. Zuletzt erschienen »Blicke von außen. Österreichische Literatur im internationalen Kontext« (2003) und »Der Viel- und Nichtsschreiber. Canettis Zweifel am eigenen Werk« (2006).

LUDWIG HARTINGER
geboren 1952, Übersetzer, Lektor für verschiedene Verlage, Beirat von *Literatur und Kritik*. Herausgeber, gemeinsam mit Karl-Markus Gauß, der Werke von Ernst Fischer (1985 ff.); »Das Buch der Ränder/Lyrik« (1995).

HANS HÖLLER
geboren 1947, Professor für neue deutsche Literatur an der Universität Salzburg. Monographische Arbeiten u. a. zu Thomas Bernhard, Ingeborg Bachmann (beide 2000), Peter Handke (2007). Zahlreiche Herausgeberschaften, zuletzt »Ingeborg Bachmann. Kriegstagebuch« (2010).

DRAGO JANČAR
geboren 1948 in Maribor, Slowenien, Schriftsteller, Essayist und Dramatiker, Bücher auf Deutsch u. a.: »Rauschen im Kopf« (1999); »Der Wandler der Welt« (2007); »Katharina, der Pfau und der Jesuit« (2007). Der abgedruckte Text ist die revidierte Fassung seiner Rede, die er anlässlich der Verleihung des Vilenica-Preises 2005 gehalten hat.

KURT KAINDL
geboren 1954, Fotograf, Ausstellungskurator und Verleger der Edition Fotohof in Salzburg. Bücher u. a.: »Der Rand der Mitte« (2006); Die gläserne Schüssel (2008); »Reisen ins Niemandsland« (2009).

DŽEVAD KARAHASAN
geboren 1953 in Duvno/Bosnien, Erzähler, Dramatiker und Essayist, emigrierte im Februar 1993 nach Graz. Von ihm erschienen u. a.: »Tagebuch der Aussiedlung« (1993); »Schahrijârs Ring« (1997); »Berichte aus der dunklen Welt« (2007); »Die Schatten der Städte« (2010). Der abgedruckte Text ist die leicht revidierte Fassung seiner Rede, die er anlässlich der Verleihung des Georg-Dehio-Buchpreises 2006 gehalten hat.

KONRAD PAUL LIESSMANN
geboren 1953, Professor für Philosophie an der Universität Wien, Kulturpublizist und Leiter des »Philosophicum Lech«; Bücher u. a.: »Spähtrupp im Niemandsland« (2004); »Theorie der Unbildung« (2006); »Das Universum der Dinge« (2010). Der abgedruckte Text ist die überarbeitete Fassung seiner Rede, die er anlässlich der Verleihung des Donauland-Sachbuchpreises »Danubius« 2009 gehalten hat.

ROBERT MENASSE
geboren 1954 in Wien; lebt als Romancier und Essayist in Wien und
Amsterdam. Zuletzt erschienen: »Ich kann jeder sagen. Erzählungen vom
Ende der Nachkriegsordnung«; »Permanente Revolution der Begriffe.
Essays« (beide 2009).

MARTIN POLLACK
geboren 1944, von 1976 bis 1984 Redakteur der Monatszeitschrift *Wiener
Tagebuch,* von 1987 bis 1998 Korrespondent des *Spiegel* in Warschau und
Wien, Schriftsteller und Übersetzer. Bücher u. a.: »Der Tote im Bunker«
(2004); »Warum wurden die Stanislaws erschossen?« (2008); »Kaiser von
Amerika« (2010).

EVELYNE POLT-HEINZL
geboren 1960, Literaturwissenschaftlerin, Kritikerin und Kuratorin.
Bücher u.a.: »Zeitlos. Neun Porträts« (2005); »Ich hör' dich schreiben«
(2007); »Einstürzende Finanzwelten« (2009).

KLEMENS RENOLDNER
geboren 1953, Literaturwissenschaftler, Dramaturg und seit 2008 Leiter
des Stefan-Zweig-Centrums in Salzburg. Seit 1991 Beirat von *Literatur
und Kritik.* 2008 erschien sein Erzählungsband »Man schließt nur kurz
die Augen«.

KARLHEINZ ROSSBACHER
geboren 1940, em. Professor für neuere deutsche Literatur an der Universität Salzburg. Veröffentlichte u. a.: »Literatur und Liberalismus. Zur
Kultur der Ringstraßenzeit in Wien« (1992); »Glück. Und was die Dichter
davon wissen« (2002); »Literatur und Bürgertum« (2003). Sein Beitrag
wurde zuerst abgedruckt in Reinhard Krammer, Christoph Kühberger,
Franz Schausberger (Hrsg.): Der forschende Blick. Festschrift für Ernst
Hanisch zum siebzigsten Geburtstag (2010).

HERMANN SCHREIBER
geboren 1920, lebt als Schriftsteller und Publizist in München und
schreibt seit der Gründung für *Literatur und Kritik.* Zuletzt erschienen
von ihm »Die Geschichte der Päpste« (2007) und »Liebe, Macht, Verban-
nung. Frauenschicksale im Zarenreich« (2009).

Margit Schreiner
geboren 1953, Schriftstellerin, lebt nach Aufenthalten in Deutschland und Italien wieder in Linz. Bücher u. a.: »Die Rosen des heiligen Benedikt« (1989); »Haus, Frauen, Sex« (2001); »Buch der Enttäuschungen« (2005); »Schreibt Thomas Bernhard Frauenliteratur?« (2008).

Franz Schuh
geboren 1947, Schriftsteller, Essayist und Lehrbeauftragter an der Hochschule für angewandte Kunst in Wien. Zuletzt erschienen: »Schwere Vorwürfe, schmutzige Wäsche« (2006); »Memoiren. Ein Interview gegen mich selbst« (2008).

Andržej Stasiuk
geboren 1960 in Warschau, Schriftsteller, Journalist und Literaturkritiker. Leitet mit seiner Frau, Monika Sznajderman, den Verlag Czarne in Wolowiec. Auf Deutsch sind u. a. erschienen: »Galizische Geschichten« (2002); »Unterwegs nach Babadag« (2005); »Dojczland. Ein Reisebericht« (2008).

Gerhard Zeillinger
geboren 1964, lebt als Historiker, freier Lektor und Publizist in Amstetten, Niederösterreich. Veröffentlichte u. a.: »Amstetten 1938 bis 1945« (1996); »Wald. Stillleben« (2001).

Klaus Zeyringer
geboren 1953, Professor und Vorstand des Deutsch-Departements an der Université Catholique de l'Ouest Angers, Literaturkritiker. Beirat von *Literatur und Kritik*. Zuletzt erschienen: »Blicke von außen. Österreichische Literatur im internationalen Kontext« (2003); »Ehrenrunden im Salon. Kultur, Literatur, Betrieb« (2007); »Österreichische Literatur seit 1945« (2009).

Sofern nicht anders angegeben, handelt es sich bei den in diesem Buch abgedruckten Texten um Originalbeiträge. Das Copyright liegt bei den Autorinnen und Autoren.